958

**Über das Buch:**

Von Dativ und Genitiv haben Sie zweifellos schon gehört. Aber kennen Sie auch den Vonitiv? Und haben Sie eine Ahnung, was Majestonyme sind? Wissen Sie, »an was« man schlechten Stil erkennt? Bastian Sick verrät es Ihnen. Der Kolumnist beschreibt in heiterer Manier wundersame Phänomene unserer Sprache und erklärt, wieso man Zeit, Geld und Urlaub haben kann, aber nicht Vertrag, weshalb man einen Fluggast nicht am Zielort willkommen heißen kann, wenn man mit ihm in derselben Maschine geflogen ist, und warum alles seinen Preis hat außer der Qualität.

Zudem erfahren Sie, auf wie viel verschiedenen Wegen man in Deutschland nach, bei und zu Aldi gehen kann und wie viel Wissen bleibt, wenn keiner niemals nicht keine Ahnung von nichts hatte. Und Sie erhalten Antworten auf zahlreiche Fragen: Wie tief sind Untiefen? Wie nah ist zeitnah? Wie wurde der Trüffel zur Kartoffel und wie wurde die Vier-Jahreszeiten-Pizza zur Vier-Bahnhofs-Pizza? Eines ist sicher: Wenn Bastian Sick die Regeln unserer Sprache erklärt, gibt es viel zu lachen und man gelangt zu verblüffenden Erkenntnissen: dass Konrad Duden das Orakel von Delphi war, dass es nicht nur einen Dadaismus, sondern auch einen Wowoismus gibt und dass man 1965 in Bayern konsequenterweise das Vaterunser hätte verbieten müssen. Wer im Anschluss an die Lektüre sein Wissen unter Beweis stellen will, hat dazu bei einem neuen großen Deutschtest ausführlich Gelegenheit.

**Der Autor:**

Bastian Sick, geboren in Lübeck, Studium der Geschichtswissenschaft und Romanistik, Tätigkeit als Lektor und Übersetzer; von 1995–1998 Dokumentationsjournalist beim SPIEGEL-Verlag, ab Januar 1999 Mitarbeiter in der Redaktion von SPIEGEL ONLINE. Dort seit Mai 2003 Autor der Kolumne »Zwiebelfisch«.

**Weitere Titel bei Kiepenheuer & Witsch:**

»Der Dativ ist dem Genitiv sein Tod. Ein Wegweiser durch den Irrgarten der deutschen Sprache«, KiWi 863, 2004. »Der Dativ ist dem Genitiv sein Tod – Folge 2. Neues aus dem Irrgarten der deutschen Sprache«, KiWi 900, 2005.

Bastian Sick

# Der Dativ ist dem Genitiv sein Tod

## Folge 3

Noch mehr Neues aus dem Irrgarten
der deutschen Sprache

Kiepenheuer & Witsch

1. Auflage 2006

© 2006 by Verlag Kiepenheuer & Witsch, Köln
© 2006 SPIEGEL ONLINE GmbH Hamburg
Umschlaggestaltung: Barbara Thoben, Köln, unter Verwendung einer
Montage von Grafik & Sound, Köln
Gesetzt aus der DTL Documenta und der Meta Plus
Satz: Felder KölnBerlin
Druck und Bindearbeiten: Clausen & Bosse, Leck
ISBN-10: 3-462-03742-0
ISBN-13: 978-3-462-03742-5

**Deutschpflicht gewinnt mehr Führsprecher**
(Überschrift aus dem »Göttinger Tagblatt«)

»Mehr Licht!«
(Johann Wolfgang von Goethe)

bei mir kommt immer ne feler meldung
(Verzweifelter Windows-Nutzer in einem Internet-Forum)

»O du geschabte Rübe, öfföff!«
(Wutz in »Urmel aus dem Eis« von Max Kruse)

# Inhalt

Vorwort                                                        11
Wem sein Brot ich ess, dem sein Lied ich sing                  15
Die reformierte Reform                                         19
Zweifach doppelt gemoppelt                                     29
Ich glaub, es hakt!                                            35
Was man nicht in den Beinen hat ...                            39
Von Modezaren und anderen Majestonymen                         44
Ich geh nach Aldi                                              48
Unsinn mit Ansage                                              53
Nein, zweimal nein                                             57
Es macht immer Tuut-Tuut!                                      63
Der antastbare Name                                            68
Hallo, Fräulein!                                               74
An was erkennt man schlechten Stil?                            78
Ich habe Vertrag                                               82
Deutsch strikes back!                                          87
Sind Sie die Kasse?                                            96
Mal hat's Sonne, mal hat's Schnee                             100
Qualität hat ihren Preis                                      104
Kein Bock auf nen Date?                                       109
Was ist Zeit?                                                 113
Bitte verbringen Sie mich zum Flughafen!                      117
Alles Malle, oder was?                                        122
Haarige Zeiten                                                127
Verwirrender Vonitiv                                          132
That's shocking!                                              135
Das Schönste, wo gibt                                         139
Gebrochener Marmorstein                                       143
Ein Hoch dem Erdapfel                                         146
Als ich noch der Klasse Sprecher war                          150
Voll und ganz verkehrt                                        154

Der Butter, die Huhn, das Teller                      157
Entschuldigen Sie mich – sonst tu ich es selbst!      165
Wir sind die Bevölkerung!                             169
Von Knäppchen, Knäuschen und Knörzchen               173
In der Breite Straße                                  182
Über das Intrigieren fremder Wörter                   185

Der neue große Deutschtest:
Wie gut ist Ihr Deutsch?                               192
Lösungen                                              203
Zwiebelfisch-Abc                                      211

Register                                              257

# Vorwort

Beim Aufräumen fiel mir vor einiger Zeit mein erstes Grammatikheft in die Hände. Es musste noch aus der Grundschulzeit stammen. Auf dem Umschlag stand mein Name, und darüber in krakeliger Schrift »Gramatick«. Das mag orthografisch nicht ganz einwandfrei gewesen sein, ergab aber zumindest einen Reim. Ich weiß nicht mehr, ob ich damals geglaubt habe, Grammatik habe etwas mit »Tick« zu tun und sei etwas für Spinner. Immerhin bin ich sehr bald zu der Erkenntnis gelangt, dass Grammatik nichts mit »Gram« zu tun hat – im Gegenteil. Um künstlerisch oder spielerisch mit der Sprache umgehen zu können, muss man ihren Aufbau kennen und ihre Regeln verstehen.

Trotz des immer häufiger beklagten Verfalls unserer Sprachkultur stehe ich mit dieser Überzeugung nicht allein da. Das Interesse an meiner »Zwiebelfisch«-Kolumne und meinen ersten beiden Büchern hat es bewiesen. Und so habe ich weitergeschrieben – mit dem Ergebnis, dass nun der dritte Band über das Schicksal von Dativ und Genitiv vorliegt, jene fröhlichen und zugleich tragischen Helden der deutschen Grammatik.

»Damit ist dem Sick seine Triologie komplett«, erklärte meine Nachbarin Frau Jackmann mit einem Augenzwinkern, mit dem sie zu erkennen geben wollte, dass ihr die Sache mit dem falschen »dem sein« schon klar sei. Die andere Sache, die mit der zu lang geratenen Trilogie, war ihr hingegen nicht klar, sonst hätte sie mit beiden Augen gleichzeitig zwinkern müssen. Aber Frau Jackmann kommt aus dem Rheinland, und dort ist manches anders als im Norden. Im Norden ist wiederum manches anders als in Bayern, und in Bayern ist selbstverständlich fast alles anders als in Berlin, wo man dem Akkusativ gern mit den Dativ verwechselt.

In der Fußgängerzone nicht weit von meinem Arbeitsplatz entfernt hat vor einiger Zeit ein Coffeeshop eröffnet, eines jener Schnellcafés nach amerikanischem Vorbild, wie man sie inzwischen in fast jeder Stadt findet. Bei schönem Wetter bestelle ich mir dort gelegentlich einen Milchkaffee im Pappbecher, setze mich hinaus in die Sonne und genieße den Augenblick. Die Pappbecher gibt es in drei Größen: klein, mittel und groß. So heißen sie aber nicht. In dem Coffeeshop heißen die Größen »regular«, »tall« (mit langem, offenem «o« gesprochen) und »grande«, also »normal«, »groß« und »supergroß«. Ich bestelle mir immer einen großen Milchkaffee (der in Wahrheit also nur mittelgroß ist), und weil ich ihn draußen in der Sonne trinken will, bestelle ich ihn »zum Mitnehmen«. Der junge Mann an der Kasse ruft dann seiner Kollegin am Kaffeeautomaten zu: »Eine tolle Latte to go!« Darüber amüsiere ich mich jedes Mal. »Eine tolle Latte to go« – das ist kein Deutsch. Das ist aber auch kein Englisch. Ein amerikanischer Tourist könnte mit einer solchen Bestellung vermutlich nichts anfangen. Es ist auch kein Türkisch, auch wenn der junge Mann laut Namensschild »Cem« heißt. »Eine tolle Latte to go« ist moderner Verkaufsjargon, ein buntes Gemisch aus Deutsch, Englisch und Italienisch, wie es an keiner Schule gelehrt wird und wie es doch mitten unter uns wächst und gedeiht. »Eine tolle Latte to go« ist eines von vielen sprachlichen Phänomenen, die dafür sorgen, dass mir der Stoff so schnell nicht ausgeht.

Ein anderer, munter sprudelnder (und hoffentlich nie versiegender) Quell der Inspiration sind die unterschiedlichen Regionalsprachen und Dialekte. Nicht überall bekommt man Kaffee oder Brötchen »to go« – manchmal heißt das nämlich so: »Wat wollen Se de Brötchen für? Wollen Se die für zum Hieressen oder für zum Mitnehmen?« Ich weiß nicht, ob das Wort »Hieressen« im Duden steht, und ich bezweifle, dass sich das Aufeinandertreffen der Präpositionen »für« und »zum« mit dem Sprachstandard vereinbaren lässt, aber in einigen Gegenden Deutschlands »da jehört dat so«. Die Besonderheiten der deutschen Dialekte gehören zweifellos zu den schönsten Entdeckungen, die ich bei meiner Arbeit gemacht habe. Und täglich lerne ich Neues hinzu.

Dieses Buch enthält die Kolumnen, die im Laufe des vergangenen Jahres auf SPIEGEL ONLINE erschienen sind. Grammatikfreunde und Goldwaagenwörterwieger werden dabei ebenso auf ihre Kosten kommen wie Stilblütensammler, Dialektbestauner und Anekdotenliebhaber; denn es geht sowohl um spannende Themen wie Kongruenz und Adverbien, Syntax und Präpositionen als auch um ganz Alltägliches wie die Kartoffel, den Brotrest, den Urlaub auf Mallorca und den Friseur von nebenan. 2006 war für Deutschland das Jahr des Fußballs – daher darf ein Kapitel zum Thema Fußballerdeutsch nicht fehlen. 2006 war außerdem das Jahr, in dem die Rechtschreibreform in ihrer endgültigen Form in Kraft trat. Das zweite Kapitel dieses Buches kommentiert jenes bis heute umstrittene Werk und den mühsamen Prozess seiner Entstehung. Im Anschluss gibt es einen neuen Deutschtest – für alle, die ihr altes und neues Wissen gleich in der Praxis überprüfen wollen. Und zu guter Letzt wird das Abc aus dem ersten Band fortgesetzt, von »Albtraum« bis »zurückgehen«.
Ich danke den Menschen, die mir bei der Arbeit an diesem Buch geholfen haben, namentlich Birgit Schmitz, Dörte Trabert, Anne Jacobsen und Pamela Schäfer. Vor allem aber danke ich meinen Lesern, ohne deren Anregungen, Fragen und Ideen dieses Buch nicht zustande gekommen wäre. Regeln kann man nachschlagen, Fakten kann man recherchieren – aber die schönsten Quellen für meine Geschichten sind die Fundstücke, die meine aufmerksamen Leser mir

schicken, und die lustigen Begebenheiten, die man mir schreibt oder erzählt: »Wissen Sie, wie man hier bei uns sagt?«

Viel Spaß auch diesmal! Aller guten Dinge sind drei – oder, wie meine Freundin Sibylle sagen würde: Gut Ding will Dreie haben!

Bastian Sick
Hamburg, im August 2006

# Wem sein Brot ich ess, dem sein Lied ich sing

Annes Armband ist unauffindbar? Konrads Kamera ist verschwunden? Ein Fall für Inspektor Dativ! Der nuckelt an seinem Pfeifchen und stellt fest: Alles eine Frage des Falles! Wenn man die Leute nach der Anne ihr Armband fragt und nach dem Konrad seine Kamera, dann tauchen all diese Dinge wie von selbst wieder auf.

Als ich mich vor drei Jahren zum ersten Mal in einer Geschichte mit dem Todeskampf des Genitivs befasste, war ich mir der Tragweite des Problems gar nicht bewusst. Ich hatte ein paar harmlose Bemerkungen über den Rückgang des Genitivs hinter bestimmten Wörtern wie »wegen« oder »laut« zu Papier gebracht und ahnte nicht im Geringsten, dass dies nur die Spitze des Eisbergs war.

Aufgrund der vielen Zuschriften, die ich nach Erscheinen meines ersten Buches erhielt, und der starken Resonanz, die der Titel »Der Dativ ist dem Genitiv sein Tod« überall in Deutschland hervorrief, dämmerte mir schließlich, dass ich, indem ich an der Spitze des Eisbergs gekratzt hatte, auf etwas viel Härteres gestoßen war, nämlich dem Eisberg seine Spitze.

Wer wie ich in einer genitivfreundlichen Biosphäre aufgewachsen ist, macht sich nicht immer klar, dass Michaels Mutter und Lauras Freunde für viele, wenn nicht gar für die meisten Deutschen »dem Michael seine Mutter« und »der Laura ihre Freunde« sind. Im gesprochenen Deutsch wird der Genitiv gern umgangen, deshalb heißt es wohl auch Umgangssprache. In den meisten Dialekten kommt er überhaupt nicht mehr vor, dort ist er dem Dativ seine fette Beute geworden.

Wenn man im Rheinland den Besitzer einer Tasche ermitteln will, stellt man die Frage so: »Wem sing Täsch is dat?« Mit »Wessen Tasche ist das?« brauche man es gar nicht erst zu versuchen, klärte mich der großartige Sprachkabarettist Konrad Beikircher unlängst auf, »das verstehen die Rheinländer nicht, da gucken die weg«. Der »Wem-sing«-Fall, also der besitzanzeigende Dativ, regelt klar und verständlich, was Sache ist, und vor allem: wem seine Sache es ist.

Eine Lehrerin aus Baden-Württemberg sagte mir, dass der Genitiv in ihrer Region komplett ausgestorben sei, sie sehe daher keinen Sinn mehr darin, ihn heute noch zu unterrichten. »Ich bin Lehrerin für lebende Sprache, nicht für tote Fälle«, schloss sie lächelnd.

Selbst Linguisten sehen keinen Grund, dem Genitiv nachzuweinen. Andere Sprachen kämen ja auch ohne Wes-Fall aus. Das stimmt natürlich. Doch müssen wir uns andere Sprachen zum Vorbild nehmen? Dann könnten wir das unbequeme Deutsche doch gleich ganz abschaffen und Englisch als Landessprache einführen.

Aber so weit würden wir wohl doch nicht gehen wollen. Denn wenn wir ehrlich sind, dann lieben wir die deutsche Sprache, auch wenn sie kompliziert ist und ihre Macken hat. Vielleicht ja sogar gerade deswegen.

Und so unpopulär, wie es den Anschein hat, ist der Genitiv gar nicht. Ein hartnäckiger Rest hält sich selbst in jenen Dialekten, die mit hochdeutscher Grammatik angeblich nichts zu tun haben. Im Schwäbischen zum Beispiel taucht der Genitiv noch vor männlichen Personen auf: Wer die Katze des Nachbarn meint, der kann außer *am Nachber sei Katz* oder *d' Katz vom Nachber* auch noch *'s Nachber Katz* sagen, und dieses *'s* ist ein Überbleibsel des Artikels »des« und somit ein Beweis für die Existenz eines schwäbischen Wes-Falles*.

Die Sprache steckt nicht nur voller Missverständnisse, sondern auch voller Ironie und bisweilen unfreiwilliger Komik. Dass der Genitiv mit dem »s« am Ende ausgerechnet als »sächsischer Genitiv« bezeichnet wird, erscheint geradezu absurd. Denn mit dem Genitiv hat das Sächsische heute nicht mehr viel zu tun.

Das Bairische erst recht nicht. Im Lande des exzentrischen Märchenkönigs Ludwig II. ist der Genitiv schon vor Jahrhunderten in irgendeinem riesigen Maßkrug ertrunken. Des Königs Cousine ist »am Kini sei Basn«, wobei »am« hier nicht als Präposition zu verstehen ist, sondern – genau wie im Schwäbischen – als unbetonter männlicher Artikel: dem König seine Base also. Anders ausgedrückt: die Sisi[**].

Das beste Hochdeutsch wird ja angeblich in der Region Hannover gesprochen. Das wird jedenfalls immer wieder behauptet, besonders von Hannoveranern. Und ausgerechnet dort findet man einen Dativ in Stein gehauen, der es in sich hat: Vor dem Bahnhof in Hannover steht ein Reiterdenkmal, das Ernst August von Hannover zeigt. Nicht den mit dem Regenschirm und dem befeuchteten türkischen Pavillon, sondern den einstigen König. Und dessen Pferd natürlich. In den Sockel sind die Worte eingemeißelt:

> DEM LANDESVATER
> SEIN TREUES VOLK

Das ist zugegebenermaßen etwas missverständlich. Hätte der Graveur hinter den »Landesvater« einen Gedankenstrich

---

[*] So nachzulesen bei Wolf-Henning Petershagen: »Schwäbisch für Durchblicker«, Theiss-Verlag, Stuttgart 2004, S. 56.
[**] Auch bekannt als Sissi.

gesetzt, wäre die Sache klar, dann läse sich die Inschrift so, wie sie aller Wahrscheinlichkeit nach gedacht war: »Dem Landesvater (gewidmet) – (gezeichnet:) sein treues Volk«.

Ohne Gedankenstrich aber liest man die Inschrift in einem Rutsch durch und wundert sich: Sollte dies am Ende gar kein Denkmal für den König sein? Hatte es vielmehr der König selbst in Auftrag gegeben, um sein Volk zu ehren? Wenn das zutrifft, dann hatte Ernst August offenbar eine Genitiv-Schwäche; denn in korrektem Hochdeutsch hätte es »Des Landesvaters treuem Volk« heißen müssen. Oder aber der Graveur war ein heimlicher Marxist und hat die Widmung für den König extra so gesetzt, dass man sie auch als Widmung für das Volk deuten konnte. Doch das sind Spekulationen. Wahrscheinlicher ist, dass dem Graveur sein subversives Handeln gar nicht bewusst war und dass er in Wahrheit ein unbescholtener Mann war – denn im Königreich Hannover galt wie überall: Wes Brot ich ess, des Lied ich sing. Heute würde man wohl sagen: Wem sein Brot ich ess, dem sein Lied ich sing.

# Die reformierte Reform

Am 1. August 2006 trat die Rechtschreibreform endgültig in Kraft. Zuvor war sie noch einmal gründlich zurechtgestutzt worden. Übrig blieb ein Kompromiss, der niemandem mehr weh tut – oder wehtut. Denn im Zweifelsfall gilt sowohl die alte als auch die neue Schreibung. Das gleiche Theater gab es übrigens vor hundert Jahren schon einmal.

Ein volles Jahrzehnt tobte der Reformationskrieg in Deutschland. Als im Juli 1996 die Vertreter der deutschsprachigen Länder in Wien eine Erklärung über die Neuregelung der deutschen Rechtschreibung unterzeichneten, sollte damit ein Schlusspunkt unter die Reform gesetzt werden. Tatsächlich kam die Debatte danach erst richtig in Gang, und unter dem Druck der Öffentlichkeit wurde die Reform erneut reformiert – wieder und wieder.

Wenn man bedenkt, dass die Väter der Reform sehr viel radikalere Ideen hatten, dass ursprünglichen Plänen zufolge sogar die Großschreibung von Hauptwörtern abgeschafft werden sollte, dann ist das neue Regelwerk kaum mehr als eine harmlose kosmetische Korrektur der alten Orthografie. Ein *Känguru* hier, ein *Delfin* da – damit lässt sich leben. Wer empört ausruft, die Abschaffung des »ph« sei ein Sakrileg, der sei nur darauf hingewiesen, dass Wörter wie Fotografie und Telefon schon seit vielen Jahrzehnten ohne »ph« geschrieben werden. Also werden wir uns auch an den Delfin gewöhnen.

Dass man *Mayonnaise* jetzt auch *Majonäse* schreiben kann und *Ketchup* auch mit »sch« (*Ketschup*), hat mich nie gestört. Auch *platzieren* mit »tz« und *nummerieren* mit »mm« hielt ich für akzeptabel. Fremdwörter sind schließlich schon im-

19

mer eingedeutscht worden. Wer würde heute die Zigarette noch mit »C« oder das Büro wie im Französischen »bureau« schreiben wollen? Vor einiger Zeit stöhnte mir jemand vor, er könne die Schreibweise »platzieren« mit »tz« nicht ertragen. Das sei doch ein Fremdwort und müsse daher mit »z« geschrieben werden. Ihm würde es in den Augen brennen, wenn er das sähe! Ich hatte wenig Mitleid mit ihm. Wenn er gegen die Eindeutschung von Fremdwörtern sei, entgegnete ich, warum beharre er dann auf der Schreibweise mit »z«? Früher schrieb man das Wort mit »c«: *placieren*, denn es kommt vom französischen »placer«. Die Form »plazieren« war bereits eine halbe Eindeutschung. Ob ihm halbe Sachen lieber seien als ganze, habe ich ihn gefragt. Darauf wusste er nichts zu erwidern.

Wenn es Gründe gab, sich über die Reform zu ereifern, dann lagen die nicht in neuen Schreibweisen wie *Biografie* und *Portmonee*. Einige Änderungen wurden ja sogar begeistert aufgenommen. Zum Beispiel die Abschaffung der Regel »Trenne nie s-t, denn es tut ihm weh«, für die es keine überzeugende Begründung mehr gab, seit Ligaturen aus der Mode geraten sind. Zahlreiche Befürworter fand auch die neue ss/ß-Regel, die ein Eszett (das sogenannte scharfe »S«) nur noch hinter langen Vokalen und Diphthongen (ei, au, äu, eu) zulässt. Hinter kurzen Vokalen steht indes Doppel-s, auch am Wortende: der Fluss (kurzes u), das Floß (langes o); der Schlosshund (kurzes o), der Schoßhund (langes o), der Strass (kurzes a), die Straße (langes a). Schließlich wurde auch der Beschluss, substantivierte Adjektive in Fügungen wie »im Stillen«, »im Dunkeln«, »im Allgemeinen« großzuschreiben, willkommen geheißen.

Das wesentliche Problem – und somit erheblicher Nachbesserungsbedarf – zeigte sich auf dem Gebiet der Zusammen-

und Getrenntschreibung. Da waren nämlich Wörter »auseinandergerissen« worden, die in zusammengeschriebener Form nie ernsthafte Probleme bereitet hatten. Der diensthabende Offizier war zum »Dienst habenden« Offizier degradiert worden, der gutaussehende Schauspieler musste sich mit der Rolle des »gut aussehenden« Schauspielers abfinden, und die milchproduzierende Wirtschaft war stillgelegt worden und durfte als »Milch produzierende« Wirtschaft neu anfangen. Die autofahrende Bevölkerung war zur »Auto fahrenden« Bevölkerung geworden, und die selbstgemachte Konfitüre war plötzlich nur noch als »selbst gemachte« Konfitüre zu haben.

Die blindwütige Trennung natürlich zusammengewachsener Wörter war es, die schließlich auch die Intellektuellen der Republik gegen die Reform aufbrachte. Weitreichende Maßnahmen sollten nur noch »weit reichend« sein, grundlegende Veränderungen hingegen »grundlegend« bleiben – weil »weit« ein steigerungsfähiges Adjektiv ist, »grund« hingegen ein »verblasstes Hauptwort«.

Die Reform wollte die Orthografie vereinfachen, stattdessen wurde die Sache immer komplizierter; denn bevor man wissen konnte, ob man zwei Wörter, die zusammen einen neuen Begriff ergaben, getrennt- oder zusammenschreiben darf, musste man sich Klarheit über die Wortart verschaffen: Ist der erste Teil ein Adjektiv, wenn ja, lässt es sich womöglich erweitern oder gar steigern? Ist der zweite Teil ein Partizip? Und was ist überhaupt ein Partizip? Die Sache war bald nicht mehr zu durchschauen.

Und so wurde der Protest immer lauter. Intellektuelle wie Günter Grass und Marcel Reich-Ranicki entrüsteten sich, Zeitungsverlage kündeten die Rückkehr zur alten Schreibweise an, und immer mehr Menschen in Deutschland erklärten sich zu Totalverweigerern der Reform.

Seit 2004 bemühte sich ein 39-köpfiger »Rat für deutsche Rechtschreibung« unter der Ägide des CSU-Politikers Hans Zehetmair, das drohende Scheitern der Reform abzuwenden. Man versuchte zu retten, was zu retten war, indem man den größten Unfug möglichst diskret wieder rückgängig machte. Der ehemals frischgebackene Ehemann, der seit 1998 ein »frisch gebackener« Ehemann war, durfte 2004 wieder als »frischgebackener« Ehemann auftreten. Überhaupt war jetzt sehr viel von »kann«-Bestimmungen und von »sowohl als auch« die Rede. Das machte es für die Deutschlehrer nicht gerade leichter, half aber, das laute Gezeter der Reformgegner zu dämpfen – ein Kompromiss eben. Den ersten Modifizierungen folgten weitere. Am Ende war die Reform kaum mehr als ein Reförmchen; unterm Strich ist das meiste beim Alten geblieben. Und so stellte die »Berliner Zeitung« treffend fest: »Zehn Jahre hat es gebraucht, um wieder dort anzukommen, wo man aufgebrochen ist.« Die umstrittenen neuen Schreibweisen wurden teils zurückgenommen, teils durch Wiederzulassung der alten Schreibweisen relativiert. Mit Erleichterung habe ich zur Kenntnis genommen, dass man das Wort »lahmlegen« jetzt wieder (wie früher) in einem Wort schreiben darf. So wie »stilllegen«, das man ebenfalls in einem Wort schreibt. Mir wollte nie einleuchten, warum man das eine plötzlich getrennt schreiben sollte und das andere nicht.

Mit dem Inkrafttreten der Reform ging eine der längsten Arien der Operngeschichte zu Ende. Und zum Glück keine A-rie der O-perngeschichte, denn die ästhetisch äußerst fragwürdige Entscheidung, einzelne Vokale abtrennen zu dürfen (Bi-omüll, Zwecke-he), ist ebenfalls wieder rückgängig gemacht worden.

Infratest hat eine Umfrage durchgeführt, die zu folgendem Ergebnis kam: Mehr als zwei Drittel der Deutschen (nämlich 68 Prozent) schreiben weiterhin nach den klassischen Rechtschreibungsregeln. Nur 19 Prozent richten sich komplett nach der neuen Regelung, und 12 Prozent verwenden dagegen eine Mischung aus alter und neuer Rechtschreibung.

Diese Angaben setzen freilich voraus, dass die Befragten genau wussten, was alte und was neue Rechtschreibung ist. Daran habe ich so meine Zweifel.

Mehrmals habe ich erlebt, dass Menschen, die sich über die Reform beklagten, als Beispiel das Wort »Albtraum« anführten, das sie immer schon mit »b« geschrieben hätten, weil es doch nichts mit den Alpen zu tun habe, sondern mit Alben (= Elfen). Da wurde mir klar, dass diese Menschen nicht gründlich informiert waren, denn die Schreibweise »Albtraum« ist die neue.* Nach klassischer Rechtschreibung war allein die Schreibweise »Alptraum« zulässig; bis 1998 galt die Schreibweise mit »b« als falsch.

Ebenso irren viele Deutsche, die der Überzeugung sind, das Eszett sei durch die Reform komplett abgeschafft. »Freundliche Grüsse« sind nur in der Schweiz korrekt, und das wiederum schon seit 70 Jahren. In Deutschland schreibt man nach wie vor »Freundliche Grüße«.

Dass die Deutschen die Rechtschreibreform mehrheitlich ablehnen, ist nicht allein mit den Ungereimtheiten zu begründen, die nach der ersten Phase zutage traten. Die ablehnende Haltung der Bevölkerung ist auch auf das Totalversagen der Politik zurückzuführen. Statt offensive Aufklärungsarbeit zu leisten, haben Kommission und Rat hinter verschlossenen Türen getagt. Nur spärlich gelangten Informationen über die Neuordnung an die Öffentlichkeit, und das meistens in kritischen Artikeln der Feuilletons – nichts, was von der Mehrheit gelesen würde. Aber für die

---

* Siehe hierzu auch den Abc-Eintrag »Albtraum/Alptraum« auf S. 211.

hat man sich ohnehin nicht interessiert. Im Fernsehen wurden immer nur Bilder von Schultafeln gezeigt, auf denen links die Wörter »Spaghetti«, »eislaufen« und »Delphin« standen und rechts »Spagetti«, »Eis laufen« und »Delfin«. Das war's, mehr Volksaufklärung gab es nicht.

Ich hätte es begrüßt, wenn man die neuen Regeln auf handliche Faltblätter gedruckt und als Hauswurfsendung an alle Bürger verteilt hätte – oder wenn man sie an Bushaltestellen plakatiert hätte. Das wäre immerhin praktisch gewesen. Das hundertseitige PDF, das man auf der Internetseite des Rechtschreibrates herunterladen kann, ist es jedenfalls nicht. Die Kulturpolitiker meinten, dem Volk die Entscheidung über die Gestaltung seiner Schriftsprache aus der Hand reißen zu können, und haben es nicht für nötig erachtet, das Volk in angemessener Weise auf dem Laufenden zu halten. Die Rechtschreibreform war für vieles beispielhaft: für einen leidenschaftlich geführten Kulturkampf, für Missmanagement, für absurdes Theater und Demagogie. Sie war kein Lehrstück in Sachen Demokratie.

Die Zukunft unserer Orthografie liegt nicht in den Händen von Politikern und auch nicht in der Duden-Redaktion, sondern in den elektronischen Kommunikationsmitteln. Der größte Teil dessen, was tagtäglich geschrieben wird – Artikel für Zeitungen, Geschäftsberichte, persönliche Korrespondenz –, entsteht heute am Computer. Und immer mehr Menschen verlassen sich dabei auf die automatische Rechtschreibprüfung ihres Textverarbeitungsprogramms. Auch ich nutze sie, obwohl ich meine liebe Not mit ihr habe, denn sie unterstreicht mir ständig das Wort »standardsprachlich«, das ich relativ häufig gebrauche. Vielleicht mag sie keinen Sprachstandard. Dann müsste sie sich allerdings selbst hassen. Das wäre ein Treppenwitz der Sprachgeschichte.

Viele nutzen beim Schreiben auch die schnellen Recherchemöglichkeiten, die das Internet bietet. Wer zum Beispiel nicht sicher ist, wie man das Wort »Matratze« schreibt, kann den Publikumsjoker einsetzen und das Wort in allen Varianten googeln: Für die (korrekte) Schreibweise mit »tz« werden ihm 3.590.000 Treffer angezeigt, für die Schreibweise »Matraze« nur 239.000 Treffer: ein eindeutiges Votum der recht- und schlechtschreibenden Internetgemeinde. Der Ratsuchende erhält von Google zusätzliche Hilfe, denn über der Liste mit der geringeren Trefferzahl erscheint die automatisch erstellte Frage: »Meinten Sie ›Matratze‹?« So wird er sanft in die richtige Richtung gelenkt.

Natürlich sind die von Google gelieferten Ergebnisse nicht in jedem Fall verlässlich. Mitunter können sie genauso in die Irre führen. Wer nicht weiß, ob die Mehrzahl von »Story« im Deutschen nun »Storys« oder »Stories« geschrieben wird, dem wird Google nicht helfen, denn im Internet überwiegt selbstverständlich der englische Plural auf -ies, für die korrekte deutsche Form (Storys) findet man deutlich weniger Referenzstellen. Und die automatische Frage »Meinten Sie ›Stories‹?« lockt den Suchenden erst recht auf die falsche Fährte. Langfristig werden Internetmaschinen wie Google dazu beitragen, dass die Orthografie von Namen und Fremdwörtern immer stärker internationalisiert wird. Nationalspezifische Formen verschwinden zugunsten der internationalen Mehrheitsschreibweise. Noch zeigt Google 9,6 Millionen Treffer für »Mailand« an, aber auf bereits knapp 4 Millionen deutschsprachigen Internetseiten ist »Milano« zu finden.

Die restlichen Fragen klärt die Worterkennung der Mobiltelefone. Man braucht beim Schreiben einer SMS nur drei Buchstaben einzugeben, dann ergänzt das Programm das Wort eigenständig. So entstehen interessante Mitteilungen wie: »HALLO, ICH KÖNNE HEUTE ETWAS SPÄTER. WARTE NICHT MIT DEN ESSEN AUF MICH!« Einmal wollte ich das Wort »Pustekuchen« verschicken, und plötzlich stand im Display PURBERGSTRASSE. Ich kenne keine Purbergstraße und wollte das Wort löschen, doch in meiner Verwirrung habe ich stattdessen auf »versenden« gedrückt. Es hat mich ein zehnminütiges, teures Telefonat gekostet, um das Missverständnis aufzuklären.

Ich will nicht wissen, wie viele sinnlose Nachrichten auf diese Weise schon verschickt worden sind. Es müssen Zigtausende jeden Tag sein. Daneben erscheint die Frage, ob man nun »Portemonnaie« oder »Portmonee« schreibt, geradezu belanglos. Man kann sich freuen, wenn das Handy nicht PORTOMODERNE draus macht.

Kann sich die Geschichte wiederholen? Im Jahre 1901 hatte es schon einmal eine Reform der deutschen Rechtschreibung gegeben, die aus nichts anderem als Kompromissen zu bestehen schien. 1905 bemerkte Konrad Duden im Vorwort zur achten Auflage seines Wörterbuches: »Zwar hat man überall das von der Orthographischen Konferenz Geschaffene als zu Recht bestehend anerkannt, weder sind neue Reformvorschläge ans Licht getreten, noch hat man auf seiten der Gegner jeder Reform durch aktiven und passiven Widerstand das Werk zu hemmen versucht: es gilt unbestritten überall. Und doch würde man irren, wenn man glaubte, die ›Orthographische Frage‹ sei mit der Herausgabe der von den Regierungen aufgrund der Konferenzbeschlüsse veröffentlichten amtlichen Regelbücher glücklich zur Ruhe gelangt; sie ist vielmehr für verschiedene Kreise wieder lebhaft in Fluß gekommen. [...] Das Ergebnis der Orthographischen Konferenz von 1901 war nur dadurch zustande gekommen, daß die Anhänger verschiedener Richtungen sich gegenseitig Zugeständnisse machten.

Das geschah meistens durch Zulassung von Doppelschrei-
bungen.«

Entweder hatte ich eben ein ganz starkes Déjà-vu, oder
Konrad Duden war nicht nur Herausgeber eines Wörter-
buchs, sondern nebenbei auch noch das Orakel von Delphi.
Oder schreibt man das jetzt Delfi?

Glücklich zur Ruhe gelangt oder wieder lebhaft in Fluss
gekommen: quo vadis, deutsche Rechtschreibung? Die
Kultusminister waren sich bei der Verabschiedung des Ge-
setzes einig, dass die Reform in ihrer jetzigen Fassung endgültig und unwiderruflich sei. Von »Ruhe« war die Rede,
von einem »Rechtschreib-Frieden« sogar, doch ob es einen
solchen geben wird, bleibt abzuwarten. Einige prominente
Verweigerer haben bereits signalisiert, dass sie ihren Widerstand gegen die neue Orthografie aufgeben werden.
Andere wollen von der Reform nach wie vor nichts wissen.
Dem Gesetzgeber tut es längst leid, dass er die Rechtschreibung jemals zur Reformsache gemacht hat. Zwischenzeit-
lich tat es ihm Leid (mit großem »L«), und nun doch wieder
leid. Die Lehrer und Schüler, die von »leid tun« erst auf
»Leid tun« umdenken mussten und sich nun an »leidtun«
gewöhnen sollen, können einem nur leid ... Leid ... also, die
kann man nur bedauern.

Der zähe Reformprozess hat aber nicht nur Verwirrung ge-
stiftet und Verdruss gebracht, er hatte auch sein Gutes: In
regelmäßigen Abständen sorgte er dafür, dass unser wert-
vollstes Kulturgut – die Sprache – ins Zentrum des öffentlichen Interesses gerückt wurde. Außerdem hat er die Intellektuellen hierzulande zehn Jahre lang geistig in Bewegung
gehalten. Ohne Reformstreit würden sich viele vermutlich
langweilen.

Seit Juli 2006 liegt die 24. Auflage des Dudens vor, die noch übersichtlicher und bunter ist als die 23. Auflage aus dem Jahr 2004: Die alten Schreibweisen sind schwarz gedruckt, die neuen sind rot, und gelb unterlegt sind die Duden-Empfehlungen. Nun wissen wir auch, wofür die Farben der Deutschlandfahne stehen: Schwarz für Tradition, Rot für Veränderung und Gelb für das jeweils Sinnvollste aus beidem. Doch nicht alle sind mit der Neufassung der Mannheimer Bibel zufrieden. Angeblich seien die Regelungen des Reformwerkes darin nicht immer so wiedergegeben, wie sie von der Kommission beschlossen wurden, behauptet Hans Zehetmair. Schon fragen sich die bangen Untertanen: Muss Konrad Duden jetzt ins Gefängnis? Wir sehen: Das letzte Wort in Sachen Rechtschreibung ist noch nicht gesprochen. Gott sei Dank!

Zuletzt will auch ich eine Empfehlung abgeben: Wer sich an den Delfin mit »f« partout nicht gewöhnen mag, der soll ihn ab sofort *Phlipper* schreiben.

# Zweifach doppelt gemoppelt

Ein alter Greis, der im dichten Gedränge verschwindet, ein schneller Raser, der auf einer Baumallee verunglückt ist – so etwas hört und liest man manchmal ab und zu. Streng genommen sind solche Wortpaare und Zusammensetzungen jedoch unsinnig – doppelt gemoppelt nämlich.

Denn Greise sind immer alt, und im Gedränge steht man immer dicht an dicht. Raser würden nicht Raser genannt, wenn sie nicht tatsächlich schnell führen, und ohne Bäume wären Alleen auch keine Alleen, sondern gewöhnliche Straßen. Solche Bedeutungsverdopplungen nennt man Pleonasmen. Das kommt aus dem Griechischen und bedeutet »Überfluss«, »Übermaß« – bezogen auf den sprachlichen Stil also eine überflüssige Häufung sinngleicher oder sinnverwandter Begriffe. So erklärt es auch der Duden und führt als Beispiele den weißen Schimmel und den schwarzen Rappen an.

Pferdeliebhaber indes wissen, dass Schimmel längst nicht immer weiß sind, sondern in der Regel dunkel geboren werden und erst im Laufe der Zeit aufhellen. So gibt es Schimmel in allen möglichen Schattierungen: als Apfelschimmel, Fliegenschimmel, Fuchsschimmel, Rotschimmel und Blauschimmel (nicht zu verwechseln mit Käse), als Grauschimmel, Braunschimmel und sogar als Schwarzschimmel. Ein weißer Schimmel ist also keine Selbstverständlichkeit.

Auch hinter »kleinen Zwergen« muss nicht zwangsläufig ein Pleonasmus stecken. Denn alles ist bekanntlich relativ, und wer wollte ernstlich behaupten, dass alle Zwerge gleich groß (oder gleich klein) seien? Einige mögen größer sein als andere, und nicht umsonst heißt es im Volksmund: Auch Zwerge haben mal klein angefangen.

Eng verwandt mit Pleonasmen sind Tautologien, das sind gleichbedeutende Wörter derselben Wortart, also Wortpaare wie »angst und bange«, »ganz und gar«, »immer und ewig«, »schlicht und einfach«, »nie und nimmer«, »schließlich und endlich«, »aus und vorbei«, »still und leise«. Diese Doppelungen gelten als rhetorische Stilmittel und sind daher über jede sprachliche Kritik erhaben.

Natürlich können auch Pleonasmen als bewusst eingesetztes Stilmittel dienen. Oftmals allerdings entstehen sie aus schlichter Unwissenheit. Das betrifft vor allem die Zusammensetzungen aus Fremdwörtern und deutschen Vorsilben. Wer hätte nicht schon einmal von einem »vorprogrammierten Chaos« gesprochen – wiewohl ein »programmiertes Chaos« völlig genügen würde, denn programmiert wird immer im Voraus. Oder haben Sie schon mal von einem nachprogrammierten Ereignis gehört? Ein weiterer Dauerbrenner unter den Überflusswörtern ist das Verb »aufoktroyieren« – eine Verschmelzung aus dem französischen Lehnwort »oktroyieren« und der deutschen Übersetzung »aufzwingen«.

Meine Nachbarin Frau Jackmann ist eine Meisterin der Sinnverdoppelung. Als ich einzog, klärte sie mich detailliert über alle Mitbewohner des Hauses auf: »Die Lüders aus dem Erdgeschoss haben vier Jungs, richtige Rabauken, vor allem die zwei Zwillinge. Also wundern Sie sich nicht über den Krach!« Ich wunderte mich vor allem über den Hinweis, dass die Lüders zwei Zwillinge haben. Ich hätte mehr erwartet. Frau Jackmann überbot sich gleich darauf selbst, indem sie mir verriet, dass neben den Lüders ein »Zweierpärchen« wohne. Sollte es noch einen Untermieter aufnehmen, hätte man es dann mit einem »Dreierpärchen« zu tun? Im ersten Stock links wohne Herr Schaller, ein sehr netter Vertreter, von dem sie schon manches Mal ein »Gratis-Geschenk« bekommen habe.

Und in der Wohnung rechts lebe der »geschiedene Ex-mann« von Carolin Ölter, der Tochter von Manfred Ölter, der mit Billigmärkten im Osten reich geworden ist. Der sei heute ein »mehrfacher Multimillionär«. Einmal sei sie der Carolin Ölter ja wirklich begegnet. Die sah aber gar nicht aus wie eine Millionärstochter, denn ihr Halsschmuck war ein »künstliches Imitat«, das habe man sofort gesehen.

Als mein Freund Henry mich das erste Mal besuchte und sofort über den Zustand des Treppenhauses zu lamentieren begann, gab Frau Jackmann ihm recht und klagte: »Ich habe dem Hausmeister bereits schon gesagt, dass das Treppen-haus dringend neu renoviert werden muss, aber im augen-blicklichen Moment scheinen die Eigentümer angeblich kein Geld dafür zu haben.« Vier Pleonasmen in einem Satz! Das muss ihr erst mal jemand nachmachen. Henry nennt sie seitdem respektvoll »Jackie Pleonassis«. Wer in seiner Gegenwart von »ABM-Maßnahmen« spricht, wird kos-tenlos über die Bedeutung des Buchstabens »M« in »ABM« aufgeklärt. »Spontane Reflexe« lässt Henry genauso wenig gelten wie »natürliche Instinkte«, zumal das die Existenz unspontaner Reflexe und unnatürlicher Instinkte voraus-setzen würde, wie Henry sagt. Und wenn der Fernsehkoch zum Tranchiermesser greift und spricht: »So, und nun müs-sen wir das Ganze einmal schön in der Mitte halbieren«, dann schaltet Henry um.

Bei Frau Jackmann ist das »umgekehrte Gegenteil« der Fall. In pleonastischer Hinsicht ist eine Unterhaltung mit ihr im-mer lohnend. Frau Jackmann würde sagen: »lohnenswert«. Sie hat zu allem eine »persönliche Meinung«, und ich habe es bislang wohlweislich vermieden, sie nach ihrer unper-sönlichen Meinung zu fragen. In politischen Fragen ist sie unerbittlich. Nahezu alle Probleme unserer Zeit, sagt sie, seien die Folge der »weltweiten Globalisierung«. Ja, Frau Jackmann kennt sich aus! »Als der Schröder an die Regierung kam, da haben sich doch alle falsche Illusionen gemacht.« Offenbar macht sie sich lieber richtige Illusionen. Den Ausgang der jüngsten Bundestagswahl kommentierte sie mit den Worten: »Jetzt suchen natürlich alle nach einer gemeinsamen Schnittmenge!« Als die Koalition aus CDU und SPD dann stand, sagte sie achselzuckend: »Na ja, eine andere Alternative gab es in dieser Situation wohl auch nicht!« Womöglich gibt es nie mehr als eine einzige Alternative, wenn überhaupt. Aber darüber will ich mit Frau Jackmann lieber nicht diskutieren. Henry hat da weniger Skrupel. Letzte Woche traf er Frau Jackmann auf der Treppe. »Es gibt Regen«, rief sie ihm zu. »Wie kommen Sie darauf«, fragte Henry erstaunt, »es ist doch kein Wölkchen am Himmel zu sehen!« – »Ich spür das«, sagte sie, »ich hab da so ein inneres Gefühl!« Henry erwiderte, ihr »inneres Gefühl« sei ein Pleonasmus. Seitdem hält sie ihn für einen Arzt. Da sind falsche Missverständnisse natürlich bereits schon im Vorfeld vorprogrammiert.

| Pleonasmen | |
| --- | --- |
| **doppelt gemoppelt** | **einfacher gesagt** |
| angeblich sollen (z. B. sie soll angeblich einen Geliebten haben) | sie soll einen Geliebten haben; sie hat angeblich einen Geliebten |
| Attentatsversuch | Anschlag, Attentat, Mordversuch |
| aufoktroyieren | aufdrängen, aufzwingen, oktroyieren |
| anfängliche Startschwierigkeiten | anfängliche Schwierigkeiten, Startschwierigkeiten |
| im augenblicklichen Moment | im Augenblick, augenblicklich, im Moment, momentan |
| auseinanderdividieren | auseinanderrechnen, aufteilen, dividieren |

## Pleonasmen

| doppelt gemoppelt | einfacher gesagt |
| --- | --- |
| Ausgangsvoraussetzungen | Voraussetzungen, Ausgangsbedingungen |
| Außenfassade | Außenseite, Fassade |
| Baumallee | Allee, von Bäumen gesäumte Straße |
| bereits schon | bereits, schon |
| ein berühmter Star | eine Berühmtheit, ein Star |
| Eigeninitiative | Eigenantrieb, Initiative |
| Einzelindividuum | Einzelwesen, Individuum |
| der Einzigste | der Einzige |
| erste Vorboten | erste Anzeichen, Vorboten |
| drei Drillinge | Drillinge |
| Düsenjet | Düsenflugzeug, Jet |
| fundamentale Grundkenntnisse | fundamentale Kenntnisse, Grundwissen |
| für gewöhnlich etwas zu tun pflegen | für gewöhnlich etwas tun, etwas zu tun pflegen |
| Fußpedal | Fußhebel, Pedal |
| gemeinsame Schnittmenge | Gemeinsamkeit, Schnittmenge |
| Glasvitrine | Glasschrank, Vitrine |
| herausselektieren | auslesen, herausfiltern, selektieren |
| hochstilisieren | hochloben, stilisieren |
| ein lästiges Ärgernis | ein Ärgernis, eine lästige Sache |
| leider etwas bedauern | leider etwas tun müssen, etwas bedauern |
| lohnenswert sein | lohnend sein, die Sache wert sein |
| manchmal ab und zu | manchmal, gelegentlich, bisweilen, hin und wieder, ab und zu |
| manuelle Handarbeit | Handarbeit, manuelle Arbeit |
| marginale Randerscheinungen | marginale Erscheinungen, Randerscheinungen |

| Pleonasmen | |
|---|---|
| **doppelt gemoppelt** | **einfacher gesagt** |
| Mitbeteiligung | Beteiligung, Mitwirkung |
| möglich sein können (es könnte möglich sein) | es ist möglich; es könnte sein |
| neu renoviert | kürzlich instand gesetzt, renoviert |
| (höchst)persönlich anwesend sein | anwesend sein, da sein, zugegen sein |
| Rückerinnerung | Rückblende, Erinnerung |
| Rückerstattung | Erstattung, Rückzahlung |
| runder Kreis | kreisförmige Figur, Kreis |
| runde Kugel | Kugel |
| runterreduziert | herabgesetzt, reduziert |
| Sanddünen | Dünen, Sandhügel |
| schlussendlich | endlich, schließlich, zuletzt |
| Testversuch | Test, Versuch |
| tote Leiche | toter Körper, Leiche, Leichnam, der oder die Tote |
| Trommelrevolver | Revolver |
| Vogelvoliere | Vogelhaus, Voliere |
| Volksdemokratie | Demokratie, Volksherrschaft |
| Vorderfront | vordere Reihe, Front |
| vorprogrammiert sein | programmiert sein, unausweichlich sein |
| wahrscheinlich scheinen | scheinen, wahrscheinlich sein |
| weibliche Kandidatin | Kandidatin, weiblicher Kandidat |
| Zukunftsprognosen | Aussichten, Prognosen |
| zusammenaddieren | addieren, zusammenzählen |
| zwei Zwillinge | Zwillinge |
| ein Zweierpaar | ein Paar, zwei |

34

# Ich glaub, es hakt!

Das kennen wir alle: Beim Hacken auf der Tastatur bleibt man gelegentlich mal haken. Und Hühner scharren im Hof, während Könige ihren Hof um sich scharen. Alles klar so weit. Oder doch nicht? Ein paar Gedanken über Spuckgespenster, Bettlacken und andere eckelhafte Phänomene der deutschen Verkehrtschreibung.

»Ich warte hier«, steht auf einem Hundeverbotsschild vor einem Fleischerladen, und darunter ist der Hinweis zu lesen: »Bitte Hacken für Leine benützen.« Das stellt die Hundebesitzer vor ein Problem: Wie sollen sie den Hund draußen lassen, wenn sie sich die Leine an der Ferse befestigen sollen? Oder ist mit »Hacken« ein Werkzeug gemeint, eine Spitzhacke womöglich oder ein Hackebeil? Wenn ja, wo befindet sich dieses Gerät dann? Alles, was man draußen sieht, ist ein Haken an der Wand. Und man erkennt: Da hat wohl jemand Hacken mit Haken verwechselt.

Über ein solches Schild kann man schmunzeln, die Hundeleine vom Haken lösen und unbekümmert seines Weges ziehen. Doch schon bald wird man gewahr, dass diese Haken/Hacken-Verwechslung kein Einzelfall ist. Man begegnet ihr immer wieder. »Ich werde wegen der Software bei meinem Kollegen nochmal nachhacken«, schreibt jemand in einem Online-Forum – und man kann nur hoffen, dass er das nicht wörtlich meint, denn sonst wird der Kollege im Krankenhaus landen, wenn nicht gar im Leichenschauhaus. Aber gehackt wird nicht nur laienhaft in Foren, sondern auch professionell in Nachrichten: »Köhler hackt bei Schröder wegen Vertrauensfrage nach«, schrieb die »Neue Zürcher Zeitung« in ihrer Online-Ausgabe im Juli 2006. Da mag so mancher Leser empört gerufen haben: »Es hackt ja wohl!« Auf jeden Fall hakt es – und zwar mit dem Verständnis von kurzen und langen Lauten. »Dortmund hackt den Uefa-Pokal ab« lautete eine Überschrift auf FAZ.net am 30. April. Ein Serviceportal für Studenten bietet einen Preisvergleich für »Bettlacken« an. Man kennt »lacken« als Kurzform für »lackieren« – und fragt sich erstaunt, ob sich derart viele Maler auf das Lackieren von Betten spezialisiert haben, dass sich inzwischen sogar ein Preisvergleich lohnt.

Als Tippfehler kann man diese Irrtümer kaum entschuldigen, denn »c« und »k« liegen auf der Tastatur nicht nebeneinander. Womöglich ist dieses Phänomen mit Besonderheiten der regionalen Aussprache zu erklären, vielleicht werden in manchen Dialekten »hacken« und »haken« gleich ausgesprochen. Noch toller treibt es der Deutsche mit dem Spucken. »Ich find das Spuken am Fußballplatz mega eckelhaft!«, beschwert sich ein Diskutant in einem anderen Forum. Mit Recht zwar, aber mit fragwürdigen orthografischen Mitteln. Für »eckelhaft« spuckt Google übrigens mehr als 13.000 Treffer aus. Kein Zweifel: Es spukt in der deutschen Sprache! Dass einige auch die Wörter »Bodenluke« und »Dachluke« mit »ck« schreiben, erscheint schon fast konsequent, denn durch eine »Lucke« kann man immerhin »gucken« und »lucki-lucki« machen.
Geradezu schockiert steht man allerdings vor jener Tafel an einer Eisdiele, auf der die Geschmacksrichtung »Schockolade« angeboten wird. Und fast jedes dritte Küken, das im deutschsprachigen Internet schlüpft, ist ein »Kücken«.

Einige dieser Verkürzungsfehler entstehen durch Analogien – man orientiert sich an bekannten Formen. Da man ein *Paket* erst einmal *packen* muss, bevor man es am Paketschalter abgeben kann, haben es viele Menschen beharrlich mit »ck« geschrieben. So beharrlich offenbar, dass die

Rechtschreibreformer erwogen, die Schreibweise »Packet«
zuzulassen – so wie ja auch *Päckchen* und *Packung* mit
»ck« geschrieben werden. Doch ein mit »ck« geschriebenes
»Packet« müsste – wie Becken, Dackel und Zucker – auf der
ersten Silbe betont werden – wäre also kein »Pakeet« mehr,
sondern ein »Packet«. So blieb es bei der Schreibweise mit
einfachem »k«.

Wer hingegen »Dampflock« mit »ck« schreibt, der ist auch
ohne reformatorische Verwirrung so gut wie entschuldigt,
denn während das erste »o« in »Lokomotive« noch deutlich
länger ausgesprochen wird, klingt es in der Kurzform »Lok«
tatsächlich so kurz wie in »Bock« und »Rock«. Auch bei dem
Wort »Plastik« ließe es sich noch verstehen, wenn es mit
»ck« geschrieben wird, denn das »i« ist kurz. Es sei denn,
man spricht es, in Anlehnung an seine französische Herkunft, »Plastieke« aus. Plastik ist in der Tat ein Fremdwort,
ebenso wie Lok und Paket, und für Fremdwörter sieht
unsere Rechtschreibung nur selten Dehnungs- oder Ver-
kürzungszeichen vor, wie wir sie von deutschen Wörtern
kennen. Daher schreibt sich auch die Maschine trotz langen
I-Klangs eben nicht »Maschiene«. Auch wenn bei Ikea bereits »spühlmaschienenfeste« Gläser gesichtet wurden.

Bei deutschen Wörtern hingegen sind diverse Formen der
Klangdehnung und -verkürzung möglich – und erforderlich. Es gibt kesse Hüte und Hüttenkäse, schiefen Boden
und Boddenschiffe, legende Hennen und leckende Hähne,
gepflegte Beete und befleckte Betten. Und es gibt Pfarrer
mit Mähnen und Männer mit Fahrer. »MTV-Chefin Catherine Mühlenberg hat offenbar ein Faible für private Bande
und scharrt gern die ihren um sich«, war am 10. Juli in der
»Welt« zu lesen. Jeder, der schon einmal einer Schar Hühner
beim Scharren zugesehen hat, weiß, dass Hühner in Scharen scharren – und dass sie sich zum Scharren scharen. Nun

ist Frau Mühlenberg aber kein Huhn, deshalb ist ihr »Welt«-liches »Scharren« in Wahrheit ein bildliches »Scharen«. Auch hierbei fällt die Unterscheidung zwischen langem und kurzem A-Klang offenbar nicht allen ganz leicht.

So wie lange Vokale fälschlicherweise orthografisch verkürzt werden, werden kurze Vokale auch gern verlängert: »Vor zwei Wochen wurde mir der rechte Bakenzahn entfernt!«, jammert ein zahnleidender Mensch im Internet. Das schönste Beispiel für eine missverständliche Vokaldehnung war am 7. Mai auf »Spiegel Online« zu finden: »In Beiräten großer Unternehmen verdienen Politiker staatliche Honorare – fraglich ist nur wofür«, hieß es dort. Fraglich ist vor allem, ob es statt staatlich nicht stattlich hätte heißen müssen. Darum habe ich bei den Kollegen nachgehackt, und prompt wurde dem Spuck ein Ende bereitet.

# Was man nicht in den Beinen hat ...

Klar, das Auge sieht bekanntlich mit. Aber jetzt mal Schwamm beiseite, sonst wecken wir noch schlafende Hühner. Feststehende Redewendungen sind längst nicht so fest, wie man meint. Viele wackeln,
dass einem ganz schwindlig wird. Aber das hat auch sein Gutes.
Denn verdrehte Redensarten sind das tägliche Brot in der Salzsuppe
unserer Sprache.

Um eine fremde Sprache zu beherrschen, bedarf es nicht
nur Kenntnisse des Vokabulars, der Grammatik und der
Aussprache. Die größte Hürde stellen die sogenannten
Idiome dar: Das sind feststehende Wortgruppen, die nur in
ganz bestimmten Zusammenhängen einen Sinn ergeben.
Wenn man zum Beispiel etwas nicht bemerkt oder über-
sieht, dann hat man »Tomaten auf den Augen«. Die Annahme, dass Tomaten generell für eingeschränkte Sinneswahr-
nehmung stehen, ist nicht richtig. Wer etwas nicht hört,
der hat keinesfalls »Tomaten auf den Ohren«. Stattdessen
hat er »Bohnen in den Ohren«.

Derlei lexikalisierte Fügungen gibt es Tausende in jeder
Sprache. Oft lassen sie sich nicht wortgetreu übersetzen.
Mit der deutschen Feststellung »Er fällt mir auf den Wecker!« kann weder ein Engländer (»He's falling on my
clock«) noch ein Franzose (»Il me tombe sur le reveil«) etwas anfangen. Auf Englisch heißt es »He gives me the
hump« (wörtlich: Er macht mir einen Buckel) und auf Französisch »Il me casse les pieds« (wörtlich: Er bricht mir die
Füße). Mit wörtlicher Übersetzung kommt man nicht weit.
Es hilft leider nichts: Um sich halbwegs sicher auf dem glat-
ten Parkett einer Fremdsprache bewegen zu können, muss
man ihre Idiome mühsam auswendig lernen.

Das gilt natürlich auch für die Muttersprache. Denn nicht nur das fremdsprachliche Terrain ist mit idiomatischen Stolpersteinen gepflastert. Auch im Deutschen kann man sich leicht vertun. So passierte es zum Beispiel Uwe Ochsenknecht, der in einem Fernsehinterview über seinen Filmpartner Armin Rohde schwärmte: »Dieser Mann ist ein Herz und eine Seele.«

Einige Menschen scheinen immer am falschen Fuß zu frieren, denn in der Zeitung liest man gelegentlich, wie jemand »auf dem kalten Fuß erwischt« worden ist. Die »Berliner Zeitung« wusste den »kalten Fuß« sogar noch eiskalt zu steigern. In einem Artikel über den Bundestagswahlkampf 2005 konnte man lesen: »Die geplanten Neuwahlen haben die CDU/CSU auf dem kalten Fuß erwischt, auf einem schon fast erfrorenen aber im Bereich der Kultur.« Füße scheinen übrigens ein grundsätzliches Sprachproblem darzustellen. Über Füße stolpert man jedenfalls besonders oft. Ein Mitarbeiter der Weltgesundheitsorganisation (WHO) klagte in einem Interview mit der »Basler Zeitung« über die Schwierigkeiten im Kampf gegen die Ausbreitung der Vogelgrippe und kam zu dem Schluss: »Mit den konventionellen Maßnahmen stehen wir auf verlorenem Fuß.«

»Lieber ein Schreck mit Ende, als wenn es so weitergegangen wäre«, sagte Hamburgs Bürgermeister Ole von Beust, nachdem er den erpresserischen Innensenator Ronald Schill entlassen hatte. Pierre Littbarski ist da anderer Meinung, denn von ihm stammt der Ausspruch: »Lieber ein Ende mit Schrecken als ein Schreck mit Ende.« Aber alle sind sich grundsätzlich darin einig, dass es einen Schrecken ohne Ende nicht geben darf. So erhob der DFB-Präsident Theo Zwanziger in einem Interview zum Hoyzer-Skandal mehrmals die Forderung, es müsse nun endlich »ein Schlusspunkt gezogen werden«.

Bei solch wunderbaren Worten muss ich natürlich an meine Freundin Sibylle denken. Denn die ist eine Sprachakrobatin ganz besonderer Art. Sie versteht es meisterlich, mit bekannten Redewendungen zu jonglieren und dadurch neue Wendungen entstehen zu lassen, die zwar nicht immer einen Sinn ergeben, dafür aber an Originalität kaum zu übertreffen sind*. Zu ihrem Repertoire gehören unübertroffene Aussprüche wie »Ab durch die Post!« und »Das ist die Kehrmedaille«. Und manchmal hat sie auch schon »in beiden Stühlen« gesessen.

Sibylles einmaliges Talent als Wortverdreherin entwickelte sich schon sehr früh. Als Kind glaubte sie nicht nur an den Weihnachtsmann und den Osterhasen, sondern an noch so manches andere, wie zum Beispiel an »einäugige Zwillinge«. »Ich dachte wirklich, die heißen so«, sagt Sibylle heute und lacht. Damals fand sie das freilich gar nicht komisch, und das Phänomen der »einäugigen Zwillinge« hat ihr Rätsel aufgegeben.

Nach ihrer Ausbildung hätte sie sich als Dekorateurin selbstständig machen können, aber sie hatte keine Lust, »Klingeln zu putzen«. Stattdessen hat sie als Tagesmutter gearbeitet. Doch auch das war »nicht das Wahre vom Ei«, sagt sie rückblickend. Sie war es leid, dass ihre Wohnung nach Abholung der Kinder immer aussah, als wäre »eine Bombe eingebrochen«. Ins Dekorationsgeschäft kann sie inzwischen nicht mehr zurück: »Der Zug ist abgelaufen«, meint sie.

---

* Siehe auch die Geschichte »Sprichwörtlich auf die Goldschale gelegt« in »Der Dativ ist dem Genitiv sein Tod, Folge 2«.

Sibylles Musikgeschmack ist nicht besonders differenziert. Sie hört alles »querfeldbeet«, wie sie sagt. Früher hat sie sehr für Julio Iglesias geschwärmt, aber inzwischen sei »sein Zenit am Sinken«, und als sie das letzte Mal in einer CD-Abteilung nach Julio Iglesias gesucht habe, wusste der Verkäufer nicht einmal mehr, wer das ist, und hat sie allen Ernstes gefragt, ob sie nicht Enrique Iglesias meine**. Seitdem bestellt sie ihre CDs lieber im Internet. Dort nimmt sie auch an Auktionen teil, ersteigert leidenschaftlich gern irgendwelche unnützen Dinge und ärgert sich immer maßlos, wenn ihr mal wieder jemand etwas »vor den Fingern weggeschnappt« hat.

Sibylle engagiert sich sehr für ihre Freunde. Wer immer Hilfe braucht – sei's beim Montieren eines neuen Regals oder bei der Erörterung von Beziehungsproblemen –, der kann auf sie zählen. »Ich habe eben eine soziale Strähne«, sagt sie. Eigentlich ist Sibylle ja sehr tierlieb, daher bin ich nicht sicher, ob sie sich der Bedeutung ihrer Worte bewußt ist, wenn sie einem Touristen erklärt: »Da können Sie zu Fuß hingehen. Das ist von hier nur einen Katzenwurf entfernt!«

Als ihre Schwester schwanger wurde, war Sibylle total überrascht. »Da bin ich aus allen Socken gefallen«, berichtete sie mir später. Inzwischen geht ihr Neffe in die achte Klasse, steckt mitten in der Pubertät und hat Probleme in der Schule. »Wenn der sich nicht auf die Hammelbeine stellt, dann bleibt er sitzen«, prophezeit Sibylle. Zu Weihnachten hat sie ihm mein Buch geschenkt, und er hat sich nicht mal dafür bedankt. »Da kann einem auch als Tante schon mal die Hutschnur platzen!«, empört sie sich.

** Enrique Iglesias gibt es natürlich auch, das ist einer von Julios Söhnen.

Bei einer Internetrecherche nach prähistorischen Tieren stieß ich zu meiner Verwunderung auf die Seite des Hochzeitsausstatters confettiwelt.de, der unter der Überschrift »Geldgeschenke kreativ verpackt« folgende Behauptung aufstellte: »Viele Hochzeitspaare wünschen sich Geld- anstatt Sachgeschenke. Sei es nun, da sie ihren Hausstand schon komplett haben oder einfach nur selbst bestimmen wollen, wofür der schnöde Mammut ausgegeben wird.« Das wäre Sibylle nicht passiert. Sie hat sich nämlich mit mir zusammen beide Teile des Films »Ice Age« angesehen und weiß, dass Mammuts alles andere als schnöde sind. Zwar könnte sie nicht erklären, woher das Wort Mammon stammt und was es genau bedeutet***, aber dafür hat sie ja mich. Und alles andere steht im Branchenverzeichnis. »Schau am besten in den grünen Seiten nach!«, rät Sibylle mir gern.

Nachdem sie sich von ihrem Freund getrennt hatte, sind wir häufiger zusammen ins Kino gegangen, denn Sibylle brauchte etwas Ablenkung. Inzwischen aber scheint ihr Liebesleben wieder in Schwung zu kommen, denn als ich sie letztens fragte, ob sie sich mit mir »Das Parfum« ansehen wolle, schien es ihr nicht zu passen. »Das wird mir zu spät«, sagte sie, »bei mir stehen morgen um 7 Uhr die Handwerker auf der Matratze.«

***  »Mammon« ist ein aramäisch-griechisch-lateinisches Wort für Geld, Reichtum, Besitz. In der Bibel steht es für den personifizierten Mate- rialismus: »Ihr könnt nicht Gott dienen, und dem Mammon« (Matth. 6, 24).

## Von Modezaren und anderen Majestonymen

Was wäre eine demokratische Gesellschaft ohne Könige? Leidenschaftslos wählen wir unsere Parlamentarier, und leidenschaftlich rufen wir immer neue Zaren, Fürsten und Päpste aus. Zum Teufel mit der Bourgeoisie – seid umarmt, ihr Majestäten!

Zwar haben wir die Monarchie vor fast 90 Jahren abgeschafft, doch noch immer wimmelt es in unseren Nachrichten von gekrönten Häuptern. Und dies gilt längst nicht nur für die Regenbogenpresse, die Woche für Woche die Gier ihrer Leserinnen und Leser nach glamouröser und skandalträchtiger Hofberichterstattung stillt und nährt. Über Kaiser und Könige wird auch in anderen Blättern berichtet. Selbst dann, wenn die Persönlichkeiten, um die es geht, in ihrem Leben niemals Kaiser oder Könige gewesen sind. Die Verleihung von Herrschertiteln ist im Journalismus selbstverständlich. Zu jedem großen Namen gehört ein majestätisch klingendes Synonym, ein »Majestonym«.

Als im Januar 2005 der Münchner Modemacher und Boutiquenbesitzer Rudolph Moshammer ermordet wurde, las man die Bezeichnung »Modezar« in sämtlichen Zeitungen und Zeitschriften. Auch die gehobene Presse, von der »Frankfurter Allgemeinen Zeitung« über den »Spiegel« bis zur »Neuen Zürcher Zeitung«, verweigerte dem Mordopfer den Kniefall nicht und sprach ihm schonungslos die Zarenwürde zu. Moshammers Tod bedeutet freilich nicht das Ende des (Mode-)Zarentums. Solange es berühmte Designer wie Jean-Paul Gaultier und Karl Lagerfeld gibt, solange wird man sie mit dem Etikett »Modezar« bekleben.

Was das Zarentum für die Mode, sind die Moguln für die Medien. In Indien, wo sie einst das Sagen hatten, gibt es diese muslimischen Herrscher mongolischer Abstammung schon lange nicht mehr. In der deutschen Presse leben sie jedoch munter fort. Wann immer man einen Bericht über den amerikanisch-australischen Zeitungs- und Fernsehunternehmer Rupert Murdoch liest, findet man dort unter Garantie den Begriff »Medienmogul«. Auch der inzwischen pleitegegangene Filmhändler Leo Kirch wurde gern als »Medienmogul« bezeichnet, genauso wie natürlich Silvio Berlusconi. Die ebenfalls oft verwendete Bezeichnung »Medientycoon« trifft es schon eher, denn das chinesisch-japanisch-englische Wort »Tycoon« bezeichnet einen einflussreichen, mächtigen Geschäftsmann oder einen Industriemagnaten. Aber »Mogul« ist weitaus beliebter, zumal sich im Zusammenklang mit »Medien« ein hübscher Stabreim ergibt.

Als der italienische Lebensmittelkonzern Barilla die deutsche Bäckereikette Kamps übernahm, las man prompt vom »Nudelkönig Barilla«. Überhaupt: Von Königen wimmelt es geradezu. Man kennt »Kekskönige«, »Möbelkönige«, jede Menge »Bierkönige« und sogar »Harry, den Fliesenkönig«. Einst gab es den Walzerkönig Johann Strauß, heute gibt es immerhin noch den Schlagerkönig Ralph Siegel. Und nicht zuletzt gehört in diese Reihe natürlich (Fußball-)Kaiser Franz Beckenbauer.

Aller demokratischen Einsicht und Überzeugung zum Trotz scheint die Sehnsucht nach Monarchie lebendig geblieben zu sein. Übrigens nicht nur bei uns Deutschen: Auch die US-Amerikaner, die nie einen König hatten, verteilen großzügig Königskronen. Man denke nur an Elvis, den »King of Rock 'n' Roll«, oder an Michael Jackson, von vielen ehrfürchtig »King of Pop« genannt.

In einem Interview mit dem Kölner »Express« wurde die deutsche Sängerin Andrea Berg als »Musik-Königin« angesprochen. Dieser Titel wollte ihr jedoch nicht behagen, denn sie wies ihn mit den Worten zurück: »Ich bin keine Königin. Königinnen werden am Ende geköpft. Und das wäre kein schönes Schicksal für mich!« Das war eine verblüffend kluge Begründung. Einen Monat später schrieb der »Express« erneut über Andrea Berg – und bezeichnete sie diesmal als Schlagerkönigin.

Wer sich auf einem Gebiet als Spezialist erwiesen hat, wird schnell und mit Begeisterung zum »Guru« verklärt. Im deutschen Blätterwald wimmelt es nur so von Gurus. Da gibt es den Diät-Guru Robert Atkins, den Theater-Guru Jürgen Flimm, den Gitarren-Guru Carlos Santana, den Pop-Guru Diedrich Diederichsen, sogar einen Teppich-Guru Hans Eitzenberger, einen Schuh-Guru Manolo Blahnik, und nicht zu vergessen den Frisuren-Guru Udo Walz. Ein Guru ist ein religiöser Lehrer im Hinduismus, das Fremdwörterbuch definiert ihn außerdem als eine »von einer Anhängerschaft als geistiger Führer verehrte Persönlichkeit«. Mit der Unabhängigkeit der Presse kann es nicht weit her sein, wenn sie sich tagtäglich hundertmal irgendwelchen geistigen Führern unterwirft.

Und auch Päpste gibt es mehr als nur den einen in Rom. Literaturpäpste zum Beispiel, wie Marcel Reich-Ranicki. Experte oder Meister zu sein genügt eben nicht. Ein Hauch von Nerz, genauer gesagt von Hermelin, muss schon sein. Offenbar steht es nicht einmal im Widerspruch zu demokratischen Prinzipien, von »Parteifürsten« zu sprechen. Auch »Landesfürsten« gibt es in unserer Republik zuhauf, allen Revolutionen zum Trotz. Journalisten mögen auf diese Majestonyme nicht verzichten. Woher sie das wohl haben? Von Sprachpapst Wolf Schneider bestimmt nicht.

## Ich geh nach Aldi

Woher kommen wir, wo gehen wir hin? Das sind Fragen, auf die es tausend verschiedene Antworten gibt. Fast ebenso viele Möglichkeiten ergeben sich bei der Frage, wie man sprachlich korrekt zum nächsten Supermarkt gelangt.

Weil meine Uhr dauernd nachgeht, bin ich ständig in Eile, denn ich habe große Angst, mich zu verspäten. Auch an diesem Morgen verlasse ich die Wohnung wieder in ziemlicher Hast und wäre um ein Haar mit meiner Nachbarin Frau Jackmann zusammengeprallt. »Na, Sie haben es aber eilig«, ruft sie erstaunt, »wo wollen Sie denn hin? Nach Aldi?« – »Aldi?«, frage ich verwirrt, »was soll ich denn da?« – »Na, da rennen doch jetzt alle hin«, erwidert Frau Jackmann, »wegen diesem Plasma-Fernseher! Den gibt es im Aldi jetzt für 899 Euro!« – »Nein danke«, sage ich, »ich brauche keinen Fernseher – ich brauche eher eine neue Uhr.« – »Dann müssen Sie nach Tchibo! Die haben gerade wieder Uhren im Angebot!« – »Danke für den Tipp!«, rufe ich und eile die Treppe hinab. In der U-Bahn mache ich mir folgende Notiz: Was haben meine Uhr und meine Nachbarin gemeinsam? Beide gehen nach! Die eine zehn Minuten und die andere »nach Aldi«.

Frau Jackmann geht manchmal seltsame Wege, vor allem in sprachlicher Hinsicht. Dass man zu einem Supermarkt geht und nicht *nach* einem Supermarkt, das wollte ihr bis heute nicht einleuchten. Frau Jackmann geht beharrlich *nach* Aldi und *nach* Lidl, und analog zu ihrem Sohn, der jedes Jahr zum Wintersport nach Karlsbach fährt, geht sie regelmäßig zum Winterschluss *nach* Karstadt.

Die Supermarktkette der Gebrüder Albrecht hat es nicht nur in wirtschaftlicher Hinsicht zu bundesweiter Bekanntheit gebracht – auch als linguistisches Phänomen ist Aldi zu Ruhm gelangt. Denn kein sprachlicher Zweifelsfall entzweit die Deutschen so sehr wie die Frage, ob man nun »zu Aldi« geht oder »nach Aldi«. Und jeder kennt den Witz mit dem Manta-Fahrer, der auf der Suche nach einem Supermarkt neben einem Türken bremst. »Ey, sag mal, wo geht's hier nach Aldi?«, fragt er. »*Zu* Aldi«, verbessert der Türke. Der Manta-Fahrer guckt verdutzt: »Was denn, schon nach sechs?«

»Nach« heißt es immer dann, wenn das Ziel eine Stadt, ein Land* oder eine Insel ist:

Martin zieht *nach* Straßburg.
Kreti und Pleti fliegen *nach* Mallorca.
Theo fährt *nach* Lodz.

Eine meiner Cousinen, die in Thüringen lebt, verwendet gelegentlich den Ausdruck »Ich fahr auf Polen«. Beim ersten Mal habe ich sie noch verbessert: »Du meinst, du *stehst* auf Polen.« Da lachte sie mich aus und wiederholte: »Nein, ich *fahr* auf Polen!« Irgendwann habe ich dann begriffen, dass sie nicht die Menschen, sondern das Land meinte, und dass manche Leute offenbar nicht *nach* Polen fahren, sondern *auf* Polen. Diese interessante Verwendung der Präposition »auf« hat vor allem im Ruhrgebiet zahlreiche Anhänger. In der Gelsenkirchen-Version des oben zitierten Witzes fragt der Manta-Fahrer nämlich: »Wo geht's denn hier AUF Aldi?«, denn in Gelsenkirchen geht man schließlich *auf*

---

* Sofern der Ländername sächlichen Geschlechts ist und ohne Artikel gebraucht wird. Männliche, weibliche und pluralische Ländernamen stehen mit der Präposition »in«: in die Schweiz, in den Irak, in die Niederlande.

Schalke. Wer *nach* Schalke geht, der kommt zweifelsfrei nicht von Gelsenkirchen »weg«, sondern von woanders her und wird sich möglicherweise verlaufen.

Doch zurück zur Standardsprache. Wenn das Ziel eine Person ist, dann wird die Präposition »zu« verlangt:

Ich fahre *zu* Henry.
Wir fliegen *zu* meinen Eltern.
Elke zieht *zu* ihrem Freund.

Firmen werden in der Grammatik genauso behandelt wie Personennamen. Meistens ist der Name eines Unternehmens ja aus einem Personennamen hervorgegangen. Für Frau Jackmann scheint es sich bei Karstadt allerdings nicht um eine Firma zu handeln, sondern eher um eine Ortschaft; denn sie geht grundsätzlich »nach Karstadt«. Nun deutet der zweite Bestandteil des Namens ja auch auf eine stadtartige Beschaffenheit hin, und Frau Jackmann beweist immer wieder, dass man sich mühelos einen ganzen Nachmittag in dieser »Stadt« aufhalten kann, ohne dass einem langweilig wird.

Mit der Unterscheidung zwischen »zu« und »nach« ist es übrigens nicht getan. Die deutsche Sprache hat noch mehr zu bieten. In einigen Gegenden geht man nicht zu oder nach, sondern »bei Aldi«, so wie man beispielsweise auch sagt: »Am Sonntag gehen wir alle wieder schön bei der Oma!« Tagtäglich kann man auf unzähligen Spielplätzen in Deutschland den Ruf »Komm bei Mutti!« hören. Nicht zu verwechseln mit »Komm bei Fuß!« – diesen Ruf gibt es natürlich auch. Und wenn die Kinder »bei Mutti« und »bei der Oma« gehen, dann gehen die Erwachsenen konsequenterweise »bei Aldi«. Im Rheinland gehen sie auch gern »bei'n Aldi« – das lässt sich noch besser sprechen. Und im

Ruhrgebiet, wo man an so manches Gesprochene gern noch ein Wörtchen dranhängt, da wird das »bei« sogar noch verdoppelt, und die Aufforderung, näher zu rücken, wird dann zu: »Komm mal lecker bei mich bei!«

Das Verwirrende an diesen »Bei«-Spielen ist, dass Fügungen wie »bei Mutti« oder »bei der Oma« nicht grundsätzlich der Standardgrammatik widersprechen. Schließlich heißt es korrekt: »Ich bin gern bei meiner Oma« oder »Bei Mutti schmeckt's am besten«. Wenn die Person mit »wo« erfragt werden kann, dann ist »bei« die richtige Präposition. Die Verben »gehen« und »kommen« führen allerdings nicht zur Frage »Wo?«, sondern zur Frage »Wohin?« und können daher vor Personen nur mit »zu« gebraucht werden.

In Süddeutschland kauft man »beim« Aldi oder »beim« Lidl. Das liegt daran, dass Namen dort prinzipiell mit Artikel gesprochen werden: der Franz, die Elisabeth, das Mariandl. Man geht vornämlich zum Alois, zum Michl und zur Christa, aber auch nachnämlich zum Hillgruber, zum Moosbauer und zum Obermayer – folglich auch zum Aldi und zum Lidl. Wer also gerade »beim« Spar war, »zum« Edeka will oder »vom« Rewe kommt, der drückt sich nicht etwa falsch aus, sondern typisch süddeutsch.

Frau Jackmann kauft nicht *bei* Aldi, auch nicht *beim* Aldi, sondern *im* Aldi. Vermutlich würde sie argumentieren, dass Aldi ein Supermarkt sei, und schließlich heiße es »im Supermarkt«, also müsse man auch »im Aldi« sagen können. »Es heißt zwar ›alles im Eimer‹, aber eben nicht ›alles im Aldi‹«, bliebe mir nur zu erwidern. Immerhin kauft Frau Jackmann nicht »inne Aldi«, das sagt man in einigen Gegenden nämlich auch, und manch einer geht sogar »nach 'm Aldi hin«.

Dass Ausländer sich angesichts solcher Probleme mit deutschen Präpositionen besonders schwertun, ist nur allzu verständlich. Die junge Generation deutscher Türken (oder türkischer Deutscher) hat in ihrem hinreißenden Jargon das Problem auf ganz einfache, klare Weise gelöst: Vor Aldi, Lidl und anderen Geschäften steht überhaupt keine Präposition mehr. Der Streit über »nach« oder »zu« ist hinfällig: »Musste noch Lidl?«, heißt es zum Beispiel voll krass, und: »Nö, ich war gerade Aldi!« Frau Jackmann findet das ganz schauderhaft: »Wer so redet, der findet doch nie im Leben eine Arbeit. Nicht mal als Packer im Aldi.«

Einen Fall gibt es freilich, in dem man »nach Aldi« sagen kann, ohne dabei die Standardgrammatik zu verletzen. Wenn es nämlich heißt: Ich geh nach Aldi noch zu Lidl.

# Unsinn mit Ansage

Wer viel reist, der kann was erleben. Er bekommt viel Interessantes zu sehen – und viel Seltsames zu hören. Vor allem, wenn er mit dem Zug fährt. Lautsprecherdurchsagen der Bahn geben den Reisenden immer wieder Rätsel auf.

Schon in Köln hatte es geheißen: »Der ICE 611 von Dortmund nach München über Frankfurt, Mannheim, Stuttgart trifft in der Ankunft voraussichtlich fünf Minuten später ein.« Eine faszinierende Formulierung, dieses »trifft in der Ankunft ein«. Man findet sie zwar in keinem Wörterbuch, aber ich beschließe, sie trotzdem in meinen aktiven Wortschatz aufzunehmen. Wenn ich das nächste Mal gefragt werde, wann mit meinem Erscheinen zum Essen zu rechnen sei, so werde ich erwidern: »Ich schätze mal, ich werde pünktlich in der Ankunft eintreffen!«

Weitere zehn Minuten später trifft der Zug dann tatsächlich ein: »Auf Gleis drei erhält jetzt Einfahrt der verspätete ICE 611 nach München, die Ankunft war 13:24 Uhr.« Auch diese Formulierung hat es in sich. Man kann sagen: Die Ankunft war lang ersehnt, oder: Sie war von Tumulten begleitet – aber sie »war 13:24 Uhr«? Gemeint ist freilich die geplante (»planmäßige«) Ankunftszeit. Aber Verkürzungen gehören zum Sprachalltag, das gilt auch für Lautsprecherdurchsagen. Jeder kennt Ankündigungen im folgenden Stil: »Nächster Halt: Hähnlein-Alsbach. Bitte in Fahrtrichtung links aussteigen!« Und manch einer hat sich vielleicht schon die Frage gestellt, warum er aufgefordert wird, in Hähnlein-Alsbach auszusteigen.

»Achtung! Ein Hinweis für die Reisenden auf Bahnsteig 4: Der Regionalexpress nach Wattenscheid, planmäßige Abfahrt 14:29 Uhr, fährt heute außerplanmäßig aus Gleis 5!« Auch über diese Aussage haben sich schon viele Reisende gewundert. Autos können aus der Stadt fahren, Menschen können aus der Haut fahren – und Züge offenbar aus dem Gleis. Mir wäre es lieber, sie blieben *auf* dem Gleis. Ein Bahnexperte könnte nun gewiss erklären, dass der Zug das Gleis Nummer 5 tatsächlich verlässt, wenn er auf die Hauptstrecke fährt, und trotzdem hat das Aus-dem-Gleis-Fahren einen sonderbaren Nebenklang. Außerdem sind die Ansager bei der Bahn nicht konsequent: Wenn ein Zug bei der Abfahrt *aus* dem Gleis fährt, müsste er bei der Ankunft entsprechend *in das* Gleis fahren. Trotzdem habe ich bis heute noch keine Durchsage gehört, in der es geheißen hätte: »Ins Gleis 4 erhält jetzt Einfahrt der Eurocity 412 aus Wien.« Was ich stattdessen immer wieder höre, ist Folgendes: »Aus diesem Zug bitte alle aussteigen! Dieser Zug endet hier!« Für mich beginnt ein Zug vorne mit der Lok und endet hinten mit dem letzten Waggon. Was da im Bahnhof endet, ist die *Zugfahrt*. Aber vielleicht sehe ich das zu eng. Andererseits – würde ein Busfahrer sagen: »Dieser Bus endet hier«, wenn er die Busfahrt meint? Und welche Mutter, die ihre Kinder morgens zur Schule fährt, würde sagen: »So, meine Kleinen, da wären wir! Raus mit euch! Dieses Auto endet hier!«? Ganz betroffen macht mich auch der Hinweis: »Dieser Zug endet hier und wird ausgesetzt!« Welch ein trauriges Schicksal: von allen verlassen und ausgesetzt – wie ein Hund auf einem Autobahnrastplatz! Ein weiteres seltsames Eisenbahner-Partizip lernte ich am Lübecker Hauptbahnhof kennen. Auf meine Frage, ob der leere Zug auf Gleis 5 der Zug nach Kiel sei, erhielt ich die Antwort: »Nein, bitte nicht einsteigen, dieser Zug wird abgeräumt.« Es war aber weit und breit kein Kellner zu sehen.

Zwischen Frankfurt und Mannheim folgt die nächste Über-raschung: »Unsere Weiterfahrt wird sich noch um wenige Minuten verzögern aufgrund einer Überholung.« Du lieber Schreck, denke ich, jetzt muss der Zug auf offener Strecke gewartet werden? Was ist denn passiert? Sind die Bremsen defekt? Oder ist es wegen der Klimaanlage, die den Reisen-den den Restsauerstoff absaugt? Ich hätte ja auch nichts da-gegen, wenn sie endlich mal was gegen dieses furchtbare Quietschen der Ziehharmonikaelemente zwischen den Waggons unternähmen – aber das muss doch nicht jetzt sein! Der kurz darauf auf dem Nebengleis dahindonnernde Zug lässt mich erahnen, dass mit »Überholung« nicht War-tung, sondern das Vorbeifahren gemeint war. Da sollte ich meine Sprachkenntnisse in Bahndeutsch dringend mal überholen, sonst werde ich irgendwann vom Irrsinn über-holt und verstehe am Ende nicht einmal mehr Bahnhof!

Derart seltsame Ansagen gibt es aber nicht nur im Schie-nenverkehr zu hören. Auch im Luftverkehr wird mancher Unsinn verzapft. Als ich vor Kurzem nach Kärnten flog, sagte die Stewardess bei der Landung: »Willkommen in Klagenfurt!« – »Moment mal«, dachte ich, »wie geht denn das? Die ist doch die ganze Zeit mit uns geflogen, wie kann sie mich jetzt plötzlich am Ziel willkommen heißen? Und woher weiß sie, dass ich in Klagenfurt willkommen bin? Womöglich wartet da draußen ein Erschießungskomman-do auf mich?« Was Stewardessen offenbar nicht wissen: Man kann nur dann jemanden willkommen heißen, wenn man ihn empfängt. Das Flugpersonal kann mich an Bord willkommen heißen, weil es mich dort empfängt, aber um mich in Klagenfurt willkommen heißen zu können, hät-te die Stewardess eine Maschine früher nehmen müssen. Wenigstens aber hätte sie eben das Treppchen hinunter-trippeln müssen, etwas Klagenfurter Luft einatmen und anschließend das Treppchen wieder hinauftrippeln müssen, um sich für einen Willkommensgruß zu qualifizieren. Ihre Kollegin auf dem Rückflug macht es richtig: »Meine Damen und Herren«, sagt sie nach der Landung, »wir sind soeben in Hamburg gelandet.« Willkommen heißt mich dann mein Freund Henry, der am Ausgang auf mich wartet.

Mitunter können Lautsprecherdurchsagen der Bahn ja auch ganz originell sein, so wie jene, die ich im Hamburger Hauptbahnhof hörte. Um das Gedränge vor dem Einstieg zu entspannen, sagte eine Stimme über Lautsprecher: »Bitte benutzen Sie auch die anderen Türen! Der Zug ist innen hohl!«
Die knackigste Ansage hörte ich übrigens einmal irgendwo kurz hinter Göttingen: »Meine Damen und Herren, soeben ist unsere ofenfrische Brezelverkäuferin zugestiegen!« Na, dachte ich gleich, an der würde mancher Fahrgast sicherlich gern mal knuspern.

# Nein, zweimal nein

Minus mal Minus ergibt Plus, so lehrt es die Mathematik. Nein mal Nein ergibt aber längst nicht immer Ja. Deshalb wird dringend davor gewarnt, den Sinn durch doppelte Verneinungen nicht ins Gegenteil zu verdrehen.

»Ich liebe die Sprache, weil sie logisch ist!«, schwärmte mir vor Kurzem ein Linguistikstudent vor, und ich fragte mich, an welcher Universität er so etwas gelernt haben könnte. Da hätte ich nämlich auch gern studiert. Tatsache ist, dass Sprache und Logik zwei unterschiedliche Disziplinen sind. Wer Sprache ausschließlich mit logischen Kriterien zu erklären versucht, ist zum Scheitern verurteilt. (Zum Trost sei gesagt: Es scheitern auch genügend andere an ihr.) Letztens sah ich an einem Kiosk ein Schild mit der Aufschrift: »Keine Annahme von Leergut zu keiner Zeit«. Für mich war klar: Der Kioskbesitzer hat die Schnauze voll, für die Dosensammler in seinem Viertel den Pfandautomaten zu spielen. Daher verweigert er die Leergutannahme, und zwar ausnahmslos. Ein Logiker indes könnte daraus schließen, dass Leergut hier zu jeder Zeit angenommen wird.

»Nanu, heute so schick in Schale?«, wundert sich meine Nachbarin Frau Jackmann, als sie mich aus meiner Wohnung kommen sieht. »Ich muss zu einem Fernsehauftritt«, sage ich, »es geht mal wieder um die Rettung der deutschen Sprache!« – »Na, dann machen Sie mal bloß keinen falschen Fehler!«, sagt Frau Jackmann. Vor falschen Fehlern habe ich eigentlich keine Angst, eher vor echten.

Zu früheren Zeiten wurde das Prinzip der doppelten Verneinung in der deutschen Sprache noch häufig angewandt.

Als der preußische Generalleutnant Blücher 1806 in meinem ostholsteinischen Heimatdorf Ratekau vor dem französischen Marschall Bernadotte kapitulierte, schrieb er unter die Urkunde: »Ich kapithullire, weil ich kein Brot und keine Muhnitsion nicht mehr habe.« Weder die »Kapithullatsion« noch die doppelte Verneinung wurden ihm als Fehler ausgelegt, denn Blücher wurde später sogar noch zum Generalfeldmarschall befördert und in den Fürstenstand erhoben.

Heute gilt die doppelte Verneinung, wenn nicht als falsch, so mindestens als komisch oder gespreizt. In vielen Dialekten aber erfreut sie sich nach wie vor großer Beliebtheit. Was dem Franzosen sein »ne … pas«, das ist dem Bayern sein »ka … net«. So heißt zum Beispiel »Das interessiert doch niemanden« auf Bairisch: »Dös interessiert doch ka Sau net!« Im Verneinen sind die Bayern übrigens Weltmeister, denn sie bringen es sogar auf eine fünffache Verneinung. Ein Leser berichtete mir von einer Unterhaltung mit einem bayerischen Bergbauern, der über die große Armut klagte, in der er aufgewachsen war: »Koana hot niamals net koa Geld net g'habt.« Da war also definitiv nichts zu holen gewesen.

Aber nicht nur die mehrfache Verneinung hat es in sich. Schon ein einfaches »nicht« kann uns Probleme bereiten – zum Beispiel in einem Nebensatz oder in einer Frage. Bei irgendeiner Gelegenheit frage ich meinen Freund Henry: »Du hast nicht zufällig 50 Cent klein?«, und er erwidert: »Ja!« Erwartungsvoll blicke ich ihn an, aber Henry zuckt nur mit den Schultern. »Also, was ist denn jetzt«, frage ich, »hast du nun 50 Cent oder nicht?« – »Ich habe keine 50 Cent«, erwidert Henry gelassen. »Und wieso sagst du dann erst Ja?«, schnaube ich entrüstet. »Du hast mich gefragt, ob ich NICHT zufällig 50 Cent klein habe. Was der

Zufall damit zu tun haben soll, lasse ich mal dahingestellt. Ich konnte diese Frage nur mit Ja beantworten, weil das Nicht-Haben zutrifft, da sich in meinen Taschen zurzeit keine 50-Cent-Münze befindet. Hätte ich die Frage mit Nein beantwortet, hieße das nach den Gesetzen der Logik, dass das Nicht-Haben unzutreffend ist, ich also sehr wohl 50 Cent bei mir habe. Dann hätte ich meinen besten Freund belogen!« – »Dein bester Freund wird dich irgendwann zu einem Arzt schicken müssen«, stöhne ich, »jeder normale Mensch hätte in deiner Situation mit Nein geantwortet!« – »Mag sein«, sagt Henry, »logisch gesehen hätte er aber Ja gemeint. Ich gehöre nun mal zu denen, die sagen, was sie meinen.« – »Mit Logik kommt man hier nicht weiter. Die logische Antwort mag Ja lauten, doch die gefühlte Wahrheit lautet Nein!«, erwidere ich. Henry zieht erstaunt die rechte Augenbraue hoch: »Gefühlte Wahrheit? Sind das die Kriterien eines Sprachpflegers? In einem Punkt hast du allerdings recht: Von mehr als 50 Prozent der Weltbevölkerung weiß man, dass sie, wenn sie Nein sagen, in Wahrheit Ja meinen.« – »Welche 50 Prozent meinst du?«, frage ich. Zur Erklärung spielt Henry mir ein kleines Zwei-Personen-Stück vor:

»Darf ich Sie noch auf eine Tasse Kaffee einladen?«
»Nein!«
»Mit Milch und Zucker?«
»Nein!«
»Nein mit Milch oder Nein mit Zucker?«
»Keinen Zucker, bitte!«

Trotz seines umwerfenden Charmes tut sich mein Freund Henry mit diesen besagten 50 Prozent nicht gerade leicht. Vermutlich steht ihm die Logik dabei im Wege. Seine damalige Frau geriet jedes Mal in Rage, wenn er auf ihr ent-

schuldigendes »Du bist mir doch nicht böse, oder?« mit »Ja«
antwortete, weil »nicht böse« zutreffend war.

Apropos zutreffend: Die seinerzeit überaus beliebte Quiz-
Sendung »Was bin ich?« hat nicht nur durch Robert Lembkes
Frage »Welches Schweinderl hätten S' denn gern?« dauer-
haften Ruhm erlangt. Auch eine ganz bestimmte Fragestellung des Rateteam-Mitglieds Hans Sachs ist bis heute
unvergessen: »Gehe ich recht in der Annahme, dass ...?«,
immer gefolgt von einer Negation. Zum Beispiel: »Gehe
ich recht in der Annahme, dass Sie nicht mit Tieren zu tun
haben?« Wenn der Kandidat in seinem Beruf tatsächlich
nicht mit Tieren zu tun hatte, musste er trotzdem mit »Ja«
antworten, da die Frage eine zutreffende Verneinung enthielt, die er durch ein »Nein« abgestritten hätte. Und Robert Lembke nahm es schon sehr genau mit der Antwort
seiner Gäste, denn immerhin standen nicht weniger als fünf
Mark auf dem Spiel.

In einem Reiseführer über Mexiko las ich folgenden Satz:
»Es wird dringend davor gewarnt, seinen Mietwagen über
Nacht nicht auf unbeaufsichtigten Plätzen abzustellen.«
Vorne steht »Warnung«, und hinten der Rat, was man tun
oder lassen sollte – logisch betrachtet wird also vor dem
Ratschlag gewarnt. Auch von der Verhinderung eines ge-
wünschten Ergebnisses kann man immer wieder mal lesen:
»Ein satellitengestütztes Überwachungssystem soll verhindern, dass sich die Gefangenen nicht weiter als drei Meter
vom Gebäude entfernen.« Oder: »Ein Glücksfall verhinderte, dass das Manuskript beim Brand der Bibliothek im September 2004 nicht zerstört wurde.«

In der Mittagspause ruft Henry an und fragt, ob ich die Kar-
ten fürs Heimspiel am Samstag schon besorgt habe. »Nein,

habe ich nicht«, sage ich. »Ich wollte nichts unternehmen, bevor ich nicht sicher weiß, ob Friedrich mitkommt oder nicht.« – »Worauf wartest du dann noch?«, fragt Henry. »Du weißt es doch jetzt schon nicht sicher, noch unsicherer kannst du in dieser Sache kaum werden!« In solchen Momenten begreife ich, warum seine Frau ihn rausgeworfen hat.

Die Fügung »nicht ohne« ist auch nicht ganz ohne. »Er verneigte sich und ging – nicht ohne sich nicht noch einmal nach Véronique umzudrehen.« Gnädigerweise habe ich vergessen, in welchem Roman ich diesen Satz gefunden habe. Und ich weiß bis heute nicht, ob sich der Held nun noch einmal nach Véronique umgedreht hat oder nicht. Wie lautet die Formel: Nicht + ohne + nicht = Ja? Nein, wohl kaum. Das zweite »nicht« ist überflüssig, ein verstärkendes Füllwort, wie es die gesprochene Sprache so liebt und wie es bei Puristen und Logikern verpönt ist.

Wenn man von Verneinungen spricht, die gar keine sind, dann darf natürlich auch die nicht unbedeutende Vorsilbe »un« nicht fehlen. Normalerweise besteht ihre Aufgabe darin, die Wortbedeutung ins Gegenteil zu kehren: ein Unheil bringt kein Heil, eine Unordnung ist keine Ordnung, und Unrecht widerspricht dem Recht. Demnach aber dürften Unmengen keine Mengen sein, Unsummen keine Summen, und Unkosten dürften nichts kosten. Das Präfix »un« hat bei diesen Wörtern jedoch keine verneinende, sondern eine verstärkende Funktion: besonders große Mengen, sehr hohe Summen, äußerst lästige Kosten. Für die rätselhafte »Untiefe« gibt es sogar zwei Definitionen, die einander widersprechen. Für die meisten ist eine Untiefe eine sehr tiefe Stelle im Wasser; in der Fachsprache bedeutet Untiefe jedoch genau das Gegenteil, nämlich eine nicht tiefe, also eine flache Stelle. Der Nichtschwimmer meidet Untiefen, weil er dort ertrinken könnte, und der Kapitän meidet Untiefen, weil sein Schiff dort auf Grund laufen könnte. Wie auch immer, es gibt offenbar mehrere gute Gründe, Untiefen zu meiden. Deswegen lohnt es sich nicht, einen Streit anzufangen. Henry pflegt zu sagen: »Nichts für ungut. Alles für gut!«

## Es macht immer Tuut-Tuut!

Manches tut weh, anderes tut gut, dieses tut not, und jenes tut tut. Autos zum Beispiel, und Schlepper im Hafen. Und meine Tante Olga. Die macht auch immer tut. Sie tut zum Beispiel gern verreisen. Die meisten täten das sicherlich anders sagen. Aber einige können vom Tun einfach nicht lassen.

Hamburg tut gut! Und U-Bahn-Fahren tut not! Vor allem, weil Henry seit Wochen ohne Führerschein ist. Er kann ihn einfach nicht finden, sagt er. So fahren wir also mit der Bahn zum Stadion. An den Landungsbrücken steigt ein älteres Ehepaar mit einem kleinen Jungen zu: zwei Rentner, die mit ihrem Enkel eine Hafenrundfahrt gemacht haben. Der Junge hat ein Bilderbuch dabei, auf dessen Vorderseite eine quirlige Hafenszene mit vielen Schiffen und Kränen zu erkennen ist. »Die Abenteuer des kleinen Schleppers Tuut-Tuut« lautet der Titel. Immer wieder streckt der Kleine seiner Großmutter das Buch entgegen. Doch die winkt ab und sagt: »Oma tut dir nachher vorlesen, wenn wir zu Hause sind!« Im nächsten Moment schaut der Kleine aus dem Fenster und ruft begeistert: »Da, da, ein Schiff!« – »Das ist die ›Cap San Diego‹«, erklärt Oma, »ein alter Bananenfrachter. Der tut aber schon lange nicht mehr fahren.« – »Tut, tut!«, ruft der Kleine. »Ja«, sagt die Oma, »früher hat das Schiff auch getutet. Heute ist es ein Museum. Wenn du größer bist, tut der Opa das mal mit dir besichtigen!« Der Kleine strahlt und ruft wieder: »Tut, tut!« Die Oma lächelt glücklich zurück. Ich stoße Henry sanft in die Seite und sage: »Sag mal, erinnerst du dich noch an das Lied ›Mein Tuut-Tuut, es macht immer Tuut-Tuut‹ von der Gruppe Leinemann?« Henry sieht mich an: »Das hatte ich erfolgreich verdrängt! Und nun kommst du, und schon tut sich wieder ein kultureller Abgrund auf! Schäm dich!« Ich versuche, mich ein bisschen zu schämen, kann aber nichts mehr daran ändern, dass uns »Mein Tuut-Tuut« für den Rest des Tages nicht mehr aus dem Kopf geht.

Vielen anderen Menschen geht es nicht aus der Grammatik – so wie der Oma in der U-Bahn. Und meiner Tante Olga. Die »tut« hin und wieder gern ins Theater gehen, aber nur »wenn's was Leichtes geben tut«. Das kleine Verb »tun« ist eines der faszinierendsten Verben überhaupt. Was täten wir nur, wenn es »tun« nicht geben täte! »Tun«, das früher einmal »tuen« geschrieben wurde, weshalb man heute noch neben der üblichen Form »ich tu« auch »ich tue« schreiben darf, erfüllt in unserer Sprache viele verschiedene Aufgaben:

Mal bedeutet es dasselbe wie »machen«:

»Das kannst du auch alleine tun«.
»Tut mehr für eure Gesundheit!«

Mal steht es für »zufügen«:

»Der tut nichts, der will bloß spielen«.
»Was du nicht willst, das man dir tu, das füg auch keinem andern zu«.

Dann wieder für »platzieren«, »unterbringen« oder »hinzufügen«:

»Du musst mehr Salz in die Suppe tun«.
»Ich weiß nicht, wo ich das hintun soll«.

Sodann für »sich verhalten« oder »ein bestimmtes Verhalten vortäuschen«:

»Nun tu doch nicht so!«
»Er tat, als ob er schlief«.

Und schließlich kann »tun« auch »geschehen« bedeuten:

»Was tut sich bei dir so?«
»Hier tut sich einiges«.

Und wer viel »zu tun hat«, der hat jede Menge Arbeit.

Wenn man die englische Begrüßungsformel »How do you do?« Wort für Wort übersetzt, kommt »Wie tun Sie tun?« dabei heraus. Die Verwandtschaft zwischen unserem »tun« und dem englischen »to do« ist unbestreitbar. Im Englischen dient »do« vor allem als Hilfsverb bei der Verneinung (I don't understand) und bei der Fragestellung (Do you love me?). Außerdem wird es zur Betonung gebraucht (Yes, I *do* like broccoli = Doch, ich *mag* Brokkoli!) und bei der Antwort auf Ja/Nein-Fragen: »Do you know him?« – »No, I don't«; »Do you love me?« – »Yes, honey, I do«. Es ist dem sicheren Sprachgefühl des Textdichters Michael Kunze zu verdanken, dass der Abba-Titel »I do, I do, I do, I do, I do« in der deutschen Version von »Mamma Mia« mit fünfmaligem »Ich will« wiedergegeben wurde – und nicht mit »Ich tu, ich tu, ich tu, ich tu, ich tu«. Das hätte dem Musical nicht gutgetan.

Im Rheinischen passt »tun« fast immer. Es hat dort gewissermaßen die Funktion des Universalverbs übernommen. Je nach Situation kann es auch »kaufen«, »spendieren«, »servieren«, »einpacken« und »zapfen« bedeuten: »Tust du uns bitte noch zwei Kölsch?«

Auf einem Kölner Wochenmarkt bittet ein kleines Mädchen seine Mutter um ein Eis: »Mama, tust du mich ein

Eis?« Die Mutter blickt ihre Tochter streng an und sagt: »Wie heißt das richtig, Gina-Marie?« Das Kind ruft: »Tust du mich BITTE ein Eis!« Die Mutter nickt zufrieden: »So ist's recht!«, und erfüllt ihrem Töchterchen den Wunsch. Nicht weit davon entfernt hört man auf einem Fußballplatz die Spieler rufen: »Tu mich mal die Ball!«

Die Verwendung des Wortes »tun« als Hilfsverb ist in bestimmten Fällen zulässig; zum Beispiel, um das eigentliche Verb zu betonen: »Rauchen tu ich schon lange nicht mehr«, »Sterben tut jeder irgendwann einmal«. In diesen Fällen wird das Verb in seiner Grundform an den Satzanfang gestellt, beugen *tut* sich dann dafür das Verb »tun«.

Auch bei der Umgehung des Konjunktivs erweist sich »tun« als praktisch: »Ich tät dir ja helfen«, »Das tät dir so passen!«, »Wir täten gern noch was essen«. Statt »ich würde« also »ich tät«. Vor allem in süddeutschen Dialekten wird diese Hilfskonstruktion gepflegt. So sagt man im Schwäbischen zum Beispiel: »I dät gärn a Eis schlotza!« (»Ich würde gern ein Eis schlecken!«)

Wenn aber nichts betont und kein Konjunktiv umschrieben werden soll und »tun« dennoch als Hilfsverb verwendet wird, dann haben wir es mit einem umgangssprachlichen Phänomen zu tun: »Ich tu ja von Beeren am liebsten Gelee machen«, »Was tust du auch immer so spät noch Musik hören!«, »Und wo tut ihr nächstes Jahr Urlaub machen?«. Diese Masche hat zugegebenermaßen einen Vorteil: Man braucht sich nur noch die Konjugationsformen eines einzigen Verbs zu merken, nämlich die von »tun« (ich tu, du tust, er tut usw.), und spart sich das Kopfzerbrechen beispielsweise darüber, ob es nun »Der Bäcker buk das Brot« oder »Der Bäcker backte das Brot« heißen muss. Man tut ganz einfach sagen: »Der Bäcker tat das Brot backen«, und damit ist es dann getan.

Die Neigung zur Simplifizierung der Grammatik manifestiert sich hier erstaunlicherweise nicht im Lassen, sondern im Tun. Genauer gesagt in der unsachgemäßen Verwendung des Wortes »tun« als Hilfsverb, ein in Deutschland zwar weitverbreiteter, aber nicht gerade eleganter Vorgang. Die Deutschen lieben die Tuterei und das Täterä, das war schon immer so, und wer eben gern so sprechen tut, der möge es in Gottes Namen tun, ich tät es zwar anders machen, aber das tut hier nichts zur Sache.

Das Spiel endet in einer schmerzlichen Niederlage. Wir wollen so schnell wie möglich nach Hause und teilen uns ein Taxi. Der Fahrer ist schlecht gelaunt, flucht an jeder roten Ampel und drückt ständig auf die Hupe: »Tut der Kerl pennen oder was?«, schimpft er laut. Und: »Ich fass es ja wohl nicht, jetzt tut der auch noch falsch abbiegen!« Ich drehe mich zu Henry und fange leise an zu singen: »Es macht immer Tuut-Tuut«. Henry blickt mich finster an: »Tu mir einen Gefallen und halt den Mund!« – »Okay, schon gut«, sage ich, »ich tu einfach so, als tät ich gar nichts tun!«

## Der antastbare Name

Unsere Namen sind uns heilig; jeder legt Wert darauf, dass sein Name richtig geschrieben und in seinem Sinne ausgesprochen wird. Doch die Annahme, dass Namen unveränderlich seien, ist falsch. Auch für sie gelten die Regeln unserer Grammatik.

Ein fälschlicherweise mit »ai« geschriebener Meier oder ein mit »tz« buchstabierter Schulze kann die Betroffenen in Rage bringen. Manch einer fühlt sich geradezu beleidigt, wenn er seinen Namen falsch geschrieben sieht. Das ist nur allzu verständlich – der Name gehört schließlich zu uns wie die Nase im Gesicht. Mit seinem Namen identifiziert sich der Mensch, auch wenn er ihn nicht besonders leiden kann und sich selbst einen ganz anderen Namen ausgesucht hätte.

Und weil uns Namen heilig sind, haben viele von uns eine Scheu, die Schreibweise eines Namens zu verändern, wenn die Grammatik es erfordert. Berühmtestes Beispiel ist der Genitiv. Der zweite Fall macht Christa zu »Christas« und Auermann zu »Auermanns«. Ein ganz natürlicher Vorgang – eigentlich. Zahlreichen Geschäftsinhabern und Gaststättenbetreibern bereitet er jedoch beträchtliches Unbehagen. »Ich schreibe mich doch aber nicht mit s am Ende!«, denkt Christa. Und Auermann denkt: »Ich heiße doch nicht Auermanns!« Zum Glück gibt es ja den Apostroph, das ist Christa's Rettung. Und Herrn Auermann's auch. Wäre ja auch schlimm, wenn man dem Namen einfach so ein »s« anhängen müsste. Wo kämen wir da hin? Wie sähe das denn aus?

Inzwischen darf der Genitiv-Apostroph zur Verdeutlichung des Namens sein Unwesen sogar mit offizieller Billigung von Duden und Rechtschreibkommission treiben.

Und weil für viele Menschen ein »s« so schön wie das andere ist, hat der Apostrophenwahn inzwischen auch den Plural erwischt. Bei immer mehr Menschen stehen folglich nicht mehr die Schmidts vor der Tür, wenn Schmidts klingeln, sondern »die Schmidt's«.

Die Vorstellung, dass Namen nicht angetastet, sprich: orthografisch verändert werden dürften, ist tief im deutschen Bewusstsein verankert. Schade eigentlich, denn diese Vorstellung ist falsch. Auch für den Umgang mit Namen gibt es Rechtschreibregeln. Die sind im Zuge der Reform zwar gelockert worden, sodass die Grimmschen Märchen jetzt auch als Grimm'sche Märchen zu haben sind und ein goethekundiger Mensch sich auch als Goethe-kundig bezeichnen darf, aber die Annahme, ein Name sei unveränderlich, ist genauso falsch wie die Annahme, zwischen Vor- und Nachname dürfe niemals ein Bindestrich stehen.

Viele Kommunen stecken bekanntlich in Geldschwierigkeiten. Daher wird an allen Ecken und Enden gespart. Genauer gesagt an allen Straßen und Plätzen; und zwar nicht nur am Belag und an der Begrünung, sondern auch an Bindestrichen. Dieser Eindruck entsteht, wenn man mal wieder irgendwo auf einem Willy-Brandt-Platz steht und auf dem Straßenschild nur »Willy Brandt-Platz« liest. Auch dem »Heinrich Hertz-Ring« und der »Richard Wagner-Straße« ist das verbindende Zeichen abhandengekommen.
Viele Menschen glauben offenbar, der Freiraum zwischen dem Vornamen und dem Nachnamen sei eine Tabuzone, innerhalb derer man keine (ortho-)grafische Veränderung vornehmen dürfe. Das ist ein Irrtum. Die Regeln sind in diesem Fall eindeutig: Namen von Straßen, Gebäuden und Institutionen, die aus drei und mehr Teilen zusammengesetzt sind, werden durchgekoppelt. Also Willy-Brandt-

Platz, nicht Willy Brandt-Platz (und natürlich erst recht nicht Willy Brandt Platz). Es handelt sich ja nicht um einen Brandt-Platz, vor dem sich irgendein Willy herumtreibt, sondern um einen Platz, der nach Willy Brandt benannt wurde. Der Vorname gehört genauso zum Platz wie der Nachname.

Diese im Grunde doch ganz simple Erkenntnis will aber längst nicht jedem einleuchten. Selbst Universitäten tun sich damit schwer. Die hochangesehene Humboldt-Universität in Berlin hat bei der Benennung ihrer Gebäude auf den sinnstiftenden Bindestrich verzichtet. So findet man in Berlin-Adlershof das »Johann von Neumann-Haus« und das »Erwin Schrödinger-Zentrum«.

Mitunter sehen derlei halbherzige Zusammensetzungen eher wie Doppelnamen aus. Würden Sie Ihre Hand dafür ins Feuer legen, dass es sich bei »Bettina von Rath-Halle« und »Dominik Grünwald-Saal« wirklich um Veranstaltungsräume und nicht einfach um Personen mit einem Doppelnamen handelt? Wird der Name durchgekoppelt, ist jede Verwechslungsgefahr ausgeschlossen: Eine »Bettina-von-Rath-Halle« kann keine Person, sondern nur eine Halle sein.

Die ARD ist auch als »Das Erste« bekannt. Dennoch mutet es seltsam an, wenn eine Ansagerin verkündet: »Und morgen sehen Sie in Das Erste ...« Dass man den Namen auch beugen kann, ohne ihm die Individualität und den Reiz zu nehmen, beweist das Zweite. Denn das ZDF wirbt seit einiger Zeit mit dem doppelsinnigen Spruch: »Mit dem Zweiten sieht man besser«, womit einerseits das zweite Auge, andererseits das zweite Programm gemeint ist. Dieser Slogan wäre überhaupt nicht mehr doppelsinnig, sondern nur noch hirnrissig, wenn er hieße: »Mit Das Zweite sieht man besser«. Wie erfreulich doch, dass man sich beim Zweiten da nicht stur gestellt hat.

Das größte Brimborium wird mit Markennamen veranstaltet. Im Frühjahr 2005 wirkte ich bei einer Plakatkampagne des Vereins Deutsche Sprache (VDS) mit, der mir kurz zuvor die Ehrenmitgliedschaft angetragen hatte. Der VDS hatte mich um ein Foto und um einen Spruch zum Thema deutsche Sprache gebeten. Ich schlug diesen vor: »Unsere Sprache ist wie eine prall gefüllte Tonne bunter Lego-Steine, die sich immer wieder anders zusammensetzen lassen. Das macht sie so reich und uns alle zu Erfindern.« Der Spruch gefiel dem VDS, und voller Eifer machte man sich an die Gestaltung des Plakats. Um sicherzugehen, dass die Firma Lego gegen die Verwendung ihres Namens keine Einwände hatte, fragte der VDS höflich in der Firmenzentrale nach. Der zuständige Sachbearbeiter, vermutlich ein Jurist, erteilte die Erlaubnis – unter folgenden Bedingungen: Erstens müsse der Name Lego mit einem ®-Zeichen markiert sein, zweitens müsse er in Versalien geschrieben werden, und drittens müsse er isoliert stehen, zwischen dem Wort Lego und dem Wort Steine dürfe kein Bindestrich stehen. Die erste Bedingung hätte der VDS noch akzeptiert. Die zweite verursachte den Verantwortlichen schon Bauchschmerzen: Lego in Großbuchstaben? Der Name war ja Teil eines Zitats, und innerhalb eines Zitats gelten die Regeln der deutschen Rechtschreibung. Denen zufolge werden nur Abkürzungen und Abkürzungswörter in Versalien geschrieben und auch nur solche, die man nicht wie ein Wort sprechen kann, sondern durchbuchstabiert. Die Firma KPMG zum Beispiel wird auch innerhalb eines Fließtextes in Großbuchstaben geschrieben, da man jeden Buchstaben gesondert spricht. Die Organisationen Nato, Uno, Esa und Unicef hingegen werden wie normale Wörter geschrieben, also lediglich mit großem Anfangsbuchstaben, da sie auch wie normale Wörter gesprochen werden. Wir sagen ja nicht En-A-Te-O oder U-En-O. Schriebe man Lego in Versalien, müsste man es El-E-Ge-O aussprechen, also Buchstaben für Buchstaben, so wie bei USA und DDR, bei SPD und CDU, bei AGB und DBDDHKP ...

Die dritte Bedingung, die die Firma L-E-G-O stellte, ließ sich am allerwenigsten mit den Grundsätzen des VDS vereinbaren: Der Verzicht auf den Bindestrich zum nachfolgenden Wort »Steine« hätte einen klaren Verstoß gegen die Regeln der deutschen Orthografie bedeutet. Bei dem Wort »Lego-Steine« handelt es sich um eine Zusammensetzung, und Zusammensetzungen werden im Deutschen entweder zusammengeschrieben oder gekoppelt. Dass ihre Bestandteile unverbunden nebeneinanderstehen, so wie im Englischen oft der Fall, sieht die deutsche Rechtschreibung nicht vor.

Selbstverständlich darf sich die Firma Lego in ihren eigenen Pressemitteilungen, auf ihren Packungen und in ihren Katalogen schreiben, wie es ihr beliebt. Aber sie darf von anderen nicht verlangen, die Regeln der deutschen Rechtschreibung zu missachten. Schon gar nicht vom Verein Deutsche Sprache. Und da die Firma Lego nicht bereit war, von ihren Forderungen abzurücken, entschlossen wir uns, das Zitat abzuändern und Lego kurzerhand rauszustreichen. »Wie ein Haus aus Steckbausteinen lässt sich unsere Sprache immer wieder neu zusammensetzen. Das macht sie so reich und uns alle zu Architekten.« Das haben die bei El-E-Ge-O nun davon.

Im Frühjahr 2005 zeigte der »Spiegel« alle Titelseiten, die im Laufe der 55-jährigen Geschichte des Magazins entstanden waren, in einer Ausstellung, die den Titel trug: »Die Kunst des SPIEGEL«. Noch schmerzhafter als die Unsitte, das Genitiv-s zu apostrophieren, ist die Praxis, es gänzlich zu unterschlagen. Denn das brennt nicht nur in den Augen, sondern kribbelt auch noch unangenehm in den Ohren. Der Duden stellt fest, dass das Weglassen der Genitivendung bei Eigennamen inzwischen zwar weit verbreitete Praxis sei, aber nach wie vor unkorrekt. Richtig sei »der Chefredakteur des ›Spiegels‹«, auch wenn der »Spiegel« selbst dies anders handhabe. Wann immer ich an einem Plakat vorbeikam, das auf die »Kunst des SPIEGEL« hinwies, zischte ich es wie eine Schlange an: »Sss! Des SPIEGELS!« Da ich bei der Ausstellungseröffnung vermutlich in einen Zisch-Krampf verfallen wäre, bin ich gar nicht erst hingegangen. »Die Kunst des SPIEGEL« fand ohne Genitiv-s statt – und ohne mich.

Eigennamen sind nicht unantastbar. Als Teil eines Satzes oder einer Wortgruppe werden sie zu Hauptwörtern und haben ein Recht darauf, als solche behandelt zu werden. So weit diese **BASTIAN SICK® Kolumne**.

## Hallo, Fräulein!

Wie macht man in einem Lokal auf sich aufmerksam? Hallo, Sie, dürfte ich wohl ... Entschuldigung! Haaallo, ich würde gern ... Sie, hallo, könnten Sie bitte ... Das gute alte Fräulein ist uns abhandengekommen, und bis heute haben wir keinen passenden Ersatz gefunden!

In Restaurants kann man sie täglich beobachten: Herren bei der Lokalgymnastik. Erst drehen und wenden sie den Hals, dann recken sie in einem bestimmten Moment den Arm in die Luft und führen hektische Winkbewegungen aus – mal nur mit der Hand, mal mit dem ganzen Arm. In besonders engagierten Fällen auch mit beiden Armen. Manche erheben sich dazu sogar vom Stuhl. Der Zweck dieser Übung ist, die Aufmerksamkeit der Kellnerin zu erregen, die wie verhext ausgerechnet immer dann in eine andere Richtung schaut, wenn man gerade etwas bestellen will oder zu zahlen wünscht. Dazu rufen die Herren »Hallo!« oder »Entschuldigung!«, zunächst noch dezent, bald schon lauter, nach mehreren gescheiterten Versuchen fast verzweifelt.

Mein Freund Henry hat das nicht nötig. Er ruft in freundlichem Ton laut und vernehmlich »Fräulein!« durchs Lokal, und jeder dreht sich um, einschließlich der Bedienung. Für meinen Hinweis, dass »Fräulein« heute nicht mehr angebracht sei, hat Henry nur ein Schulterzucken übrig: »Aber ›Fräulein‹ wirkt! Und bisher hat sich noch keine der angesprochenen Damen bei mir beschwert.« – »Bis dir so ein ›Fräulein‹ irgendwann mal – ganz aus Versehen natürlich – ein volles Kännchen Kaffee über die Hose gießt!« – »Die Emanzipation der Frau mag uns das ›Fräulein‹ ausgeredet haben, aber sie hat uns keinen Ersatz geboten. Das war ein Fehler. Nun sind wir zum Hallo-Rufen und zum Entschuldigung-Stammeln verurteilt. Damit gebe ich mich nicht zufrieden. Warum sollte ich jede Kellnerin um Entschuldigung bitten? Ich habe schließlich nichts Schlimmes getan. Ich will doch nur etwas bestellen.«

In einem hat Henry recht, die Streichung des Wortes ›Fräulein‹ von der Liste der gesellschaftlich akzeptierten Wörter geschah ersatzlos. Die Anrede »junge Frau« ist nicht schicklicher, erst recht nicht, wenn man erkennen muss, dass die vermeintlich junge Frau bereits kurz vor der Rente steht. Die Anrede »Frau Oberin« wäre zwar konsequent emanzipatorisch, würde aber zu Missverständnissen führen, gerade in Städten mit einem Nonnenkloster. Es ist ein Kreuz: Das Fräulein ist futsch! Und damit nicht genug: Auch »mein Herr« und »meine Dame« sind verloren gegangen – was das Deutsche im Vergleich mit anderen Sprachen deutlich schwächer dastehen lässt. In Frankreich begrüßt man einander mit »Bonjour Madame« oder »Bonjour Monsieur«, und es macht gar nichts, wenn man vergessen hat, wie der andere heißt. Die Frau und der Herr im Deutschen kommen indes nicht ohne Namen aus; eine mit »Guten Tag, Herr ...« begonnene Begrüßung zwingt uns stets zur Nennung des Namens – und bringt uns dadurch bisweilen in peinliche Situationen. Auch das französische Fräulein gibt es noch, und keinem Franzosen käme es in den Sinn, das Wort »Mademoiselle« abzuschaffen, auch nicht den Mademoiselles selbst, die empfinden es nämlich geradezu als beleidigend, wenn sie mit »Madame« angesprochen werden: »Mon Dieu, sehe ich etwa so verheiratet aus?«

In einer beneidenswerten Situation befinden sich auch die britischen Kellner und Verkäufer, die mich als Kunden formvollendet mit »May I help you, Sir?« anreden können. Der gesellschaftliche Fortschritt hat uns Deutsche um die

Möglichkeit gebracht, mit einem charmanten »Was kann ich für Sie tun, meine Dame« oder einem höflichen »Guten Abend, mein Herr« eine formvollendete Konversation zu beginnen, und sei es nur zum Zwecke eines Schuhverkaufs.

Mein alter Freund Peter hat sich in wirtschaftlich schwierigen Zeiten unter anderem als Bratpfannenverkäufer bei Hertie durchgeschlagen. Um die Kundinnen an seinen Stand zu locken, sprach er sie beherzt mit »Madame« an – was weder in unsere Zeit noch nach Hamburg passte. Aber es passte zu Peter – und zu den Damen, die bei Hertie einkaufen gingen. Und so kamen die »Madamms« an Peters Stand, bestaunten seine angeblich unverwüstlichen Kochgerätschaften und ließen sich von ihm einwickeln. Als Verkäufer, vor allem aber als Überredungskünstler hatte Peter ordentlich was auf der Pfanne.

Henry meint, die jungen Frauen nähmen heutzutage an der Anrede ›Fräulein‹ keinen Anstoß mehr: »Die finden das eher schon witzig!« Als die Kellnerin zum Kassieren an unseren Tisch kommt, frage ich sie, wie sie im Dienst am liebsten gerufen wird. »Empfinden Sie es als beleidigend, wenn jemand Sie mit Fräulein anspricht?« Sie schüttelt den Kopf: »Wenn man in der Gastronomie arbeitet, wird ›Hallo‹ zwangsläufig zum zweiten Vornamen. Ich hasse ›Hallo‹! Da ist mir ›Fräulein‹ noch lieber!«

Das männliche Pendant zum Fräulein hat die Emanzipation unbeschadet überstanden: »Junger Mann, was darf's sein?« – »Kein Problem, junger Mann, kommt sofort!« So wurde ich jahrelang ganz selbstverständlich angesprochen. Inzwischen höre ich den »jungen Mann« zwar seltener, was aber nicht heißt, dass er aus der Mode gerät. Eher bin ich es, der langsam seinen Schmelz verliert. Manchmal allerdings wirkt er noch. Bei meinem nächsten Lokalbesuch stelle ich meine Frage erneut – diesmal einer männlichen Servierkraft. »Wie werden Sie am liebsten gerufen? Herr Ober? Junger Mann? Bedienung? Hallo? Entschuldigen Sie?« Der Kellner lächelt mich an und sagt: »Mario!«

## An was erkennt man schlechten Stil?

Auf was kommt es beim Sprechen besonders an? Über was sollte man sich mehr Gedanken machen? Und gegen was sollte man sich wehren? Das sind Fragen, die es in sich haben! Menschliches Sagen und Ver-Sagen spielt dabei eine entscheidende Rolle.

Der junge Mann vom Radiosender wirkt reichlich nervös. Es sei sein erstes Interview, verrät er mir, und das ausgerechnet mit einem Experten für die deutsche Sprache! »Keine Angst, ich beiße nicht!«, versuche ich ihn zu beruhigen, »fangen Sie einfach an!« Der junge Mann drückt auf die Aufnahmetaste seines Diktiergeräts, hält mir das Mikrofon vor die Nase und fragt: »Erzählen Sie unseren Hörern doch bitte, durch was Sie zum Schreiben gekommen sind.« – »Durch meine Arbeit als Schlussredakteur«, erwidere ich, »ich habe zunächst einige Jahre die Texte meiner Kollegen korrigiert. Dabei habe ich so die eine oder andere Beobachtung gemacht, die ich später in meinen Kolumnen verarbeitet habe.« – »Verstehe«, sagt der Radioreporter und kommt gleich zur nächsten Frage: »Bei was zucken Sie denn am häufigsten zusammen?«

»Sie wollen wissen, *wobei* ich besonders häufig zusammenzucke?« Der junge Mann nickt: »Genau! Über was regen Sie sich am meisten auf?« – »*Aufregen* ist vielleicht nicht das richtige Wort. *Auffallen* trifft es eher. Es gibt immer wieder Dinge, die mir auffallen, weil sie gegen meine Sprachgewohnheiten verstoßen. Ich beobachte, höre, lese, notiere – und irgendwann fange ich an, darüber zu schreiben.« – »Mit was beschäftigen Sie sich im Moment?«, fragt der Radioreporter weiter. »Mit nichts Konkretem. Aber gerade kommt mir der Gedanke, eine Geschichte über Pronominaladverbien zu schreiben.« – »Um was handelt es sich dabei genau?« – »Pronominaladverbien werden auf Deutsch Umstandsfürwörter genannt; das sind kleine nützliche Platzhalter, die eine Fügung aus Präposition und Pronomen ersetzen. Ein Beispiel: Die Antwort auf die Frage ›Liegt es am Wetter?‹ könnte lauten: ›Ja, es liegt an ihm‹. Üblicherweise drückt man es aber kürzer aus: ›Ja, es liegt daran‹ oder ›Ja, daran liegt es‹. Das Wort ›daran‹ ist so ein Umstandsfürwort. Es ersetzt die beiden Wörter ›an ihm‹. Diese Pronominaladverbien sind sehr praktisch – leider geraten sie an einigen Stellen aus der Mode, gerade die mit ›wo‹ gebildeten.« – »Und an was liegt das Ihrer Meinung nach?« – »An falschen Vorbildern. Zum Beispiel daran, dass viele Radiosender keinen Wert auf grammatische Feinheiten legen und sich der Umgangssprache bedienen, um frisch und jung zu wirken.« Der Reporter spricht das Schlusswort: »Dann bekommen wir in Ihrer Kolumne also demnächst was über … prominente Verben zu lesen. Da freue ich mich schon drauf. Vielen Dank für dieses Gespräch!«

Auch ich bin voll des Dankes für das Gespräch, liefert es mir doch gleich ein halbes Dutzend Beispiele für den Rückgang der mit »wo« gebildeten Umstandsfürwörter. Möglicherweise werden diese Umstandsfürwörter von vielen eher als *umständliche Fürwörter* empfunden, das würde ihr Verschwinden aus der Alltagssprache erklären; dennoch gelten »woran«, »womit« und »wofür« nach wie vor als die bessere Wahl; die Formen »an was«, »mit was« und »für was« sind umgangssprachlich und sollten in Aufsätzen und Briefen ebenso vermieden werden wie in Fernsehsendungen und Radiobeiträgen.

Im norddeutschen Raum lässt sich eine starke Tendenz zum Auseinanderreißen der Pronominaladverbien feststellen.

Statt »Dagegen habe ich nichts« sagt mancher Hamburger gern: »Da habe ich nichts gegen!« Wenn man sich in Schleswig-Holstein einer Sache absolut sicher ist, dann sagt man nicht »Darauf kannst du Gift nehmen«, sondern »Da kannst du Gift drauf nehmen!«. Wobei »drauf« ja die verkürzte Form von »darauf« ist – die Präposition »da« also überflüssigerweise verdoppelt wurde. Und wenn man keine Ahnung hat, sagt man: »Da weiß ich nix von.«

Besonders kurios ist die norddeutsche Erwiderung auf das Wort »danke«. So wie der Franzose ein »merci« mit »de rien« (»für nichts«) erwidert und ein Spanier auf ein »gracias« mit »de nada« zu antworten pflegt, so erwidert der Norddeutsche ein »danke« mit den Worten: »Da nich' für!« – kurz für »Dafür brauchst du mir nicht zu danken«. Wer von weiter südlich kommt, findet das meistens recht seltsam. Da nimmt ein Hesse genauso Anstoß dran wie ein Bayer. Und so vermerkt denn auch der Duden, dass die Trennung der Pronominaladverbien umgangssprachlich und vor allem in Norddeutschland anzutreffen sei.

Die Neigung, das vorangestellte »wo« durch ein nachgestelltes »was« zu ersetzen, ist allerdings nicht nur im Norden vorhanden. »Von was ernähren sich Erdmännchen?«, fragt man sich auch andernorts, und wenn wieder einmal irgendwo demonstriert wird, stellt man sich nicht nur im Norden die Frage: »Gegen was demonstrieren die denn nun schon wieder?« Nach dem Tod des Palästinenserführers Jassir Arafat schrieb eine Internetzeitung prompt: »An was starb Arafat?«

Wer wissen möchte, woran es gutem Stil bisweilen gebricht und womit man seinen Ausdruck aufwerten kann, der werfe ein Auge auf nachstehende Tabelle: Sie enthält sämtliche »was«- und »wo«-Formen, die unsere Sprache kennt.

## An was oder woran?

| Umgangssprachliche Form | Standardsprachliche Form |
| --- | --- |
| an was | woran |
| auf was | worauf |
| aus was | woraus |
| bei was | wobei |
| durch was | wodurch |
| für was | wofür |
| gegen was | wogegen |
| hinter was | wohinter |
| in was | worin |
| mit was | womit |
| nach was | wonach |
| neben was | woneben |
| über was | worüber |
| um was | worum |
| unter was | worunter |
| von was | wovon |
| vor was | wovor |
| zu was | wozu |
| zwischen was | wozwischen |

## Ich habe Vertrag

Fußball ist nicht nur »ding«, nein, es ist bedeutend mehr, es ist »ding, dang, dong«. So sprach einmal ein großer Trainer. Fußball und Sprache gehören zusammen wie Ernie und Bert, wie Dick und Doof, wie Erkan und Stefan. Das Deutsch der Spieler und Experten ist oft seltsam, manchmal aber auch sehr komisch.

Fußballer-Zitate sind legendär. Man denke nur an die Worte des Österreichers Andreas Herzog, der auf die Frage, ob er Oliver Kahn wegen eines mehrere Jahre zurückliegenden körperlichen Angriffs noch böse sei, erwiderte: »Nein, da ist ja inzwischen Schnee über die Sache gewachsen.«

Einige Sportsfreunde haben sich die Mühe gemacht, die besten Zitate zu sammeln und in Büchern oder auf Internet-Seiten zu präsentieren. Eine wahrhaft verdienstvolle Mühe. Denn wenn man mal einen schlechten Tag hat, braucht man nur auf eine Seite wie blutgraetsche.de zu schauen und sich die neuesten Sprüche durchzulesen, schon lacht man wieder. Zum Beispiel über diese Feststellung von Andreas Möller: »Speziell in der zweiten Halbzeit haben wir einen guten Tag erwischt.«

Dabei sind Fußballer ganz normale Menschen. Menschen wie du und ich. Menschen mit ganz alltäglichen Problemen. Sie tun sich schwer mit Fremdwörtern (Lothar Matthäus: »Wir sind eine gut intrigierte Truppe«), haben ihre Not mit dem Komparativ (Erik Meijer: »Es ist nichts scheißer als Platz zwei«), mit verdrehten Redewendungen (Fabrizio Hayer: »Ich weiß auch nicht, wo bei uns der Wurm hängt«), mit Zahlen (Thorsten Legat: »Unsere Chancen stehen 70:50«), mit der Geographie (Andreas Möller: »Mailand oder Madrid – Hauptsache Italien!«) und natürlich auch mit Frauen (Lothar Matthäus in einem »Playboy«-Interview: »Die Frauen haben sich entwickelt in den letzten Jahren. Sie stehen nicht mehr zufrieden am Herd, waschen Wäsche und passen aufs Kind auf. Männer müssen das akzeptieren«). Und manchmal sind Fußballspieler von einer geradezu rührenden Ehrlichkeit, so wie Fredi Bobic: »Man darf jetzt nicht alles so schlecht reden, wie es war.«

Eine unter Fußballspielern sehr beliebte Formulierung lautet »Ich habe Vertrag«, zum Beispiel in einer Äußerung wie »Ich habe Vertrag bis 2007«. Viele Zuhörer wundern sich darüber und fragen sich, ob es nicht heißen müsse »Ich habe einen Vertrag« oder »Mein Vertrag läuft bis 2007«. Kann man das Wort »Vertrag« ohne Artikel gebrauchen? So etwas geht eigentlich nur bei unzählbaren Hauptwörtern: »Ich habe Zeit«, »Ich habe Urlaub«, »Ich habe Hunger« oder »Ich habe Vorfahrt«. Verträge aber kann man zählen, daher sind sie in der Einzahl nur mit Artikel zu haben. Vielleicht empfinden manche Spieler den Umstand, in vertraglicher Verpflichtung zu stehen, als derart bedrückend, dass sie »Vertrag« mit einer Krankheit gleichsetzen: »Mein Vater hat Asthma, meine Mutter hat Rheuma, und ich habe Vertrag.« (Dazu passt ein Zitat von Mario Basler: »Ich grüße meine Mama, meinen Papa und ganz besonders meine Eltern.«)

Fußball lebt aber nicht nur von den großen Worten der Spieler allein. Auch die Sportreporter tragen immer wieder zum Amüsement bei. Die sind ja im Grunde verhinderte Kriegsberichterstatter, und entsprechend martialisch ist ihr Vokabular. Das war früher noch schlimmer als heute, da »brannte es« regelmäßig im Strafraum »lichterloh«. Doch auch heute wird der Kriegsvergleich bisweilen noch überstrapaziert, so wie in diesem Beispiel von stern.de: »In dem

Match gegen Manchester United erlitt die Mannschaft die Mutter aller Niederlagen. Zwei Gegentore in der Nachkriegszeit vermasselten den sicher geglaubten Sieg.«

Da wird der Ball – liebevoll immer wieder »das Leder« genannt – auch schon mal ins gegnerische Tor »gemacht«: »Zapp, zapp – Italien macht den Ball ins Tor!« (Überschrift auf welt.de). Sportreporter sind aber nicht nur Kriegsberichterstatter, nein, im Grunde ihres Herzens sind sie Dichter. So gibt es immer wieder Fälle, in denen Kommentatoren versuchen, poetisch zu werden, und ihre Sprache mit Bildern schmücken. Diese Bilder hängen allerdings manchmal so schief, dass Loriot seine helle Freude dran gehabt hätte: »Die deutsche Nationalmannschaft hat in den letzten Minuten die Zündschnur in Richtung Publikum gelegt« (Gerd Rubenbauer). Auf »Spiegel Online« schwärmte ein Redakteur einmal: »Seine Spieler lagen dort bereits alle auf einem Haufen, den sie aus überbordenden Glücksgefühlen planlos gebildet hatten.«
Und natürlich müssen Sportreporter ständig übersetzen: das Geschehen auf dem Spielfeld in verständliche Sätze, ausländische Begriffe ins Deutsche. Unvergessen ist Heribert Faßbenders Übersetzungsleistung bei der vorletzten WM: »Und jetzt skandieren die Fans wieder: ›Türkiye! Türkiye!‹, was so viel heißt wie ›Türkei! Türkei!‹«

Im Umgang mit der Sprache sind die Medien oft nicht besser als die Fußballprofis, und wie schon Bruno Labbadia feststellte: »Das wird alles von den Medien hochsterilisiert.« Damit genug der Lästereien. Um es mit den Worten des berühmtesten Aphoristikers des Sports zu sagen: Ich habe fertig!

»Fußball ist inzwischen Nummer eins in Frankreich. Handball übrigens auch.« (Heribert Faßbender)

»Ich glaube, dass der Tabellenerste jederzeit den Spitzenreiter schlagen kann.« (Berti Vogts)

»Die Schweden sind keine Holländer – das hat man ganz genau gesehen.« (Franz Beckenbauer)

»Das habe ich ihm dann auch verbal gesagt.« (Mario Basler)

»Wir werden nur noch Einzelgespräche führen, damit sich keiner verletzt.« (Frank Pagelsdorf)

»Der Jürgen Klinsmann und ich, wir sind ein gutes Trio.« (Fritz Walter jun.)

»Ich bin körperlich und physisch topfit.« (Thomas Häßler)

»Auch größenmäßig ist es der größte Nachteil, dass die Torhüter in Japan nicht die allergrößten sind.« (Klaus Lufen)

»Wenn man ihn jetzt ins kalte Wasser schmeißt, könnte er sich die Finger verbrennen.« (Gerhard Delling)

»Ja, Statistiken. Aber welche Statistik stimmt schon? Nach der Statistik ist jeder vierte Mensch ein Chinese, aber hier spielt kein Chinese mit.« (Werner Hansch)

»Jede Seite hat zwei Medaillen.« (Mario Basler)

»Es ist schon an der Grenze zum Genuss, den Koreanern zuzusehen.« (Johannes B. Kerner)

»Ich habe nur immer meine Finger in Wunden gelegt, die sonst unter den Tisch gekehrt worden wären.« (Paul Breitner)

»Je länger das Spiel dauert, desto weniger Zeit bleibt.« (Marcel Reif)

»Wenn wir hier nicht gewinnen, dann treten wir ihnen wenigstens den Rasen kaputt.« (Rolf Rüssmann)

»Halten Sie die Luft an, und vergessen Sie das Atmen nicht.« (Johannes B. Kerner)

»Wir wollten in Bremen kein Gegentor kassieren. Das hat auch bis zum Gegentor ganz gut geklappt.« (Thomas Häßler)

»Da geht er durch die Beine, knapp an den Beinen vorbei, durch die Arme!« (Gerhard Delling)

»Es steht im Augenblick 1:1. Aber es hätte auch umgekehrt lauten können.« (Heribert Faßbender)

»Was nützt die schönste Viererkette, wenn sie anderweitig unterwegs ist.« (Johannes B. Kerner)

»Was Sie hier sehen, ist möglicherweise die Antizipierung für das, was später kommt.« (Wilfried Mohren)

»Man kennt das doch: Der Trainer kann noch so viel warnen, aber im Kopf jedes Spielers sind zehn Prozent weniger vorhanden, und bei elf Mann sind das schon 110 Prozent.« (Werner Hansch)

»Mein Problem ist, dass ich sehr selbstkritisch bin, auch mir selbst gegenüber.« (Andreas Möller)

»Die haben den Blick für die Orte, wo man sich die Seele hängen und baumeln lassen kann.« (Gerhard Delling)

»Ich hoffe, dass die deutsche Mannschaft auch in der 2. Halbzeit eine runde Leistung zeigt, das würde die Leistung abrunden.« (Günter Netzer)

»Sie sollen nicht glauben, dass sie Brasilianer sind, nur weil sie aus Brasilien kommen.« (Paul Breitner)

»Die Luft, die nie drin war, ist raus aus dem Spiel.« (Gerhard Delling)

»Wer hinten so offen ist, kann nicht ganz dicht sein.« (Werner Hansch)

»Ich bleibe auf jeden Fall wahrscheinlich beim KSC.« (Sean Dundee)

»Da haben Spieler auf dem Platz gestanden, gestandene Spieler.« (Günter Netzer)

»Da geht er, ein großer Spieler. Ein Mann wie Steffi Graf.« (Jörg Dahlmann)

»Da kam dann das Elfmeterschießen. Wir hatten alle die Hosen voll, nur bei mir lief's ganz flüssig.« (Paul Breitner)

# Deutsch strikes back!

Begriffe wie Feedback und Flatrate, Blockbuster und Ranking, Lifestyle und Standing sind heute fast schon selbstverständlich. Aber brauchen wir sie wirklich? Für die meisten Dinge gibt es schließlich ein ebenso gutes deutsches Wort. Man muss nur danach suchen. Und wo es bislang keines gab, da kann man auch eines erfinden.

In letzter Zeit kommt es immer mal wieder vor, dass mich ein Unternehmen für eine Veranstaltung als »Dinner Speaker« buchen will. »Ich fürchte, da bin ich der Falsche«, antworte ich dann, »aber falls Sie mal einen Tischredner brauchen, melden Sie sich ruhig wieder!« Bislang hat sich noch keines der Unternehmen ein zweites Mal gemeldet. Offenbar brauchen die keine Tischredner. Was will man auch damit, wenn man für das gleiche Geld einen Dinner Speaker bekommen kann?

Englische Wörter hat es in der deutschen Sprache schon immer gegeben. Nach dem Zweiten Weltkrieg wurden es einige mehr, und viele haben wir begeistert akzeptiert, weil sie nützlich waren, modisch oder originell. Aber in den letzten Jahrzehnten sind so viele neue hinzugekommen, dass der Einzelne längst den Überblick verloren hat. Immer häufiger wird daher die Frage laut, ob wir all diese vielen englischen Wörter wirklich benötigen.

»Ein Wort wie Catering finde ich völlig überflüssig«, verriet mir eine Kollegin unlängst beim Kaffeetrinken, »ich sage Partyservice, das ist genau dasselbe. Ich brauche dafür kein englisches Wort!« In diesem Punkt irrte sie allerdings, denn sowohl »Party« als auch »Service« sind englische Wörter. Dass »Partyservice« in ihren Ohren kein Fremdwort ist, beweist, dass sie sich an dieses Wort gewöhnt hat. Was uns in Wahrheit an den Importvokabeln stört, ist nicht die Tatsache, dass sie englisch sind, sondern dass wir sie nicht kennen – der Mensch ist schließlich ein Gewohnheitstier. Wenn er sich aber einmal an etwas gewöhnt hat, dann hält er es bald für so selbstverständlich wie Pinguine in der Arktis*.

Immer mehr Menschen wünschen sich, dem Einfluss des Englischen auf unsere Sprache einen Riegel vorzuschieben. Politiker der CDU und der CSU wollen die deutsche Sprache gar unter gesetzlichen Schutz stellen. Doch wie soll das funktionieren? Wer soll entscheiden, welche englischen Wörter eine sinnvolle Ergänzung unseres Wortschatzes darstellen und welche überflüssig sind? Jeder hat dazu eine andere Meinung. Und die ist abhängig von der jeweiligen Gewöhnung. So habe ich mich derart an *Fastfood* gewöhnt, dass es mir schwerfällt, auf *Schnellkost* umzusteigen. Zum Frühstück esse ich nach wie vor *Cornflakes* und keine *Maisflocken*, und wenn mir der Sinn nach einem *Shake* steht, würde ich kein *Schüttelgetränk* bestellen. Mein Altpapier stopfe ich in einen *Container* und nicht in einen *Großbehälter*, und wenn ich einem *Skateboardfahrer* ausweichen muss, denke ich nicht: »Oh, ein *Rollbrettfahrer!*«

Aber was an einem *Event* toller sein soll als an einer *Veranstaltung*, ist mir nicht klar. Und ich sage auch nicht *Aircondition*, wenn ich die *Klimaanlage* meine. Ich gehe lieber *einkaufen* als *shoppen*, und über meine Texte setze ich statt einer *Headline* immer noch lieber eine *Überschrift*. Eine *Sitzung* wird für mich niemals ein *Meeting* sein und ein *Ortsgespräch* niemals ein *Citycall*. Ich trage auch immer noch

* Wobei anzumerken ist, dass Pinguine in der Arktis alles andere als selbstverständlich sind. Sie leben nämlich nur auf der Südhalbkugel, vor allem in der Antarktis, aber auch in Südafrika, Südamerika und in Australien.

*Sportschuhe* statt *Sneakers* und fürchte den *Abgabetermin* mehr als die *Deadline*.

Im Zeitalter der Globalisierung streben immer mehr Unternehmen nach Internationalität. So auch die Deutsche Bahn. Daher werden die Schalter bei der Bahn seit einiger Zeit nicht mehr *Schalter* genannt, sondern *Counter*. Die Warteschlangen vor so einem »Counter« sind zwar nicht kürzer als vor einem Schalter, aber das Anstehen fühlt sich viel internationaler an. Der Kunde spürt, dass eine neue Zeit von grenzenloser Weltläufigkeit und modernstem Service-Verständnis angebrochen ist, wenn er auf den Schildern im Schalterraum liest: »Counter wird geschlossen!« und »Gern bedienen wir Sie am Counter nebenan!«. Dasselbe gilt für die Fahrplanauskunft, die sich jetzt »ServicePoint« nennt (und bei der Bahn in den drei Schreibweisen ServicePoint, Service Point und Service-Point zu finden ist).

Manchmal kann man sich des Gefühls nicht erwehren, dass das Ersetzen deutscher Wörter durch englische reiner Etikettenschwindel ist. Aus meinem Sportunterricht kenne ich noch den Ausdruck Dauerlauf. In den 80ern setzte sich der Begriff »Jogging« durch. Das war im Prinzip nichts anderes als Dauerlaufen, aber es ließ sich besser vermarkten. Die Industrie überschwemmte Deutschland mit Jogginghosen. In »Dauerlaufhosen« hätte sie nicht halb so viel verdient.

Zu Beginn des Jahres hat der Verein Deutsche Sprache (VDS) die Aktion »Lebendiges Deutsch« ins Leben gerufen, deren Ziel es ist, griffige deutsche Pendants zu englischen Wörtern zu finden – oder zu erfinden. Eine Expertenjury wählt unter allen eingesandten Vorschlägen den lebendigsten aus und macht sich für seine Verbreitung stark. Auf diese Weise sind bereits diverse kluge Vorschläge zusammengekommen. So wird für den »Stalker« das praktische deutsche Wort »Nachsteller« empfohlen. Statt »Blackout« solle man »Aussetzer« sagen, und für den »Airbag« wurde das Wort »Prallkissen« gefunden. Als deutsches Gegenstück zum »Brainstorming« schlägt die Jury »Denkrunde« vor, und anstelle von »Laptop« empfiehlt sie das Wort »Klapprechner«. Als ich das Wort »Klapprechner« vor ein paar Jahren zum ersten Mal hörte, habe ich gelacht, denn ich assoziierte damit Dinge wie Klappstuhl, Klapptisch und Klapprad, aber keinen Computer. Inzwischen aber finde ich den Ausdruck »Klapprechner« gar nicht mehr so abwegig und bin auf dem besten Wege, mich richtig daran zu gewöhnen.

In seiner Mitgliederzeitung »Sprachnachrichten« und auf seiner Internetseite listet der VDS regelmäßig Meldungen über kleinere und größere Erfolge im Kampf gegen die Anglomanie. Im September 2005 konnte man lesen: »Das Museumsdorf in Cloppenburg verwendet statt des üblichen *Happy Hour* im Lokal ›Dorfkrug‹ den Ausdruck *Beste Stunden.*« Es gibt freilich noch andere Wege, mit der Übermacht der englischen Wörter fertig zu werden – zum Beispiel indem man sie orthografisch so verfremdet, dass man sie nicht mehr als englisch identifizieren kann. So wie in jener Kneipe in Berlin-Kreuzberg, in der laut Aushang jeden Dienstag zwischen 20 und 22 Uhr »Happyauer« ist! Das ist nur auf den ersten Blick komisch. Tatsächlich ist es nichts anderes als der Versuch, ein Fremdwort einzudeutschen. Auf mehr oder weniger ähnliche Weise sind schließlich auch »puschen« und »zappen« zu deutschen Wörtern geworden.

Einen weiteren Erfolg konnte der Sprachrettungsclub Bautzen vermelden, der an der Stationsbezeichnung »Stroke-Unit« im örtlichen Krankenhaus Anstoß genommen hatte. Die Klinik zeigte sich einsichtig und ergänzte die englische

Beschriftung um den deutschen Zusatz »Schlaganfall-Intensivstation«.

Im Internet präsentiert der VDS außerdem eine Liste mit 6000 englischen Wörtern und Abkürzungen, die Eingang ins Alltagsdeutsch gefunden haben oder sich im Fachjargon bestimmter Branchen tummeln. Hinter allen Einträgen findet man eine Übersetzung oder eine Erläuterung.

Leider können Institutionen wie der VDS nicht verhindern, dass ihnen für ihre Bemühungen auch aus der falschen Ecke applaudiert wird. Das Ersetzen englischer Begriffe durch deutsche ist nämlich bezeichnend für den Jargon der rechten Szene, vor allem in Bezug auf Computertechnik. Da wird das Internet zum »Weltnetz«, die Homepage zur »Heimatseite« und die E-Mail zum »E-Brief«. Ein Link ist ein »Verweis« oder »Verzweig« und der Chat-Room ein »Sprechraum«. Rechtsgerichtete Versandfirmen bieten »T-Hemden« statt T-Shirts an, »Kurzhosen« statt Shorts und »Nietenhosen« statt Jeans.

Der Grat zwischen altbacken und neumodisch, zwischen nützlich und überflüssig, zwischen zumutbar und geschmacklos ist – wie Grate das nun einmal an sich haben – schmal. Vielleicht wird man zum »Browser« eines Tages »Stöberer« sagen, wie von einigen Deutschliebhabern empfohlen. Und vielleicht sagen wir irgendwann »Blitzruf« statt »Hotline«. Vielleicht aber auch nicht. Vielleicht macht der technische Fortschritt Browser und Hotline überflüssig, ehe sich deutsche Wörter dafür durchsetzen können. Vielleicht verschwindet sogar Reality-TV aus dem Programm, ehe ein Gesetz zum Schutz der deutschen Sprache dafür die Begriffe »Wirklichkeitsfernsehen« oder »Echte-Leute-Fernsehen« vorschreibt. Das wäre doch kühl!

| 100 englische Fremdwörter und was man stattdessen sagen könnte | |
| --- | --- |
| Account | Benutzerkonto, Zugang, Zugangsberechtigung |
| Anchorman | Hauptnachrichtensprecher |
| Appetizer | Appetitanreger, Appetithappen |
| Attachment | Anhang |
| auschecken | abmelden, ausbuchen |
| ausloggen | abmelden |
| Basement | Untergeschoss, Tiefparterre |
| Blackout (auch: Black-out) | Aussetzer, Filmriss, Erinnerungslücke |
| Blockbuster | Kassenschlager, Straßenfeger |
| Briefing | Einweisung, Einsatzbesprechung |
| Button | Abzeichen, Anstecker, Knopf |
| Call-by-Call | Sparvorwahl |
| canceln | abbestellen, abbrechen, absagen, löschen, streichen |
| Community | Gemeinschaft, Gemeinde |
| Consulting | Unternehmensberatung |
| Contest | Wettbewerb, Wettkampf, Vergleich |
| covern | neu einspielen, neu aufnehmen |
| Daily Soap | Seifenoper |
| Date | Treffen, Verabredung |
| Deadline | Fristende, Stichtag, Redaktionsschluss, Abgabetermin |
| Discounter | Billigladen, Supermarkt |
| Display | Anzeige, Sichtfeld, Bildschirm |
| downloaden | herunterladen |
| Dresscode | Kleidervorschrift |
| Dummy | Attrappe, (Versuchs-)Puppe, Unfallpuppe |

## 100 englische Fremdwörter und was man stattdessen sagen könnte

| | |
|---|---|
| Dumpingpreis | Schleuderpreis |
| Economy Class | Touristenklasse |
| Editorial | Einleitung, Leitartikel |
| Eyecatcher | Blickfang, Hingucker |
| Event | Veranstaltung, Ereignis, Hingeher |
| Fake | Fälschung, Schwindel, Vortäuschung, Vorspielung |
| Feature (journ.) | Beitrag, Bericht |
| Feature (wirtsch.) | Merkmal, Eigenschaft |
| Feedback | Echo, Rückmeldung, Resonanz |
| Feeling | Gefühl |
| Flatrate | Grundpreis, Pauschale |
| Flyer | Flugblatt, Handzettel |
| forwarden | weiterleiten |
| Freelancer | Freiberufler, freier Mitarbeiter |
| Fundraising | Geldbeschaffung, Spendensammlung |
| Ghostwriter | Auftragsschreiber, Redenschreiber |
| Give-away | Werbegeschenk, Gratisprobe |
| Headline | Schlagzeile, Überschrift |
| Image | Ruf |
| Jogging | Dauerlauf |
| Joke | Scherz, Spaß, Ulk, Witz |
| Kidnapping | Entführung |
| Knowhow (auch: Know-how) | Fachwissen, Sachverstand |
| Label | Marke, Plattenfirma |
| Laptop, auch Notebook | Klapprechner |
| Layout | Aufmachung, Gestaltung, Drucksatz |
| Lifestyle | Lebensart, Lebensstil |

| 100 englische Fremdwörter und was man stattdessen sagen könnte | |
| --- | --- |
| Lift | Fahrstuhl |
| Limit | Grenze, Grenzwert, Höchstgrenze |
| Lobby (Gesell.) | Interessengruppe, Interessenverband |
| Lobby (Arch.) | Foyer, Vestibül, Wandelhalle |
| Local Call | Ortsgespräch |
| Loser | Verlierer |
| Lounge | Salon, Wartesaal |
| Mainstream | Massengeschmack |
| Manual | Bedienungsanleitung, Betriebsanleitung, Handbuch |
| Meeting | Besprechung, Konferenz, Sitzung |
| Merchandising | Vermarktung |
| Message | Botschaft, Mitteilung, Nachricht |
| Model | Modell |
| Mousepad | Mausmatte |
| Nickname | Spitzname |
| Nonsense | Blödsinn, Quatsch, Unfug, Unsinn |
| Organizer | Terminplaner |
| Outing | Enthüllung |
| outdoor | draußen, im Freien |
| Outsourcing | Auslagerung, Ausgliederung |
| Payback Card | Rabattkarte |
| Posting | Mitteilung |
| Prepaid Card | Guthabenkarte |
| Primetime | Hauptsendezeit, beste Sendezeit |
| Public Relations (PR) | Öffentlichkeitsarbeit |
| Publicity | Bekanntheit, Aufmerksamkeit |
| Ranking | Rangfolge, Rangliste |

## 100 englische Fremdwörter und was man stattdessen sagen könnte

| | |
|---|---|
| Rushhour | Stoßzeit, Hauptverkehrszeit |
| Sale | Ausverkauf, Schlussverkauf |
| Service-Point | Infostand |
| Shuttle-Service | Pendelverkehr |
| Snack | Imbiss, Happen, Zwischenmahlzeit |
| Sneakers | Sportschuhe, Turnschuhe |
| Softie | Weichei, empfindsamer, sanfter Mann, Zärtling |
| Soundtrack | Filmmusik |
| Stalker | Nachsteller |
| Standing | Ansehen, Rang |
| Standby (auch Stand-by) | Bereitschaft, Wartebetrieb |
| Statement | Aussage, Erklärung, Stellungnahme |
| Ticket-Hotline | telefonischer Kartenvorverkauf |
| Trailer | Vorschau |
| Update | Aktualisierung |
| Upgrade | Aufwertung |
| Wellness | Wohlbefinden, Wohlgefühl |
| Womanizer | Schürzenjäger, Weiberheld |
| Workaholic | Arbeitssüchtiger, Arbeitstier |
| Workflow | Arbeitsablauf |

## Sind Sie die Kasse?

Wer als Verkäufer arbeitet, der kennt sie zur Genüge: lästige Phrasen, seltsame Fragen und hilflose Floskeln. Dagegen hilft nur ein dickes Fell – oder man geht zum Gegenangriff über, so wie mein Buchhändler. Seine Methode ist zweifellos wirkungsvoll, aber nicht unbedingt zur Nachahmung zu empfehlen.

Der Buchhändler meines Vertrauens heißt Andreas und arbeitet schon seit vielen Jahren in der großen Buchhandlung am Rathausplatz, in der ich regelmäßig herumstöbere. Mit seinem Fachwissen beeindruckt er mich immer aufs Neue, ich bin mit der Zeit ein richtiger Fan von ihm geworden. Außerdem haben wir beide ein Faible für Wortspielereien. Andreas neigt allerdings manchmal zur Übertreibung, denn wann immer ihm eine Phrase über den Weg läuft, dann spießt er sie auf.

Ein Kunde steuert auf Andreas zu und fragt: »Entschuldigen Sie, wo finde ich wohl Frank Schätzing?« Andreas macht ein nachdenkliches Gesicht und erwidert dann freundlich: »Herrn Schätzing finden Sie vermutlich in Köln, meines Wissens wohnt er dort. Aber wenn Sie Bücher von ihm suchen: Die finden Sie auch hier, und zwar dort drüben bei den Bestsellern!« Der Kunde schaut verdutzt, murmelt ein »Ah ja, danke« und stolpert in die ihm gewiesene Richtung davon.

Auf meine Frage, ob er alles immer derart wörtlich nehme, erwidert Andreas: »Selbstverständlich, das bin ich meinen Kunden schuldig. Wenn nicht einmal wir Verkäufer ihre Fragen ernst nähmen, wer dann?« Sein maliziöses Lächeln verrät mir allerdings, dass er genau das Gegenteil meint: Wer solche Fragen ernst nimmt, der hat nicht alle Bücher im Regal. »Sie machen sich ja keine Vorstellung, mit welchen Fragen man als Buchhändler tagtäglich behelligt wird«, erklärt er mir. »Ich nenne Ihnen mal ein Beispiel: Unser Geschäft öffnet um 9 Uhr, das steht für jedermann lesbar draußen an der Tür. Wenn dann um 9.15 Uhr ein Kunde durch die – wohlgemerkt: offene – Tür tritt und fragt: ›Haben Sie geöffnet?‹, dann kann es durchaus passieren, dass ich ihm antworte: ›Nein, mein Herr, wir lüften nur!‹«

»Fühlen sich die Kunden dann nicht auf den Arm genommen?«, frage ich. »Dieses Risiko muss ich in Kauf nehmen!«, entgegnet Andreas. »Dann sind Sie so eine Art Till Eulenspiegel«, stelle ich fest. »Der hat die Menschen auch immer allzu wörtlich genommen.« – »Und er starb hochbetagt und von allen beweint«, fügt Andreas mit einem schelmischen Lächeln hinzu. »Nein, im Ernst: Die Fragen und Wünsche der Kunden können einen schon ganz schön närrisch machen. Da kommt die Eulenspiegelei ganz von selbst.«


»Was stört Sie denn besonders?«, will ich von Andreas wissen. »Nun, mich stören überflüssige Floskeln. Anfangs habe ich noch alles klaglos geschluckt, aber nach der tausendsten Wiederholung bleibt einem das Lachen im Halse stecken. Es fängt schon bei der ersten Ansprache an. Wenn jemand zu mir sagt: ›Sagen Sie, Sie können mir wohl nicht helfen?‹, dann sage ich zu ihm: ›Nun ja, wenn Sie das ohnehin schon wissen ...?‹ Oder nehmen wir ein anderes Beispiel, ein echter Dauerbrenner: ›Können Sie nicht mal Ihren Computer befragen?‹ Der Kunde ist ja König, daher tu ich ihm den Gefallen, beuge mich zum Computer hinunter und stelle ihm laut und vernehmlich die Frage. Nach ein paar Sekunden des Schweigens blicke ich wieder zum Kunden auf, zucke die Schultern und sage: ›Sie hören es selbst – er antwortet nicht.‹

Auch immer wieder gern genommen ist die Bitte: ›Können Sie's ein bisschen einpacken?‹ Ich erlaube mir dann nachzufragen: ›Was meinen Sie mit ›ein bisschen‹? Nur die Vorderseite oder nur die Rückseite?‹« – »Seien Sie froh, dass Sie nicht in Franken wohnen«, werfe ich ein, »dort pflegt man den Verkäufer zu fragen: ›Habt's ihr auch aweng a Düdn?‹, was so viel heißt wie: ›Hätten Sie wohl auch ein Tütchen?‹« – »Ach ja, so ein Tütchen ab und zu käme ganz gut«, seufzt Andreas mit einem verklärten Lächeln, »dann wären wir hier bei der Arbeit viel entspannter!«

Er saugt genüsslich die Lungen voll Luft, ehe er fortfährt: »Eine Kundin fragte mich unlängst: ›Ich habe gelesen, dass der Frank Schätzing schon mehr als eine Million Bücher verkauft hat, stimmt das?‹ Da musste ich die gute Frau erst einmal darüber aufklären, was sein Beruf ist: ›Herr Schätzing ist Autor und kein Buchhändler. Der verkauft keine Bücher, der schreibt sie. ICH verkaufe Bücher, aber bis man da auf eine Million kommt, das dauert, das kann ich Ihnen sagen!‹« – »Danke, dass Sie unsere Berufsehre gerettet haben«, sage ich, »aber da stellt sich natürlich die Frage, wie wörtlich man wörtliche Rede nehmen darf. Manch einer könnte in Ihrem feinsinnigen Humor womöglich die gebotene Höflichkeit vermissen.«

»Höflichkeit ist ein gutes Stichwort«, pflichtet Andreas mir bei, »leider ist sie alles andere als selbstverständlich. Schlimmer noch als Kunden, die sich nicht ausdrücken können, sind Kunden, die sich nicht zu benehmen wissen. Wir Buchhändler sind zwar Dienstleister, aber keine Automaten. Sie können sich denken, wie euphorisch es mich stimmt, wenn man mich fragt: ›Sind Sie die Kasse?‹ Ich antworte darauf dann gern mit einer Gegenfrage: ›Habe ich geklingelt?‹ In der Regel hilft das.« – »Tatsächlich?« – »Es kommt natürlich auf den Tonfall an. Ich bin dabei ja nicht patzig. Manche Kunden empfinden es sogar als befreiend, wenn man sie einlädt, den staubigen Mantel des floskelhaften Sprechens abzulegen und über den Sinn und Nutzen von Phrasen nachzudenken. So wird aus Förmlichkeit Verbindlichkeit.« – »Das verbindet Ihren Beruf mit meinem«, stelle ich fest. Dann deute ich auf das Buch in meiner Hand und sage: »Ich würde dieses Buch gerne kaufen.« – »Dann tun Sie es doch einfach!«, entgegnet Andreas, »ich kann Sie nur dazu ermutigen!« – »Also gut, schon überredet, ich mach's«, sage ich lachend, »kann ich es dann auch gleich bei Ihnen bezahlen?« Andreas mustert mich kritisch von oben bis unten und sagt trocken: »Na, das will ich doch wohl hoffen!«

## Mal hat's Sonne, mal hat's Schnee

Ja, was hat es denn heute? Es hat doch wohl nicht etwa Regen? Nein, es hat Sonne, Gott sei Dank! Aber morgen soll es Wolken haben und Schnee! Bei den einen hat's Glatteis, und bei den anderen kräuseln sich die Nackenhaare. Haben oder Nichthaben, das ist hier die Frage.

Es ist mal wieder einer dieser ungemütlichen Wintertage, wie ich sie so liebe: In der Nacht hatte es noch geschneit, am Morgen war der weiße Zauber schon wieder dahin, die Straßen voller Schneematsch, der Verkehr ein ängstliches Schleichen. Ich sitze, noch nicht ganz aufgetaut, im Büro und warte auf Inspiration. Eigentlich wollte ich eine gewichtige Kolumne zum Thema Kongruenz schreiben, das hätte gut zu diesem Wetter gepasst, doch dann landet plötzlich eine E-Mail in meinem Postfach, die noch viel besser passt:

*Lieber Herr Sick, mein Sohn (7) hat in einer Schulaufgabe folgenden Satz gebildet: »Es ist Glatteis wegen des Winterwetters.« Gegen diesen Satz ist meines Erachtens nichts einzuwenden. Nun hat aber seine Lehrerin das »ist« durchgestrichen und in Rot ein »hat« darübergeschrieben und das Ganze als Fehler markiert. Ich bin jetzt etwas verunsichert, was denn richtig ist. Man ist sich eben in einem Land, das mit dem Slogan »Wir können alles außer Hochdeutsch« wirbt, nie so ganz sicher.*

Donner und Doria! Das konnte mich nicht kaltlassen, allen angestrengten Gedanken über das komplexe Thema Kongruenz zum Trotz. Denn hier stand die Ehre eines siebenjährigen Knaben auf dem Spiel, der unter sprachlich widrigen Umständen im Badischen aufwächst und offenbar dringend meines Beistands bedarf.

Zunächst einmal ist festzuhalten, dass der Siebenjährige etwas kann, was den meisten erwachsenen Menschen südlich der Main-Donau-Linie äußerst exotisch erscheint: den Genitiv hinter »wegen« bilden. Welch wohlklingende Wortwahl: *wegen des Winterwetters!* Und dagegen nun der schnöde Dativ: *wegen dem Winterwetter.* Was klingt besser? Letztlich ist alles eine Frage der Gewöhnung – und des persönlichen Geschmacks. Erlaubt ist inzwischen beides. Aber darum geht es hier ja gar nicht.

Es geht um Haben oder Nichthaben, um die Frage aller Fragen: Kann »es« etwas »haben«? An dieser Frage scheiden sich die Geister. Nicht unter den Philosophen im Elfenbeinturm, sondern unter den Deutschsprechenden zwischen Flensburger Förde und den Dolomiten. Im Süden sagen viele: »Es hat«. Da hat es Regen, oder es hat 20 Grad, dann hat's plötzlich wieder Nebel, und gelegentlich hat es dort auch Glatteis. In Baden-Württemberg ist dies gang und gäbe, in der Schweiz sogar Standard. (Nicht das Glatteis, sondern das »Es hat«.)
Dies ist wohlgemerkt die süddeutsche Art, das Wetter zu beschreiben. In den nördlicheren Breiten unseres Sprachgebietes ruft diese Art eher Erstaunen hervor: »Es hat Glatteis? Ja, habt ihr sie noch alle?« Und schon gehen sie wieder aufeinander los, die Hanseaten und die Bayern, die Schwaben und die Rheinländer, die Wiener und die Berliner. So war es schon immer, und so wird es immer sein.
Uns interessiert an dieser Stelle natürlich vor allem, wie es in der Schulsprache aussieht. Hat die Lehrerin nun richtig gehandelt, indem sie den Satz anstrich und »ist« in »hat« verwandelte? Die Antwort lautet: ja und nein! Obwohl der siebenjährige Schüler in einer Region lebt, in der die Formulierung »Es hat Glatteis« glatt durchgehen würde, hat er sich für eine andere Konstruktion entschieden. Aus irgend-

einem Grunde kam ihm »es hat« falsch vor, und so schrieb er lieber »es ist«, was verständlich ist, zumal die Hilfsverben »sein« und »haben« häufig in Rivalität zueinander stehen. Man denke nur an Beispiele wie: »Der Schrank hat dort gestanden« (Hochdeutsch) und »Der Schrank ist dort gestanden« (Süddeutsch). Oder an das französische »il y a« (wörtlich: es dort hat) und das englische »there is« (wörtlich: da ist). Vielleicht hat der Schüler auch an die Jahreszeiten gedacht; denn Sätze wie »Es ist Frühling« und »Es war Sommer« sind schließlich richtig.

Eine Formulierung nach dem Muster »Es ist Glatteis« oder »Es ist Nebel« sieht die Hochsprache jedoch nicht vor. (Außer als Antwort auf die Frage: »Was ist es?«) Entweder drückt man die Wetterlage durch ein Verb aus (es regnet, es schneit, es weht, es gießt, es friert, es scheint die Sonne, es stürmt) oder mithilfe eines Adjektivs (es ist regnerisch, es ist glatt, es ist neblig, es ist bewölkt, es ist windig, es ist sonnig, es ist stürmisch). In gehobener Sprache wird auch gern »es herrscht« verwendet: »Es herrscht ein böiger Wind aus Südwest.« Im Falle der Glatteis-Formulierung des Schülers hatte die Lehrerin zwar recht, das Hilfsverb »ist« anzustreichen, allerdings begab auch sie sich anschließend aufs Glatteis, indem sie stattdessen »hat« empfahl. »Es ist glatt wegen des Winterwetters« oder »Es herrscht Glatteis wegen des Winterwetters« wären bessere Empfehlungen gewesen.

Im Süddeutschen hat man's mit dem »haben« aber nicht allein, wenn es ums Wetter geht. »Es hat« wird generell anstelle des standardsprachlichen »Es gibt« verwendet: »In der Schweiz hat es hohe Berge« (statt: In der Schweiz gibt es hohe Berge), »In meiner Familie hat es keinen Zauberer« (statt: In meiner Familie gibt es nur Muggel). Wer kennt noch das schöne deutsche Chanson »Wunder gibt es immer wieder«*, mit dem Katja Ebstein 1970 beim Grand Prix in Amsterdam den dritten Platz errang? Ob sie sich beim deutschen Vorentscheid hätte durchsetzen können, wenn das Lied den Titel getragen hätte: »Wunder hat es immer wieder«? Wer weiß. Auf jeden Fall hätte es wohlmeinende Punkte aus der Schweiz gegeben.

Eines bleibt noch klarzustellen: Wenn man im Süden Deutschlands sagt: »Am Berg hat's Schnee«, dann ist das nicht falsches Deutsch, sondern ein himmlischer Hinweis, der das Herz eines jeden Skifahrers höher schlagen lässt. Nichts liegt mir ferner, als Dialekte zu verdammen. Ich will nur Licht in das Dunkel bringen, durch das wir gelegentlich tasten, wenn wir auf der Suche nach einem gemeinsamen sprachlichen Standard sind.

Die Kolumne über Kongruenz bekommen Sie beim nächsten Mal zu lesen, sofern es bis dahin nicht wieder einen dramatischen Zwischenfall wie diesen hat.

* Musik: Christian Bruhn, Text: Günter Loose.

## Qualität hat ihren Preis

Jungen sind männlich und Mädchen weiblich? Einer ist keiner, und eine Mannschaft sind ganz viele? Wenn es doch so einfach wäre! Jede Sprache hat seine Tücken, vor allem das Deutsche mit ihren verwirrenden Wechseln zwischen den Geschlechtern und zwischen Einzahl und Mehrzahl.

Dieses hat seine Vorzüge, jenes seine Nachteile, manches hat sein Gutes, alles braucht seine Zeit, und jeder hat seinen Stolz. Diese und ähnliche Einsichten werden regelmäßig verkündet. Seltsamerweise hat noch nie jemand laut die Frage gestellt, von wem da eigentlich immer die Rede ist. Wer ist dieser Jemand, um dessen Vorzüge es geht, dessen Zeit gekommen und dessen Stolz unbestritten ist? Wer ist dieser »seiner«? Ist es der, dessen Name nicht genannt werden darf? Ist es Hassan der Hofhund? Oder Gott womöglich?

Des Rätsels Lösung liegt nicht im Mystischen, sondern in der Beziehung der Wörter zueinander. Das ominöse »sein« ist ein besitzanzeigendes Fürwort und bezieht sich auf die jeweils am Satzanfang genannte Sache oder Person. Wenn es heißt »Das wird schon seinen Grund haben«, dann bezieht sich »seinen« auf »Das«, und dieses »Das« wiederum auf etwas, das kurz zuvor erwähnt worden ist. Die beiden gehören zusammen, so wie Erde und Mond, und damit keiner von ihnen aus seiner Bahn fliegt, müssen sie sorgsam aufeinander abgestimmt werden.

Die Grammatiker haben dafür ein schwer auszusprechendes Wort gefunden: Kongruenz. Das ist aus dem Lateinischen entlehnt und bedeutet *Übereinstimmung*. Wörter, die sich aufeinander beziehen, müssen im gleichen

Kasus, Genus und Numerus stehen. Sonst erkennt man am Ende nicht mehr, welches Fürwort zu welchem Hauptwort gehört, und begreift womöglich den ganzen Satz nicht.

»Man sagt zwar, Qualität hat seinen Preis, aber es muss doch auch eine preiswerte Qualität geben«, behauptet ein Anbieter von Wasserbetten. Nein, will man ihm spontan widersprechen, das sagt man eben nicht. Zwar mag es richtig sein, dass alles »seinen Preis« hat, aber wenn es um Qualität geht, dann wird das Pronomen weiblich, dann muss es selbstverständlich heißen: »Qualität hat ihren Preis«. Diese Erkenntnis scheint sich in der Werbebranche noch nicht ganz herumgesprochen zu haben. Aber die Werbung hatte ja schon immer »seine« liebe Not mit der Grammatik.

»Auch die kleinere Version des Sportwagens hat seinen Reiz«, kann man in einem Autoprospekt lesen. Das ist nicht nur unter grammatischen, sondern auch unter wirtschaftlichen Gesichtspunkten ärgerlich, denn hier wurde wertvolles Werbepotenzial verschenkt. Jeder Autohändler weiß, dass sich Autos noch besser verkaufen lassen, wenn man sie mit etwas Weiblichem drapiert. Hätte man »ihren Reiz« statt »seinen Reiz« hervorgehoben, hätte sich die kleinere Version des Sportwagens bei der männlichen Zielgruppe bestimmt noch größerer Beliebtheit erfreut.

Zu einer gewissen Verunsicherung führte auch ein Werbefilm von Mercedes-Benz, in dem es ausgerechnet um Sicherheit ging. »Die A-Klasse. Das sicherste Auto ihrer Klasse«, hieß es dort. Viele meiner Leser fragten mich, ob sich die Klasse nicht auf das Wort »Auto« beziehe und ob es folglich nicht »Das sicherste Auto seiner Klasse« heißen müsse. Man kann das Problem lösen, indem man nach Vergleichsfällen sucht: »Martin Luther – die eindrucksvollste Persönlichkeit seiner Zeit«. Hier haben wir einen (männlichen)

Luther, der mit einem weiblichen Wort (Persönlichkeit) gleichgesetzt wird. Weil Luther zuerst da war, bestimmt er das Geschlecht des Pronomens vor dem Wort »Zeit«. Umgekehrt klänge es eher befremdlich: »Martin Luther – die eindrucksvollste Persönlichkeit ihrer Zeit«. Im Falle der Mercedes-Benz-Werbung verhält es sich genauso: Das weibliche Modell und das sächliche Wort Auto sind gleichrangig, doch weil die A-Klasse zuerst genannt wurde, richtet sich das Pronomen nach ihr. Der Werbespruch ist also korrekt.

Nicht korrekt ist hingegen der Spruch, mit dem die »Lebenshilfe Berlin« die Organisation in ihren Seniorenwohnstätten beschreibt: »Jede Gruppe hat seinen eigenen Etat und wirtschaftet für sich selbst«. Jede Gruppe ist nämlich – grammatisch gesehen – weiblich, selbst wenn sie nur aus Männern bestehen sollte. Oder aus Kindern im Vorschulalter. Der Kindergarten »Hasselbachzwerge« schreibt in seiner Selbstdarstellungsbroschüre: »Jede Gruppe hat seinen eigenen Namen: Käfer-, Hasen-, Mäuse- und Elefantengruppe«. Das klingt zwar zunächst unerhört putzig, doch bei genauerem Hinhören fragt man sich, warum denn nicht jede Gruppe *ihren* eigenen Namen bekommen hat.

Ebenso theologisch vieldeutig wie grammatisch bedenklich ist die Auskunft eines Leichenbestatters, der seine Berufswahl mit den Worten begründete: »Jede Arbeit hat seinen Sinn.« Wenn ich in einem Diskussionsforum der Tierfreunde lese: »Jede Katze hat seinen eigenen Charakter«, dann vermute ich, dass der Katzenbesitzer offenbar einen Kater hat. Im Gästebuch der Berliner Senatskanzlei hinterließ ein begeisterter Berlinbesucher den Eintrag: »Jede Stadt hat sein eigenes Flair«.

Längst nicht immer kongruent verhalten sich Sprache und Biologie. Während Letztere beim Menschen – bis auf wenige Ausnahmen – nur zwei Geschlechter unterscheidet, kennt die Grammatik drei. Es gibt den Mann, die Frau – und das Mädchen! Eine Formulierung wie »Im anderen Abteil saß ein rothaariges Mädchen mit einer knallbunten Reisetasche. Ich grüßte kurz und setzte mich neben sie« ist grammatisch nur dann einwandfrei, wenn der Erzähler sich auch wirklich neben die knallbunte Reisetasche gesetzt hat. Das Mädchen ist nun einmal sächlich. Daran ändert sich auch nichts, wenn es in die Pubertät kommt. Auf der Internetseite www.kinder.de erfährt man im Kapitel über die Pubertät: »Jedes Mädchen hat ihren eigenen Rhythmus.« Dem kann man nur entgegenhalten: Jedes Geschlecht hat seinen eigenen Artikel!

Nicht nur ein plötzlicher Wechsel des Geschlechts ist heikel. Zu erheblichen Verständnisproblemen kann es auch bei schwankendem Numerus kommen, beim Durcheinander von Einzahl und Mehrzahl, so wie in diesem Bericht über Osteoporose:
»Jeder vierte Patient ist ein Mann. Sport und Medikamente schützen ihre Knochen.« Ein solcher Satz gibt Rätsel auf. Hieße es »seine Knochen«, dann wäre klar, wer gemeint ist: der Mann nämlich – oder aber der Patient, beides ergibt einen Sinn. Das Pronomen »ihre« deutet indes auf eine Mehrzahl hin, die man beim Patienten und beim Mann aber vergeblich sucht. Auch wenn die Zahl »vier« darin vorkommt, so ist »jeder vierte Patient« ein Singular. Die einzige Mehrzahl bilden »Sport und Medikamente«, qua Numerus können also nur sie es sein, die hier ihre Knochen schützen. Apropos Sport: In Fußballreportagen erleidet der grammatische Bezug regelmäßig Schiffbruch, wenn eben noch von der Mannschaft im Singular die Rede war und es

im nächsten Satz dann im Plural weitergeht: »Die Mannschaft war wirklich in Bestform heute, und man muss sagen, sie haben verdient gewonnen.« Dieses »sie« können auch die anderen gewesen sein. Die sprachliche Verwirrung ist komplett, wenn der Mannschaft dann auch noch das Geschlecht verrutscht: »Eine Mannschaft, die seinesgleichen sucht.«

Während der Fußball-WM wurde der schwedische Trainer ja überraschend als »der Mann mit den zwei Gesichtern« geoutet, und zwar von seiner eigenen Mannschaft. Auf »Spiegel Online« war zu lesen: »Lagerbäcks Mannschaft hatte in einem emotionalen Spiel seine zwei Gesichter gezeigt, übermotiviert und mit vielen Abwehrfehlern in der ersten Halbzeit.«

Jedes Ding hat seinen Preis
Da gibt es nichts zu diskutieren.
Nur die Qualität – wie man jetzt weiß –
Die hat nicht seinen, sondern ihren.

# Kein Bock auf nen Date?

Stimmt es, dass unsere Schriftsprache unaufhaltsam vor die Hunde geht? Tatsache ist: Nie wurden so viele Fehler gemacht wie heute. Aber die Menschen haben auch noch nie so viel geschrieben. In Wahrheit ist unsere Schreibkultur höchst lebendig – dank E-Mail, Chat und SMS.

Einige Menschen neigen dazu, die modernen Kommunikationstechniken zu verteufeln, weil diese den Niedergang unserer Sprachkultur begünstigen würden. Es lässt sich nicht leugnen, dass es in E-Mails und auf vielen Internetseiten von Rechtschreibfehlern und Interpunktionsmängeln nur so wimmelt. Und was gerade junge Menschen in die Tastatur ihrer Handys hacken, zeugt nicht selten von gravierenden Missverständnissen der deutschen Orthografieregeln.

Man kann diese Entwicklung aber auch anders bewerten: Internet, E-Mail und SMS ist es zu verdanken, dass sich heute mehr Menschen in schriftlicher Form äußern als jemals zuvor. Waren wir einst ein Volk weniger Dichter und Denker, die einer überwältigenden Mehrheit von des Lesens und Schreibens unkundigen Menschen gegenüberstanden, so sind wir heute ein Volk weniger Dichter und Denker, die sich gegen eine schreibwütige Mehrheit behaupten müssen. Unsere Schriftsprache steht folglich nicht vor dem Niedergang – sie war noch nie so populär wie heute! Und es ist wie immer, wenn viele Köche gleichzeitig mitmischen: Jeder hat eine andere Vorstellung von der richtigen Rezeptur.

Vor der Einführung der SMS-Technik stand den meisten für kurzfristige Absprachen nur das Telefon zur Verfügung –

und der Vorteil des Telefonierens besteht ja darin, dass eventuelle orthografische Schwächen unerkannt bleiben. Menschen, die mit der Rechtschreibung Probleme haben, hat es immer schon gegeben. Sie fielen früher bloß nicht so auf, da ihnen die Technik fehlte, um ihre Probleme regelmäßig unter Beweis stellen zu können. Wer eine Wohnung suchte, etwas zu verkaufen hatte oder eine neue Bekanntschaft machen wollte, der ging zur örtlichen Zeitungsredaktion und gab eine Annonce auf. Diese Annonce wurde in der Regel redaktionell bearbeitet, das heißt in Aufbau, Länge und Ausdruck dem üblichen Anzeigenstil angepasst und nach den gültigen Regeln der Orthografie gesetzt.

Diese Möglichkeit besteht zwar noch immer, doch sie wird immer weniger genutzt und gilt vielen als antiquiert. Wer heute seinen Sperrmüll zu Geld machen will, der gibt eine Anzeige im Internet auf – vorzugsweise auf den Seiten der Auktionsplattform Ebay. Dort sitzt kein nettes Fräulein mehr, dem er seine Anzeige diktieren kann; dort muss er alles selbst machen: vom Hochladen der Fotos bis zur Produktbeschreibung. Folglich ist Ebay eine Fundgrube – nicht nur in sammelsurischer Hinsicht, sondern auch in orthografischer. Denn jeder schreibt eben so, wie er es für richtig hält. Und das hat bekanntermaßen nicht immer viel mit dem zu tun, was im Duden steht. Als Suchender muss man das berücksichtigen. Wer zum Beispiel Modelleisenbahnen sammelt und eine spezielle Dampflokomotive sucht, tut gut daran, nicht nur mit dem Stichwort »Dampflok« zu suchen, sondern es auch noch mit »Dampflock« zu probieren.

Einige Matratzen findet man schneller mit dem Suchwort »Matraze«, und wer Zubehör für seinen Computer sucht, der kann auch unter »Zubehöhr« fündig werden.

War einst die Kunst des Schildermalens den Handwerkern vom Fach vorbehalten, so kann heute dank moderner Fotokopier- und Drucktechniken jeder Ladenbesitzer seine

Angebotsschilder selbst herstellen – kostengünstig und in hauseigener Rechtschreibung. Früher wurden Handzettel, Visitenkarten und Speisekarten noch von Schriftsetzern gesetzt, die meistens über solide Kenntnisse der Rechtschreibung verfügten. Heute machen so etwas Computergrafiker, die sich für die Orthografie nicht zuständig fühlen: Wozu gibt es schließlich Korrekturprogramme?

Inzwischen ist auch der Beruf des Literaturkritikers bedroht. Denn die meisten Buchrezensionen, die heute gelesen werden, stammen gar nicht mehr von ausgewiesenen Literaturkennern, sondern von Laien. Internethändler wie Amazon bieten ihren Kunden ein Forum, in welchem jeder öffentlich seine Bewertung abgeben und ellenlange Kommentare schreiben kann. Meist geschieht dies ohne Punkt und Komma und nur selten unter Berücksichtigung der Regeln für Groß- und Kleinschreibung. Ein wenig seltsam ist es schon, wenn sich Laien mit mangelnden Kenntnissen der deutschen Schriftsprache über deutschsprachige Literatur auslassen.

All das ist jedoch kein Grund zu verzagen, beweist es doch nur, wie lebendig das Interesse der Deutschen am Gebrauch ihrer Schrift ist und wie niedrig die Schwellenangst vor dem Schreiben. Das soll nicht heißen, dass manches nicht verbessert werden könnte. Gerade das Vokabular der meisten sogenannten Simser (SMS-Verschicker) und der Chatter ist noch ausbaufähig. Das Gebot der Kürze macht zwar viele Kompromisse erforderlich (und führt bisweilen sogar zu originellen Kreationen), aber ein vollständiger Verzicht auf Grammatik wird weder dem Handy-Besitzer noch dem PC-Benutzer abverlangt. Viele scheitern bereits an der Unterscheidung zwischen »ein«, »eine« und »einen«. Der männliche und sächliche Artikel »ein« wird in der verkürzten Form der Umgangssprache zu »n«, die weibliche Form

111

»eine« wird zu »ne«. Die Form »nen« hingegen steht für »einen«.

Die verkürzte Auskunft »Muss Post, nen Paket holen« hieße ausgeschrieben »Ich muss noch zur Post, um einen Paket abzuholen« – was freilich grammatischer Unfug ist. Auch Nachrichtentexte wie »Hast nen Auto?« oder »Brauchste nen Rezept?« sind grammatisch unausgereift. Übrigens wäre gerade hier ein Apostroph ausnahmsweise einmal richtig: 'n oder 'nen. Aber beim Chatten geht es ja vor allem um Schnelligkeit, so wie es beim Simsen um das Einsparen von Zeichen geht.

Doch nicht alles lässt sich mit Sprachökonomie entschuldigen. Wenn *er* sich fragt, warum *sie* »kein Bock auf nen Date mit nen coolen Typ« hat, könnte es schlicht und einfach daran liegen, dass sie *keinen* Bock auf 'n Date mit 'nem Schwachmaten hat.

## Was ist Zeit?

Nichts ist so rätselhaft wie die Zeit. Darum passt sie so gut zu unserer Sprache, denn auch die steckt voller Rätsel: Wie nah ist zeitnah? Wer putzt die Zeitfenster? Wie lang dauert ein Sekündchen? Ein paar Fragen über zeitlose Probleme mit kleinen Wörtern der Zeit.

> *Was ist Zeit? Was ist Zeit?*
> *Ein Augenblick, ein Stundenschlag*
> *Tausend Jahre sind ein Tag!*
>
> (Siegfried Rabe/Udo Jürgens)

Das Mysterium der Zeit hat mich beschäftigt, seit ich ein kleiner Junge war. Spätestens, seit ich »Peter Pan« gesehen hatte, in dem ein Krokodil eine Rolle spielt, das einen Wecker verschluckt hatte und infolgedessen ständig tickte. Seitdem tickte es auch bei mir. Die Zeit faszinierte mich, weil sie sich nicht beherrschen ließ. Nie verging sie so, wie man es wollte. Beim Spielen viel zu schnell und bis Weihnachten viel zu langsam.

In der Schule wollte man mir weismachen, Zeit sei eine exakt messbare Komponente unseres Universums; doch ich wusste es besser: Nichts ist so relativ wie die Zeit. Für unser Leben spielen Nanosekunden und Gigajahre keine Rolle, da geht es allein um gefühlte Zeit: 20 objektive Minuten beim Zahnarzt sind in gefühlter Zeit mindestens zwei Stunden. Dass eine Minute längst nicht immer aus 60 Sekunden besteht, weiß jeder, der schon mal die Ansage gehört hat: »Gib mir eine Minute, Schatz! Ich zieh mir nur eben ein anderes Kleid an!« Oder man klingelt unten an der Tür, und eine Stimme flötet vom Balkon herab: »Sekündchen, ich komme!« Während dieses »Sekündchens« kann man meistens problemlos noch ein bis zwei Telefonate führen.

Wie schwer es uns fällt, die Zeit zu bestimmen, zeigt sich an Wörtern wie »sofort«, »gleich« oder »später«. Ein guter Bekannter klärte mich einmal über die in seiner Abteilung übliche Unterscheidung auf. »Das erledige ich sofort« bedeute so viel wie »im Anschluss an meine Kaffeepause«, während »das erledige ich gleich« so viel wie »nachher, irgendwann am Nachmittag, wenn alle meine Ebay-Auktionen abgelaufen sind« bedeute. Die Aussage »das erledige ich später« stelle klar, dass mit einer Erledigung keinesfalls mehr am selben Tag zu rechnen sei.

In einigen Kulturen gibt es angeblich gar kein Wort für Zeit. Im Deutschen gibt es dafür umso mehr Wörter mit »Zeit«, man denke nur an Zusammensetzungen wie Zeitalter, Zeitbombe, Zeitdruck, Zeitlupe, Zeitpunkt, Zeitreise und Zeitzeuge. Und nicht zu vergessen: *Zeitfenster*. Das ist aus unserer Sprache heute nicht mehr wegzudenken. Früher betrat man einen *Zeitraum* oder hängte einen *Zeitrahmen* auf, heute öffnet man ein Zeitfenster. Die Moden wandeln sich eben – das ist der Lauf der Zeit. Mir soll's recht sein – solange ich dieses Fenster nicht putzen muss ...

Ebenfalls zurzeit sehr in Mode ist der Superlativ-Nachsatz »aller Zeiten«: Da ist vom »teuersten Film aller Zeiten« die Rede, von der »meistverkauften Platte aller Zeiten«, vom »kultigsten Auto aller Zeiten« und vom »jüngsten Formel-1-Sieger aller Zeiten«. Ich halte dies für den größten Unfug aller Zeiten. Denn wer wirklich alle Zeiten meint, der kann doch dabei die Zukunft nicht ausschließen, und wer könnte sicher sagen, dass es morgen nicht einen noch teureren

Film und einen noch jüngeren Formel-1-Sieger geben wird? Zugegeben: »Der teuerste Film aller bisherigen Zeiten« klingt nicht so beeindruckend. Aber in Zeiten allzu schneller Ausreizung von Rekordvokabeln kann es nicht schaden, sich beizeiten etwas Neues einfallen zu lassen. Den »aller Zeiten«-Nachsatz verwendete man übrigens schon zu früheren Zeiten: Adolf Hitler wurde spöttisch auch als Gröfaz bezeichnet, als »größter Feldherr aller Zeiten«. Allein aus diesem Grunde sollte man mit dem »größten Superlativ aller Zeiten« weniger leichtfertig und verschwenderisch umgehen.

Politiker lieben das Wort »zeitnah«, weil es gebildet klingt, auch wenn es in Wahrheit genauso unpräzise ist wie »bald« oder »demnächst«. Noch im letzten Jahrhundert führte »zeitnah« ein eher unscheinbares Dasein im Wirtschafts- und Bankenjargon. Der Berliner Bürgermeister Eberhard Diepgen verhalf ihm im Jahre 2001 zum gesellschaftlichen Durchbruch. Die Frage nach dem Zeitpunkt des Rücktritts des CDU-Fraktionsvorsitzenden Klaus Landowsky beantwortete Diepgen mit den Worten: »Die Entscheidung wird zeitnah folgen.«

Seitdem hat die Verwendung des Wortes »zeitnah« bei Politikern und in den Medien sprunghaft zugenommen. Immer wieder hört und liest man von »zeitnahen Lösungen« und »zeitnahen Umsetzungen«, und die Bahn verspricht »zeitnahe Auskünfte über Verspätungen und Anschlussmöglichkeiten«. Ob Politiker ihren ungeduldig wartenden Kindern wohl auch erklären, Weihnachten sei zeitnah? Dabei ist die Definition von »zeitnah« offenbar sehr dehnbar; sie reicht von »jüngst« bis »bald«. Gerade im Feuilleton wird »zeitnah« gern anstelle von »aktuell« gebraucht. Da ist von »zeitnahen Themen« die Rede oder von »zeitnaher Literatur«. Damit sind nicht die Themen und Bücher der nahen Zukunft gemeint, sondern die der Gegenwart.

Manchen ist dieses Wort schon so lieb geworden, dass sie ihm eigene Regeln andichten, zum Beispiel bei der Steigerung: »Der zeitnaheste Termin, den ich Ihnen anbieten kann, ist in vier Wochen«, erfuhr ich von der Sprechstundenhilfe meines Zahnarztes. Warum nicht einfach »der nächste« oder »der früheste«?

Ein gravierendes Missverständnis besteht auch hinsichtlich des unscheinbaren Wortes »zunächst«. Wie oft liest man in Zeitungsartikeln »Über die Brandursache war zunächst nichts bekannt« oder »Vom Täter fehlte zunächst jede Spur«. Ich wundere mich dann immer darüber, dass der Artikel die Auflösung schuldig bleibt. Denn wenn ich ein »zunächst« lese, erwarte ich ein »dann«. So wie hier zum Beispiel: »Zunächst sagte keiner ein Wort, dann fing sie leise an zu sprechen.« Entsprechend also: »Vom Täter fehlte zunächst jede Spur, nach intensiver Suche fand ihn die Polizei dann im Nebenzimmer.«

Das Wort »zunächst« ist gleichbedeutend mit »vorerst«, »fürs Erste«. Wenn man schreiben will, dass irgendetwas noch nicht bekannt ist, dann ist »bislang« oder »bisher« die richtige Wahl: »Über die Ursache ist bislang nichts bekannt.«

Sprache und Zeit haben eines gemein: Sie sind schwer zu begreifen, und sie geben uns immer wieder neue Rätsel auf.

# Bitte verbringen Sie mich zum Flughafen!

Am Anfang war das Wort. Und vor das Wort drängte sich – die Vorsilbe! Seitdem ist die Sprache nicht einfacher geworden, dafür aber reicher. In der Regel stellen Vorsilben nämlich eine Bereicherung der Sprache dar. In einigen besonders vornehmen Fällen sind sie sogar eine Anbereicherung.

Seit dem Start ist Henry unleidlich. »Was ist denn los?«, frage ich. »Ich habe Blähungen!«, stöhnt mein Freund. »Reiß dich bloß zusammen«, sage ich, »sonst löst du unter den Passagieren eine Panik aus!« – »Ich hasse dich«, erwidert Henry. »Ich weiß«, sage ich, »du hättest eben auf das zweite Sandwich verzichten sollen.« In diesem Moment beugt sich die Stewardess, die mit dem Einsammeln des Plastikgeschirrs beschäftigt ist, zu uns herab und fragt: »Könnten Sie mir das Tablett wohl eben anreichen?« Henry lächelt gequält und sagt: »Würde es Ihnen unter Umständen genügen, wenn wir Ihnen das Tablett einfach reichen?« Die Stewardess setzt den berühmten »Äh-wie?«-Blick auf, und um uns allen weitere Peinlichkeiten zu ersparen, empfehle ich ihr, den Herrn neben mir einfach für den Rest des Fluges zu ignorieren.

»Was mischst du dich in meine Unterhaltungen mit blonden Frauen?«, entrüstet sich Henry, kaum dass die Stewardess außer Hörweite ist, »hast du nichts zu lesen dabei?« – »Ich dachte, du hast Blähungen, da wollte ich die junge Dame nur so schnell wie möglich aus der Gefahrenzone bugsieren ...« – »Die litt ja selbst an Blähungen, wie deutlich zu hören war«, erwidert Henry. »*Könnten Sie mir das Tablett wohl anreichen?* Das ist Silbenschaumschlägerei!« – »Vielleicht dachte sie an ›anreichern‹ oder etwas

Ähnliches.« Henry sieht mich mitleidig an: »Oder sie war vorher im Kloster, wo sie alles über das Anreichen des Kelches beim Abendmahl gelernt hat. Und weil sie es nicht erwarten konnte, in den Himmel zu kommen, wurde sie Stewardess.« – »Achtung, Henry, dein Niveau droht wieder mal abzusinken!«, ermahne ich ihn. Henry piekst mir in die Seite: »Da, jetzt machst du es schon selbst! *Absinken* hast du gesagt. Das ist gequirlter Unfug. Es gibt weder absinken noch aufsinken!« – »Ich wollte erst *absacken* sagen und habe mich dann im letzten Moment für *sinken* entschieden, und so wurde *absinken* daraus«, versuche ich mich zu verteidigen. »*Absenken* wird auch gern gebraucht«, fällt Henry ein, »vor allem im Zusammenhang mit Konstruktionsfehlern: ›Der Boden der Kongresshalle hat sich nachträglich abgesenkt.‹ Ein Bedeutungsunterschied zwischen senken und absenken lässt sich nicht nachweisen, daher kann man auf das ›ab‹ getrost verzichten.«

Meine Großmutter hatte es früher beim Scrabble-Spiel meisterlich verstanden, Wörter durch Vorsilben zu verlängern und damit hohe Punktzahlen zu erzielen. Inzwischen ist sie 94 und bettlägerig. In der Gebrauchsanleitung für ihr Heimpflegebett Marke »Theutonia II« habe ich den Satz gelesen: »Mit vier Lenkrollen ausgestattet, lässt sich das Bett auch mit darin liegendem Patienten im Zimmer verfahren.« Darüber habe ich mich sehr gewundert. Man kann sich in Paris verfahren oder im Ruhrpott, aber in einem Zimmer? Die Wörter »rollen« oder »hin- und herschieben« waren dem Verfasser offenbar zu profan. So ersann er das »Verfahren«.

In der Amtssprache ist es ein geläufiges Verfahren, alltägliche Verben mit Vorsilben zu versehen. Dadurch soll der Ton offizieller klingen, wenn nicht gar wichtiger. Tatsächlich klingt er dadurch eher seltsam, wenn nicht gar gruselig.

In Polizeiberichten wimmelt es von vorsilbigen Schauer geschöpfen. Wenn vom Transport von Verletzten die Rede ist, so heißt es grundsätzlich: »Die verletzten Personen wurden ins Krankenhaus verbracht.« Wir verwenden das Verb »verbringen« eher in aktivischen Zusammenhängen wie »Meinen letzten Urlaub habe ich in Frankreich verbracht« oder »Meine Nachbarin verbringt täglich viele Stunden vor dem Fernseher«. In diesen Sätzen wird immer nur eines verbracht, nämlich Zeit, aber keine Person. Personen werden »gebracht«. Wenn sie »verbracht« werden, dann bedeutet das etwas ganz anderes, nämlich »deportieren«. Und das wiederum steht für »jemanden gegen seinen Willen an einen anderen Ort bringen, gewaltsam fortschaffen«. Dass die Polizei einen Verletzten nicht ins Krankenhaus bringen lässt, sondern ihn dorthin »verbringen« lässt, wirft ein ungünstiges Licht auf die Transportmethoden.

Vorsilben dienen dazu, ein Wort genauer zu bestimmen oder ihm eine andere Bedeutung zuzuschreiben. Man denke nur an das Verb »schreiben«: Da gibt es einschreiben und ausschreiben, vorschreiben und nachschreiben, aufschreiben und zuschreiben, anschreiben und abschreiben. Und natürlich verschreiben, und das gleich in mehreren Bedeutungen: Man kann ein Medikament verschreiben, Tinte verschreiben, sich beim Schreiben verschreiben – und Polizeibeamte können offenbar auch Berichte ver-schreiben, jedenfalls hört sich ihr Stil danach an.

Wenn kein Bedeutungsunterschied vorliegt, ist die Vorsilbe überflüssig. So wie bei dem Wort »abbergen«, Fachjargon für »Rettung aus Seenot«. Schiffbrüchigen dürfte es jedenfalls egal sein, ob sie geborgen oder abgeborgen werden – solange sie nur gerettet werden. Was bringt es an zusätzlichem Nutzen, wenn der Fliesenleger Fugen »verfüllt«, statt sie einfach zu füllen? Was haben wir davon zu halten, wenn ein Gerät als »sportlich beim Anstarten und im Betrieb« beschrieben wird? Denn was der Unterschied zwischen *starten* und *anstarten* sein soll, bleibt unklar. Dasselbe gilt für *warnen* und *vorwarnen*. Das nachträgliche Warnen ist jedenfalls genauso sinnlos wie das nachträgliche Programmieren, daher kann man auf ein »vor« vor diesen Wörtern getrost verzichten.

Politiker reden gern davon, dass sie eine Idee oder eine Entwicklung »befördern« wollen. Man wäre ja schon froh, wenn sie ihren Sprachstil förderten.

Was bringt es, wenn wir Dinge *ab*ändern wollen, statt sie einfach nur zu ändern? Ist es günstiger, eine Wohnung *an*zumieten, statt sie zu mieten? Steigen Löhne schneller, indem man sie *an*steigen lässt? Warum werden Tische in Restaurants nicht mehr wie früher gedeckt, sondern *ein*gedeckt?

Ein leises Stöhnen von Henry reißt mich aus meinen Gedanken. »Soll ich die Stewardess bitten, dir einen Kräutertrank zu bringen?«, frage ich mitleidig. Henry verzieht das Gesicht: »Damit sie mir einen Jägermeister *an*serviert? Nein danke, mehr Blähungen verkrafte ich heute nicht!«

| Vorsilben im Test: Flüssig oder überflüssig? | |
| --- | --- |
| abändern | ändern |
| abklären | klären |
| abmildern | mildern |
| abmindern | mindern |
| absenken | senken |
| absinken | sinken |
| abzielen | zielen |
| anmieten | mieten |
| anbetreffen | betreffen |
| ansteigen | steigen |
| anwachsen | wachsen |
| auffüllen | füllen |
| aufoktroyieren | oktroyieren |
| aufzeigen | zeigen |
| ausborgen | borgen |
| ausleihen | leihen |
| befüllen | füllen |
| mithelfen | helfen |
| verfüllen | füllen |
| vorankündigen | ankündigen |
| vorprogrammieren | programmieren |
| vorwarnen | warnen |
| zuliefern | liefern |
| zuschicken | schicken |

## Alles Malle, oder was?

Die Sonne scheint bei Tag und Nacht – Eviva España! Sangria, Paella und Malle! Was wären wir Deutschen ohne unsere spanische Lieblingsinsel und ohne die iberische Küche? Spanisches nehmen wir ja gerne in den Mund – nur mit der Aussprache hapert's manchmal.

Sommerzeit, Ferienzeit – und wie jedes Jahr fliegen Hunderttausende Deutsche zu jener spanischen Insel, die von manchem schon liebevoll-imperialistisch als 17. Bundesland bezeichnet wurde. Dabei wissen längst nicht alle einmal, wie man den Namen dieser Insel richtig ausspricht: Viele nennen sie »Mal-lor-ka«, mit einem lieben, lustigen »l«-Laut in der Mitte. Dass das Doppel-l im (Hoch-)Spanischen für »lj« steht, kann man ohne entsprechende Vorbildung ja auch nicht wissen. Und selbst diejenigen, die über die entsprechende Vorbildung verfügen, sprechen in der verkürzten Form gern von »Malle«.

Offiziell wird das spanische »ll« (genannt »elje«) mit einem leicht anklingenden »l« gesprochen, so wie im deutschen Wort »Familie«. Aber für Spanien gilt dasselbe wie für Deutschland: Überall spricht man anders. In der Umgangssprache hat sich das Elje zu einem »j« verschliffen, sodass die Form »Majorka« inzwischen häufiger zu hören ist als »Maljorka«. In Südamerika ist es sogar noch ein bisschen anders, aber das führte hier buchstäblich zu weit. Bei der Paella ahnen die meisten Deutschen offenbar, dass dort irgendwo ein »j«-Laut hingehört. Das beliebte spanische Resteessen wird jedenfalls zumeist richtig »Paëlja« ausgesprochen, sowohl mit »l« als auch mit »j«.

Regelmäßig ins Schleudern kommt man im Spanischen ja beim Zählen. Erst haben wir Deutschen mühsam die italienischen Zahlen gelernt (uno, due, tre, quattro), nun müssen wir auch noch die spanischen lernen. Und die sind so verdammt ähnlich! Was heißt denn nun »zweimal Paella bitte« auf Spanisch? »Due ... nein ... dos paella per ... por ... favore.« Oder so ähnlich. Hauptsache, man wird verstanden.

Und das wird man ja, weil immer mehr Spanier inzwischen Deutsch sprechen. Zumindest in der Gastronomie. Die meisten Speisekarten sind ohnehin mehrsprachig. Dabei kommt es immer wieder mal zu Missverständnissen. Während man im Italienischen zwischen den Wörtern stagione (Jahreszeit) und stazione (Bahnhof) unterscheidet, gibt es im Spanischen dafür nur ein Wort: estación. Dies erklärt, weshalb der Wirt der Pizzeria »Don Quixote« am Ballermann auf seiner Karte keine Pizza »Vier Jahreszeiten« führt, sondern eine Pizza »Vier Bahnhofs«. Wer sich mit derartigen Feinheiten des Spanischen nicht auskennt, versteht da freilich nur Bahnhof – das dann aber gleich vierfach.

Neben Übersetzungsfehlern sorgen natürlich auch Hörfehler für Heiterkeit im deutsch-spanischen Kulturaustausch. Eines der berühmtesten Beispiele ist der bei deutschen Touristen so beliebte Schlager »Eviva España«*. Der deutsche Refrain basiert auf einem Hörfehler, denn »Eviva España« ergibt im Spanischen gar keinen Sinn. Der korrekte Konjunktiv lautet »¡Que viva España!« (»Möge Spanien hochleben!«), und so heißt es denn auch in der spanischen Ver-

---

\* Die Sonne scheint bei Tag und Nacht / Eviva España!
 Der Himmel weiß, wie sie das macht / Eviva España!
 Die Gläser, die sind voller Wein / Eviva España!
 Und bist du selber einmal dort / willst du nie wieder fort.

(wahlweise auch: »Und jeder ist ein Matador – España por favor«)

Gesang: Imca Marina (1972) u. v. a.
Text: Leo Rozenstraten/Hans Bradtke
Musik: Leo Caerts jr.

sion des Liedes. Das soll uns aber nicht davon abhalten, weiterhin »Eviva España« zu singen, denn auch wenn es falsch ist, so klingt es doch schön! Spätestens seit »Winnetou«, den Karl May erdachte und beschrieb, ohne das Land der Rothäute mit eigenen Augen gesehen zu haben, und dessen Abenteuer 70 Jahre später in einem Land verfilmt wurden, in dem es niemals Indianer gegeben hat (in Jugoslawien nämlich), noch dazu mit einem Franzosen in der Titelrolle – spätestens seitdem wissen wir doch, dass die Vorstellung, die man sich von einem Land und seinen Bewohnern macht, nicht unbedingt den Tatsachen entsprechen muss, um von diesem Land und seinen Bewohnern begeistert zu sein.

Die Deutschen, die dauerhaft auf Mallorca leben (vornehm auch »die deutschen Residenten« genannt), schlagen sich indes mit ganz anderen Problemen herum. So wollte der Chefredakteur der »Mallorca Zeitung« beispielsweise von mir wissen, ob es eine Regel für die Ableitung von Städtenamen gebe. Wie heißen die Einwohner der Inselhauptstadt Palma? Werden sie auf Deutsch Palmaner genannt? Oder Palmaraner? Palmarianer? Oder gar Palmesen? Da war ich im ersten Moment ratlos. Eine Regel gibt es nämlich nicht, die meisten Formen sind historisch gewachsen; manchmal entstanden sie in Analogie zu anderen Formen, manchmal setzte sich auch einfach diejenige Form durch, die sich am besten aussprechen ließ.

Sicher weiß ich nur, dass die Bewohner Palmas nicht »Palmen« heißen. Die gibt es auf der Insel zwar auch, doch die bewegen sich nicht von der Stelle. In der Redaktion der »Mallorca Zeitung« orientiere man sich an den spanischen Formen, erklärte mir der Chefredakteur. Und auf Spanisch heißen die Bewohner von Palma de Mallorca »Palmesanos«.

Ich erwiderte, dass ich die Übernahme der spanischen Form für eine vernünftige Lösung halte, auch wenn sie ein bisschen nach italienischem Reibekäse klingt.

Auch im Spanischen gibt es für die Ableitungen keine festen Regeln. Die Bewohner der kanarischen Insel La Palma werden »Palmeros« genannt, und die Einwohner der Stadt Las Palmas auf Gran Canaria heißen »Palmense«. Da soll sich einer zurechtfinden! Die meisten sind ja schon froh, wenn sie die kanarischen und die balearischen Inseln auseinanderhalten können. (Die Eselsbrücke lautet: Auf **Malle** gibt's den **Baller**mann, daher gehört die Insel zu den **Bale**aren.)

Zum Verwirrspiel zwischen »l« und »j« wusste ein Leser folgende hübsche Anekdote zu berichten: Als der Schauspieler Til Schweiger einmal zu Gast in der Harald-Schmidt-Show war und es um Tequila ging (das ja nur mit einem »l« geschrieben und deshalb auch im Spanischen mit »l« gesprochen wird), soll Schweiger den Gastgeber verbessert haben, als dieser richtig »Tekila« sagte. Im Spanischen würde das »l« wie ein »j« gesprochen, so Schweiger, deshalb heiße es »Tekija«. Da Schweiger dies sehr überzeugend vortrug, sprach die ganze Runde fortan von »Tekija«.

Auf einem Rummelplatz in Palma de Mallorca erlebte ich etwas, das mich schmunzeln ließ. Ich hatte Appetit auf etwas Süßes und reihte mich in die Warteschlange vor einem Crêpe-Stand ein. Vor mir war ein ungefähr achtjähriger mallorquinischer Junge dran. Als er gefragt wurde, was er auf seine Crêpe haben wolle, deutete er auf das Glas mit der Haselnusscreme und rief: »Nuteja!« So also rächt sich der Spanier für unser »Mal-lor-ka«. Er spricht das Doppel-l in »Nutella« wie ein »j«! Was dem Deutschen sein Malorka, das ist dem Spanier sein Nuteja. Damit wäre dann ja alles im

Lot. Die Touristin, die nach mir an der Reihe war und einen Pfannkuchen mit Grand Marnier und Schlagsahne bestellte, erkundigte sich in bestem Volkshochschul-Italienisch nach dem Preis: »Quanta costa?« Spanisch wäre »Cuánto cuesta« gewesen. »Cuánta costa« versteht man gleichwohl, allerdings heißt das etwas anderes, nämlich »Wie viel Küste?« Eine seltsame Frage, auf die es aber auf Mallorca nur eine Antwort geben kann: Sehr viel!

## Haarige Zeiten

Die Zunft der Friseure besticht immer wieder durch gnadenlose Originalität. Ihr Reichtum an Ideen schlägt sich nicht nur in ausgefallenen Frisuren nieder, sondern auch in den Namen ihrer Salons. Die einen spielen »Cuts and Mouse«, die anderen machen Kopfsalat mit Löckchen. Bestaunen Sie die Haararchitektur des frisierten Humors.

»Deine Haare sind ja ganz schön lang geworden«, stellt mein Freund Henry fest, als wir uns nach meinem Mallorca-Urlaub im Café treffen. »Ist der Vokuhila-Look* jetzt wieder in?« Darauf erwidere ich bloß: »Ich finde, solange der Mann noch Haare hat, kann er dies auch ruhig zeigen. Du trägst dein Hemd ja schließlich auch nicht immer bis oben zugeknöpft, Meister Petz.«
Henry schnaubt verächtlich: »Brustbehaarung ist männlich. Langes Haar hingegen ist hippieverdächtig!« – »Du weißt doch, jede Mode kommt früher oder später zurück!« – »Aber nicht immer will man das! Die Siebziger waren grausam!« – »Die Achtziger fand ich schlimmer!«, sage ich, »erinnere dich nur mal an die Föhnfrisuren aus ›Dallas‹ oder an Modern Talking!« – »An Modern Talking will ich mich nicht erinnern«, stöhnt Henry.

»Die Wahrheit ist, ich habe einfach keine Zeit, zum Friseur zu gehen«, sage ich. »Und wenn, dann wüsste ich auch gar nicht, zu wem ich gehen sollte.« – »Du warst doch immer bei diesem Figaro bei dir um die Ecke – wie hieß der Laden noch gleich ... Schni, Schna, Schnappi?« – »Du meinst ›Schnippschnapp‹?« – »Ja, genau!«, ruft Henry. Ich winke ab:

* Vokuhila: Kurzwort für »Vorne kurz, hinten lang«, spöttische Bezeichnung für Langhaarfrisuren in den 70er Jahren.

127

»Der kann aber immer bloß den gleichen Fünf-Millimeter-Schnitt. Gegen ein bisschen mehr Einfallsreichtum hätte ich nichts einzuwenden.«

Offenbar in Schnippschnapp-Laune geraten, schnappt Henry sich ein Stadtmagazin und schlägt den Anzeigenteil auf: »Also, an Einfällen fehlt es unseren Friseuren nicht. Hier, wie wär's mit dem: ›Querschnitt‹ – klingt doch witzig!« – »Bist du sicher, dass das ein Friseur ist und kein Radiologe?« – »Hier hab ich einen für dich: ›Lockenbaron‹. Klingt doch nobel! Und der hier ist auch nicht schlecht: ›Glückssträhnchen‹. Wolltest du nicht immer schon mal blonde Strähnchen haben?« – »Aus dem Alter bin ich raus. Was ist mit dem da?« – »›Kopfgärtner‹? Das klingt zu harmlos! Bei deiner Matte brauchst du eher so einen wie den hier: ›Schopfgeldjäger‹.« Ich sauge geräuschvoll an meinem Eiskaffee, während Henry umblättert und erstaunt brummt: »Kaum zu fassen. Haben die etwa alle so originelle Namen?«

Die Namenserfindungen der Friseure sind tatsächlich eine Kunstform für sich. Wortspiele mit dem Wort »Haar« sind besonders beliebt: »Haut und Haar«, »Haar Genau«, »Haar Scharf«, »Haarlekin«, »Haarem« und »Vier Haareszeiten«. In fast jeder größeren Stadt findet man heute einen Laden mit dem Namen »Haarmonie«, und in Aachen auch einen namens »Haarmoni«, denn die Inhaberin heißt mit Vornamen Monika. In Köln gibt es nicht nur eine Philharmonie, sondern auch eine »Philhaarmonie«. Ja, Friseure sind kreativ, in Berlin ist einer sogar »CreHaartiv«. Im Grunde sind sie ja Künstler, und einige sind sogar Zauberkünstler, so wie die Inhaber des Ladens »Haarbracadabra«. Nicht jeder kann Rinderbaron in Südamerika werden, mancher bringt es bloß zum Friseur in Eschwege. Auf seine eigene »Haarcienda« braucht er trotzdem nicht zu verzichten.

Als ich kürzlich zum Hamburger Flughafen fuhr, zwang ich den Taxifahrer zu einer Vollbremsung, weil ich ein Friseurschild entdeckt hatte, das ich unbedingt fotografieren musste: »O Haara«. Geht's noch witziger? Ja, es geht! In Berlin gibt es einen Friseursalon namens »Mata Haari«. In Köln gab es auch mal einen Laden namens »Haarakiri« – aber der hat inzwischen wieder zugemacht. Vermutlich fanden die Kunden die Methoden doch zu radikal. Zu meinen Favoriten zählt der Berliner Salon »Haarspree«. In Wien gibt's einen Laden namens »Haarchitektur« und einen namens »GmbHaar«. Da lacht doch Kater Karlo: »Haar, haar, haar!«

Bei allem Einfallsreichtum gilt natürlich: Auch Friseure waschen nur mit Wasser – wie ein Laden in Paderborn beweist. Der nennt sich nämlich »Haar 2 O«. Gelegentlich darf auch das Arbeitsgerät des Friseurs als Namenspatron herhalten: Vom »Scherenschnitt« über den »Kammpus« bis hin zum »Fönix« ist alles vertreten. Wo herrscht im Stadion die beste Stimmung? Natürlich – in der »Fönkurve«! Und wie nennt sich der Salon von Meister Sörensen in Nordfriesland? Logisch: Frisörensen! Und was so ein kleiner Buchstabendreher ausmachen kann, zeigt sich auf grandiose Weise bei »Zopf oder Kahl«.

Je dichter die Konkurrenz, desto wichtiger ist es für den Friseur, im Trend zu liegen. Und heutzutage lechzt bekanntermaßen alles nach Internationalität. Das merkt man schon daran, dass sich viele Friseure selbst lieber als Hairstylisten bezeichnen. Entsprechend findet man auch immer mehr englisch klingende Namen. »Cut 'n' Curl« zum Beispiel oder »Delicut«. Lieben Sie Musicals? Dann kennen Sie bestimmt »My Hair Lady«! Wo lassen sich Filmemacher die Haare schneiden? Beim »Director's Cut«! Wer sich in Los Angeles auskennt, der weiß, wo sich »Bel Hair« befindet und wie man zum »Hairport« kommt. Und wie nennt sich wohl der Friseur in der Nähe eines Luftwaffenstützpunktes? Natürlich: »Hairforce«!

Auf dem Gebiet der deutsch-englischen Mischformen eröffnen sich dem wortgewitzten Figaro schier unbegrenzte Möglichkeiten: »Hin und Hair«, »Vorhair/Nachhair«, »Hairliche Zeiten« oder »Hair Gott« sind spektakuläre Zeugnisse denglischen Humors. Ebenso »United Haartists« oder »Kamm in«.

Henry kräuselt die Stirn: »Kamm in?« – »Genau!«, entgegne ich, »das ist Frisörisch und bedeutet dasselbe wie ›Haireinspaziert!‹« – »Oh Mann, ich krieg gleich einen Föhn!«, stöhnt Henry, »da sind mir die deutschen Wortspiele noch lieber. ›Neuer AbSchnitt‹ finde ich gut. Und ›Über kurz oder lang‹. Oder ›Kurz und Schmerzlos‹. So will man es als Kunde doch schließlich haben.« – »Für dich mag die Frisur eine Nebensache sein«, sage ich, »für andere ist es eine Haupt-Sache. Die gehen dann zu ›Hauptsache Haar‹. Oder zu ›Barbara's Barber Shop‹. Daneben gibt es natürlich noch die haarigen Klassiker: ›Rapunzel‹, ›Struwwelpeter‹ und ›Samson‹.« Henry zuckt zusammen: »Samson aus der Sesamstraße?« – »Natürlich nicht, sondern Samson aus der Bibel. Der mit den Superkräften.« – »Ach so, der von ›Samson und Dalida‹!« – »Fast. Delilah hieß sie, und sie schnitt ihm die Haare ab, woraufhin er seine Superkräfte verlor.«

»Aber wo wir schon bei der Bibel sind«, fahre ich nach einer kurzen Pause fort, »da fällt mir noch ein anderer haarträchtiger Name ein. Kennst du die Geschichte von David und Absalom?« – »Ich kenne nur David und Goliath«, sagt Henry. »Absalom war Davids Sohn«, erkläre ich, »er versuchte, seinen Vater zu stürzen. In der Entscheidungsschlacht verfingen sich seine Haare in einem Baum, und Absalom wurde getötet.« – »Seine Haare wurden ihm also zum Ver-häng-nis ...« – »Genau. Ist doch eine tolle Geschichte! Wäre ich ein Friseur, würde ich meinen Laden AbSalon nennen! Das wäre gleich ein doppeltes Wortspiel!«

»Hübsche Idee, aber vermutlich zu intellektuell!«, sagt Henry. »Der Kunde braucht einfache Begriffe; solche, die ihm schon aus weiter Entfernung zurufen: Schau hair, ich bin ein Friseur, und ich bin witzig!« –»Du meinst so etwas wie ›Schnittstelle‹?«, frage ich. Henry nickt. »Oder wie ›Hairkules – Ihr starker Friseur‹?« Henry kichert. »Oder wie ›Kaiserschnitt‹?« Henry stöhnt laut auf. »Henry, beHAIRsche dich«, ermahne ich meinen Freund, »du verlierst ja völlig die Fasson!« Gerade als wir aufbrechen wollen, beugt sich der Gast vom Nebentisch zu uns herüber und sagt: »Entschuldigt, wenn ich mich einmische, aber wenn ihr einen wirklich guten Friseur sucht, dann kann ich euch diesen hier empfehlen!« Lächelnd reicht er uns eine Geschäftskarte. Henry schaut drauf und bricht in schallendes Gelächter aus. »Was ist denn so komisch?«, frage ich. »Ein prima Tipp! Mit dem können wir nichts falsch machen«, gluckst Henry, »der macht zumindest keine falschen Versprechungen!« Er reicht mir die Karte, und ich lese:

---

Der Friseur Ihres Vertrauens

## *Wächst ja wieder*

Ruhrstraße 41
22761 Hamburg
Tel.: (040) 28058567

---

## Verwirrender Vonitiv

Grammatik ist nicht jedermanns Sache, das Deklinieren schon gar nicht. Darum wird ein Fall immer beliebter: der Vonitiv. Der Name sagt Ihnen nichts? Sie kennen ihn bestimmt! Der Vonitiv ist der Tod von dem Genitiv.

Solche Schlagzeilen können einem den ganzen Tag verderben: »Mutter von vier Kindern erschlagen«. Das ist doch wirklich nicht zu fassen: Die Jugend wird wirklich immer brutaler! Vier Kinder rotten sich zusammen und erschlagen eine Mutter. Was um alles in der Welt hat sie nur dazu getrieben? Wessen Mutter war diese Mutter überhaupt? Und was geschieht mit den vier Mörder-Kids? Fragen über Fragen.

Fragen, die man sich nicht zu stellen brauchte, wenn die Schlagzeile anders lautete, zum Beispiel: »Mutter vierer Kinder erschlagen«. Das setzte beim Verfasser der Zeile allerdings Kenntnisse über den Gebrauch des Genitivs voraus.

Schon folgt der nächste Schock: »Außenminister von Japan ausgeladen«. Wie denn, wo denn, was denn, welcher Außenminister? Doch nicht etwa unser Bundesaußenminister? Die japanische Regierung hat unseren Außenminister ausgeladen? Was haben wir denn falsch gemacht? Waren wir nicht nett genug zu den Japanern? Liegt es daran, dass wir uns immer noch weigern, Walfleisch zu essen? Erst beim Lesen der Unterzeile erfährt man, dass es der japanische Außenminister ist, der ausgeladen worden ist, und zwar von der chinesischen Regierung. Darauf hätte man natürlich auch gleich kommen können, wenn dort gestanden hätte: »Japans Außenminister ausgeladen« oder »Japanischer Außenminister ausgeladen«.

Grundsätzlich ist gegen die Umschreibung des Genitivs mithilfe des Wörtchens »von« nichts einzuwenden. Unsere praktisch veranlagten Nachbarn, die Niederländer, haben den Genitiv schon vor Jahrhunderten abgeschafft, was dazu führte, dass »van« zum berühmtesten Wort der niederländischen Sprache geworden ist, gleich nach »kaas« und noch vor »strottehoofdontsteking« (Kehlkopfentzündung).

Doch Umschreibungen mit »von« können zu Missverständnissen führen. So wie in diesem Beispiel vom November 2005: »Zwei Minenräumer von Schweizer Organisation im Sudan getötet«. Nicht genug damit, dass sich die Sudanesen untereinander bekriegen, nun machen auch noch Schweizer Organisationen das Land unsicher und jagen tapfere Minenräumer in die Luft! Ausgerechnet die Schweizer: Erfinder der Neutralität und des Roten Kreuzes – von denen hätte man so etwas am wenigsten erwartet.

Nicht weniger irritierend war jene Meldung vom Mai 2005, in der es hieß: »In Pakistan ist ein ranghohes Mitglied der Al Qaida von Osama Bin Laden gefasst worden.« So mancher Leser dürfte sich gefragt haben, ob Osama Bin Laden die Seiten gewechselt habe und jetzt Jagd auf seine ehemaligen Verbündeten mache.

Bevor man sich für eine Konstruktion mit »von« entscheidet, sollte man sich vergewissern, dass sie nicht falsch interpretiert werden kann. Das Wort »von« stellt eine Beziehung zwischen zwei Wörtern her, aber nicht immer ist von vornherein klar, wie diese Beziehung aussieht. Und kompliziert – da doppeldeutig – wird es schnell, wenn ein Perfektpartizip ins Spiel kommt. Nehmen wir nur mal die Überschrift »Mörder von Susanne verurteilt«. Die wirft doch ein recht seltsames Licht auf unseren Rechtsstaat. Wenigstens aber auf die Methoden der Presse. Selbst wenn bei diesem Mordprozess alles mit rechten Dingen zuging, so ist es doch unüblich, die Richterin nur mit ihrem Vornamen zu nennen. Die Feststellung, dass in Deutschland »immer weniger Autos von Polen gestohlen« werden, ist hingegen beruhigend – vor allem für die Polen, die nicht mehr um ihre Autos fürchten müssen, wenn sie die Grenze nach Deutschland überqueren.

An der Formulierung »Wenn ich König von Deutschland wär« ist nichts auszusetzen, es muss nicht »Wenn ich Deutschlands König wär« heißen. Zumal die grammatische und inhaltliche Beziehung zwischen Deutschland und König unmissverständlich ist. Aber bei der Frage »Wurde Entführung von Patrick in Italien geplant?« ist der Zusammenhang zwischen der Entführung und Patrick alles andere als eindeutig. Eindeutig wäre er im Falle von »Patricks Entführung« – im Falle des zweiten Falles also. Vielen mag der Genitiv heute altmodisch und gespreizt erscheinen. Er hat aber einen Vorzug, den man ihm nicht so leicht absprechen kann: Er sorgt für Klarheit und Unmissverständlichkeit. Ein weiteres mehrdeutiges Fundstück: »Bis heute ist noch niemand für die Ermordung von Präsident Ndadaye zur Verantwortung gezogen worden.« – Kein Wunder, wie soll der Präsident jemanden zur Verantwortung ziehen können, wenn er doch gar nicht mehr lebt?

Große Freude schließlich beim Lesen der letzten Schlagzeile des Tages: »Käfighaltung von Hühnern verboten«. Da haben die fleißigen Eierlegerinnen und Körnerpickerinnen ihr Schicksal offenbar selbst in die Hand genommen und mutig ein Käfigverbot erlassen. George Orwells »Farm der Tiere« lässt grüßen. Heute würde man wohl sagen: »Die Farm von den Tieren«.

# That's shocking!

Wenn die Queen erschüttert ist, ist sie dann schockiert oder ge-schockt? Wird bei Abstimmungen noch votiert oder nur noch ge-votet? Darf man einen Menschen noch kontaktieren, oder sollte man ihn lieber kontakten? Unsere Sprache wird kürzer, schneller, eng-lischer.

Philipp arbeitet in der Redaktion einer Lokalzeitung. Seit Jahren versucht er, Henry und mich zu Abonnenten zu machen, aber zum Glück ist uns bislang noch immer ir-gendeine Ausrede eingefallen, um diesem Unheil zu ent-gehen. Die Zeitung zählt nämlich nicht gerade zu den füh-renden intellektuellen Organen dieser Republik. Trotzdem bewundere ich Philipps Enthusiasmus. Bei jedem Treffen bringt er wieder ein paar Ausgaben mit, in denen angeblich »total relevante« Sachen stehen, die wir unbedingt lesen müssen.

»Hier, das wird dich interessieren: ein Kommentar unseres Chefredakteurs zur Rechtschreibreform!« Ich bedanke mich überschwänglich. Der hat mir gerade noch in meiner Sammlung gefehlt. »Steht auf Seite drei. Die wichtigsten Passagen sind gelb gemarkt«, sagt Philipp. »Gemarkt?«, fra-ge ich erstaunt, »meinst du nicht eher *markiert*?« Philipp zuckt mit den Schultern: »Von mir aus auch markiert. Gibt es da einen Unterschied?« – »Nun ja, der Unterschied be-steht zum Beispiel darin, dass das Wort ›markiert‹ existiert, während es ›gemarkt‹ nicht gibt«, sage ich, »jedenfalls nicht als Partizip. Es gibt ein altes deutsches Hauptwort *Gemarkt*, welches Grenze, Gebiet bedeutet. Aber das wird heute nicht mehr verwendet.« – »Also ist die Stelle wieder frei geworden. Dann kann man *gemarkt* doch jetzt für etwas anderes verwenden«, entgegnet Philipp. »Selbstverständlich«, sage ich, »die Frage ist nur, ob wir es wirklich benötigen, wenn es doch schon ›markiert‹ gibt.«

Im Deutschen enden zahlreiche Verben auf »-ieren«. Sie sind größtenteils lateinischen oder französischen Ursprungs. Das Wort »mokieren« zum Beispiel kommt vom Französischen »moquer« und hat nichts mit dem deutschen »mucken« zu tun. Sich über jemanden mokieren (nicht: muckieren) heißt: sich über jemanden lustig machen. Die französische Endung »er« (gesprochen wie ein langes e) wurde bei der Übernahme ins Deutsche zu »ieren«. In jüngerer Zeit wurde diese Endung bei manchen Wörtern abgeschliffen. Das ist vermutlich ein natürlicher Vorgang in der Umgangssprache, der sich mittlerweile auch in der Schriftsprache niederschlägt. Meistens geschieht dies unter dem Einfluss des Englischen, das für seine Knappheit berühmt ist.

Das in der Schweiz und in Österreich noch sehr geläufige Wort »kampieren« wird in Deutschland fast nur noch im militärischen Sinne gebraucht. Wenn Truppen irgendwo ihr Lager aufschlagen, dann kampieren sie. Doch wenn Familie Laumann ihr Zelt einpackt, dann fährt sie zum Campen, dann wird auf gut Deutsch gecampt und nicht kampiert. In der Schweiz kennt man übrigens auch noch die entzückenden Verben »parkieren« für »parken« und »grillieren« für »grillen«. In Philipps Zeitung findet man das Wort »grillen« gelegentlich auch in der übertragenen Bedeutung »streng verhören«, so wie man es aus amerikanischen Nachrichten kennt: »JBK grillt Hoyzer«, lautete die Überschrift zu einem Bericht, in dem beschrieben wurde, wie Johannes B. Kerner den in einen Wettskandal verwickelten Fußballschiedsrichter Robert Hoyzer in die Mangel nahm. Bedauerlicherweise gibt es von Philipps Zeitung keine Ausgabe für die Schweiz. Ich hätte gern gewusst, ob die Überschrift für die Schweizer Leser in »JBK grilliert Hoyzer« geändert worden wäre.

Oft besteht zwischen der längeren Form auf »ieren« und der kürzeren Form auf »en« ein Bedeutungsunterschied. Fixieren zum Beispiel ist etwas anderes als fixen. Und firmieren ist etwas anderes als firmen. Auch zwischen flankieren und flanken besteht ein Bedeutungsunterschied. Aber bis heute habe ich noch nicht begriffen, worin der Unterschied zwischen »schockieren« und »schocken« liegen soll. Philipp behauptet steif und fest, »geschockt« sei etwas anderes als »schockiert«. »Die Queen war geschockt« höre sich für ihn »irgendwie dramatischer« an als »schockiert«. Möglicherweise hört sich »schockiert« für Philipp etwas altmodisch an, aber umso besser passt es dann zur Queen. »Geschockt« ist auf jeden Fall umgangssprachlich, und wenn es in der Zeitung auftaucht, sind viele Leser schockiert. Früher sagte man übrigens mal »Das schockt total«. Das bedeutete ungefähr so viel wie das heutige »voll krass«.

Während des Dreißigjährigen Krieges, als viele deutsche Städte unter heftigem Artilleriebeschuss standen, wurde das Wort »bombardieren« eingeführt, das man sich von den Franzosen (bombarder) abgeguckt hatte, die es wiederum von den Italienern übernommen hatten.

Mit dem Sieg der Briten und Amerikaner im Zweiten Weltkrieg wurde auch das englische »to bomb« bei uns bekannt, zunächst in Zusammensetzungen wie »zerbombt« und »ausgebombt«. Das Werfen von Bomben wurde weiterhin »bombardieren« genannt. Erst in den letzten Jahren schreiben immer mehr Menschen Sätze wie »Bush bombt«, »Die USA bomben wieder« und »Stoppt das Bomben!«. Es scheint, als wolle man das Verb »bombardieren« mit aller Macht aus unserem Wortschatz *bomben*.

»Die USA bombardieren Bagdad« höre sich für ihn zu sehr nach Wochenschau an, meint Philipp. Er findet »Bush bombt Bagdad platt« zeitgemäßer. Philipp ist in zeitgemäße Vokabeln vernarrt, vor allem, wenn sie englisch klingen. Mögen Kulturkritiker für besseres Deutsch votieren, Philipp *votet* für Denglisch. Und während mein Rechner unerwünschte Werbung noch blockiert, wird sie von Philipps Computer längst *geblockt*.

»Wenn es dich interessiert, kann ich ja dafür sorgen, dass mein Chefredakteur dich mal kontaktet«, sagt Philipp. »Ich ziehe es offen gestanden vor, kontaktiert zu werden«, erwidere ich höflich, »aber an Gesprächen über die reformte Rechtschreibung bin ich ohnehin nicht sonderlich interestet.« Philipp blickt mich verständnislos an. Henry klopft ihm auf die Schulter: »Nimm's ihm nicht übel, unser Freund ist momentan etwas stressiert.« Dann schaut er auf die Uhr und ruft: »So, Jungs, lange genug quatschiert, höchste Zeit, nach Hause zu marschen!«

# Das Schönste, wo gibt

Dadaismus, Kubismus und Surrealismus sind lange passé. Wir leben im Zeitalter des Wowoismus. Das zeigt sich sofort, wo ein Nebensatz gebildet wird. Darum folgt an dieser Stelle ein Kapitel, wo es um das kleine Wörtchen »wo« geht. Für alle, die wo noch unsicher sind.

Turmbauer sind Menschen, die einen Turm errichten (zum Beispiel die Babylonier), Häuslebauer sind Menschen, die fleißig schaffen, um sich ein eigenes Haus leisten zu können (zum Beispiel die Schwaben). Und Satzbauer – nun, das sind die, wo einen Satz konstruieren. Dazu bedarf es keiner besonderen Herkunft oder Ausbildung, das lernt man in der Regel schon als Kind. Trotzdem ist das Zusammenbauen von Sätzen kein Kinderspiel.

Denn es gilt zu unterscheiden zwischen Hauptsätzen und Nebensätzen, und bei den Nebensätzen wiederum gibt es unzählige Untergruppen: Subjektsätze, Objektsätze, Infinitivsätze, Temporalsätze, Kausalsätze, Modalsätze und viele mehr. Das ist zum Glück weniger kompliziert, als es sich anhört, denn man muss nicht wissen, wie so ein Nebensatz heißt, um ihn richtig bilden zu können. Wir sind schließlich auch in der Lage, eine Mahlzeit korrekt zu verdauen, ohne zu wissen, ob nun gerade der Zwölffingerdarm, der Leerdarm, der Krummdarm, der Grimmdarm oder Mastdarm aktiv ist. Die meisten Menschen wissen vermutlich nicht einmal, dass sie so viele Därme haben. Und für den Satzbau gilt dasselbe wie für die Verdauung: Entscheidend ist, was am Ende dabei herauskommt.

Die häufigsten Nebensätze sind sogenannte Attributsätze. Sie haben die Aufgabe, ein Element des Hauptsatzes näher zu bestimmen. Um einen solchen Attributsatz einzuleiten, bedient man sich eines Relativpronomens. Die bekanntesten sind »der«, »die« und »das«.

Einige Attributsätze werden auch mit dem Wort »wo« eingeleitet. Standardgemäß tritt es immer dann auf den Plan, wenn im Hauptsatz ein »da« oder »dort« auftaucht, welches eine nähere Bestimmung erfordert: »Heimat ist überall dort, wo man sich zu Hause fühlt«; »Da, wo ich herkomme, kennt man das nicht«. Die meisten Deutschen lieben dieses kleine Wörtchen »wo«, vermutlich, weil es so schön kurz und prägnant und gut auszusprechen ist. Daher verwenden sie es auch dort, wo Sprachpuristen lieber eine Fügung aus Präposition plus Pronomen sähen.

Das Land, *wo* Milch und Honig fließen\*, ist nicht weniger märchenhaft als das Land, *in dem* einem die gebratenen Tauben in den Mund fliegen. Und der Punkt, *wo* Parallelen sich berühren, liegt ebenso in der Unendlichkeit wie jene Stelle, *an der* sie sich berühren. An dem ehemännlichen Versprechen »In dem Jahr, *wo* wir Weihnachten mal nicht zu deinen Eltern fahren, bekommst du von mir einen Pelzmantel« können allenfalls Tierschützer Anstoß nehmen. Denn die Verwendung des Wortes »wo« ist auch bei Zeitangaben zulässig. Wer sich auf den Moment freut, *wo* die Tänzerin aus der Torte springt, der kann dies reinen Gewissens tun. Er muss nicht auf den Moment warten, *in dem* das geschieht.

Doch nicht in allen Fällen stellt »wo« eine akzeptable Lösung dar. Wenn der zu bestimmende Zeitpunkt in der Vergangenheit liegt, ist »als« die bessere Wahl. Das Chanson

---

\* Diese Wendung geht auf die Bibel zurück (2. Moses 3,8) und wird meistens im Singular wiedergegeben (»wo Milch und Honig fließt«). Mehr zur Singular/Plural-Problematik im folgenden Kapitel »Gebrochener Marmorstein«.

»Am Tag, als der Regen kam« heißt im französischen Original zwar »Le jour où la pluie viendra«, und dieses »où« ist das französische Wort für »wo«, doch im Deutschen hätte »Am Tag, wo der Regen kam« sehr seltsam geklungen.

Dessen ungeachtet hat sich »wo« in der Umgangssprache als eine Art Universalpronomen etabliert. Längst wird es auch dann gebraucht, wenn weder ein Ort noch ein Zeitpunkt gemeint sind. Eine Frage wie »Kennst du den Film, wo Arnold Schwarzenegger einen russischen Agenten spielt?« ist heute ebenso selbstverständlich wie die Klage »Man findet kaum noch eine Zeitung, wo auf Rechtschreibung geachtet wird«. Diese Praxis gilt (noch) nicht als salonfähig, auch wenn die Zahl ihrer Befürworter stetig wächst.

Ob »Othello« nun ein Stück ist, »wo« es um einen eifersüchtigen Mohren geht oder »in dem« es um einen solchen geht, bleibt dem Sprachgefühl des Einzelnen überlassen. Die heutige Grammatik lässt beides zu. Ob aber Othello derjenige ist, »der wo« seine Frau Desdemona am Ende erdrosselt, ist relativ unstrittig. In einigen Regionen dient das »wo« zur Verstärkung der Relativpronomen »der«, »die« und »das« und macht zum Beispiel aus der Oper, die wir letztens gesehen haben, die Oper, *die wo* wir letztens gesehen haben. In Hessen zum Beispiel. Im Internet kann man an einem Sprachtest »fer alle Hesse und die, die wo's wern wolle«, teilnehmen.

Im Süden wird das »wo« auch gern anstelle von »der«, »die«, »das« verwendet. In der Pfalz zum Beispiel. Die wu do unnä herkumme, wisse' B'scheid. Der in Neustadt an der Weinstraße geborene Fußballspieler Mario Basler soll auf die Frage, wie er sich mit seinem Teamkollegen Youri Djorkaeff (damals beide beim 1. FC Kaiserslautern) verständige, gesagt haben: »Ich lerne nicht extra Französisch für die Spieler, wo dieser Sprache nicht mächtig sind.« Ein weiterer berühmter Vertreter des Wowoismus ist Jürgen Klinsmann. Ihm wird das Zitat zugeschrieben: »Das sind Gefühle, wo man schwer beschreiben kann.« Als Hommage an Klinsmann lief auf SWR3 zur Fußball-WM ein Comedy-Programm mit dem Titel »Mir sin die, wo gwinne wellet«. Ins Hochdeutsche übersetzt: »Wir sind die, die gewinnen wollen«. Jürgen Klinsmann stammt übrigens aus Baden-Württemberg. Und die Baden-Württemberger sind bekanntlich die, wo alles können außer Hochdeutsch.

# Gebrochener Marmorstein

Am 9. Juni 2006 starb der Sänger Drafi Deutscher im Alter von 60 Jahren. Er hinterließ »Cinderella Baby« und »Cindy Lou« und viele andere Hits. Unsterblichen Ruhm erlangte er jedoch mit einer Liedzeile, die bis heute heftig umstritten ist. Zu Unrecht, wie sich zeigen wird.

»Marmor, Stein und Eisen bricht« sang Drafi Deutscher 1965. Ein Schlager, der fast zu einer Art Volkslied geworden ist. Und der immer wieder gern zitiert wird, wenn es um Sprache und Schlager geht. Nicht nur wegen der bedeutungsvollen Worte »dam dam, dam dam«, sondern vor allem wegen der Titelzeile. Die enthält eine Aufzählung von drei Materialien: Marmor, Stein und Eisen. Für manche sind es nur zwei, denn Marmor und Stein seien in Wahrheit ein Wort: »Marmorstein« – so wie Tannenbaum und Fensterglas. Marmor sei ja schließlich eine Gesteinsart, folglich sei die Unterscheidung zwischen Marmor einerseits und Stein andererseits nicht besonders ergiebig. Aber darum geht es hier nicht. Es geht um das letzte Wort der Zeile, um das Verb »bricht«. Sprachpuristen werden nämlich nicht müde zu monieren, dass hier ein Fehler vorliege. Es müsse »brechen« heißen, sagen sie. Schließlich bestehe das Subjekt des Satzes aus mehreren Teilen, folglich müsse das Verb im Plural stehen: Marmor, Stein und Eisen brechen. Dam dam, dam dam.

Manche kennen eben nur Schwarz und Weiß. Die Dichtung indes kennt auch die vielen Farbtöne dazwischen. Bei der Aufzählung artverwandter Dinge wird in der Dichtung gelegentlich die Einzahl gebraucht. Dafür lassen sich diverse berühmte Beispiele nennen: Wer wollte behaupten, in dem

Lied »Hänschenklein« würde falsches Deutsch verbreitet, weil es dort heißt »Stock und Hut steht ihm gut« statt »stehen ihm gut«? Wer wollte den bekannten Vers des Dichters August Schnezler, »Gold und Silber lieb ich sehr, kann's auch gut gebrauchen«, in »kann sie auch gut gebrauchen« ändern?

Ein jeder kennt Redewendungen wie »Gleich und gleich gesellt sich gern« oder »Da ist Hopfen und Malz verloren«. Die heißen nicht etwa »Gleich und gleich gesellen sich gern« oder »Da *sind* Hopfen und Malz verloren«. Und viele erinnern sich auch noch an den traditionellen Wunsch beim Einzug: »Brot und Salz – Gott erhalt's«. Der lautete ja nicht »Brot und Salz – Gott erhalt sie«. Und nicht nur Uschi weiß: »Glück und Glas – wie leicht bricht das« – wer wollte ernsthaft behaupten, es müsse »Glück und Glas – wie leicht brechen die« heißen?

Drafi Deutscher selbst hat zu seinem Hit übrigens nur eine einzige Zeile beigetragen: Dam dam, dam dam. Den Rest besorgten der Textdichter Rudolf-Günter Loose und der Komponist Christian Bruhn. Letzterer ist nicht nur der Schöpfer zahlloser Erfolgsmelodien, sondern selbst ein ausgewiesener Sprachliebhaber; bisweilen hat er heftig mit seinen Textdichtern um die eine oder andere Zeile, die ihm nicht ganz sauber erschien, gerungen. Umso ärgerlicher empfand er den Vorwurf, dass ausgerechnet der Titel seines größten Erfolges (eben »Marmor, Stein und Eisen bricht«) einen Fehler enthalten solle. Die Liedzeile ging zurück auf einen alten Poesiealbumvers: »Marmor, Stein und Eisen bricht, aber unsere Freundschaft nicht«. Bruhn und Loose hatten ihn lediglich ein wenig abgewandelt und schlagertauglich gemacht. Das schien die Kritiker aber nicht zu interessieren. In Bayern war das Lied sogar verboten. Aufgrund der angeblich falschen Grammatik durfte es im Bayerischen Rundfunk nicht gespielt werden. Aus heutiger Sicht unvorstellbar, welch hohe Wellen ein harmloses Lied damals schlagen konnte. Konsequenterweise hätten die Bayern das Vaterunser gleich mit verbieten müssen, heißt es darin doch: »Denn Dein ist das Reich und die Kraft und Herrlichkeit in Ewigkeit« und nicht etwa »Denn Dein *sind* das Reich und die Kraft und Herrlichkeit in Ewigkeit«.

Unter Verweis auf die obigen Beispiele stellte Bruhn fest, dass in bestimmten Fällen eben auch der Singular vorkommt, und gab diesem auch gleich einen fachsprachlichen Namen: *Singularis materialis*.

Wenn Glück und Glas bricht und nicht brechen, dann brauchen auch die von Drafi Deutscher besungenen Baustoffe nicht mehrzählig zu brechen; ein einzähliges »bricht« genügt. Außerdem handelt es sich um Poesie. Die darf so etwas. Sonst wäre ja der schöne Reim verloren: »Aber unsere Liebe nicht«. Hätte Drafi Deutscher etwa singen sollen: »Marmor, Stein und Eisen brechen, aber unsere Liebe nechen«? Na also. Nun ist er tot, der große Drafi Deutscher. Dam dam, dam dam.

# Ein Hoch dem Erdapfel

Man kennt sie als Herzogin, im Stanniol-Mantel, als grobe Country-Version, als Pomme Macaire, Gratin, Puffer, Kroketten oder als Pommes frites – die Kartoffel ist äußerst vielseitig. Deshalb trägt sie auch viele verschiedene Namen. Eine Geschichte über die Geschichte der erstaunlichsten Frucht der Welt.

Zur Feier des vorzeitigen Endes seiner Salat-Diät schleift Henry mich in ein neues Restaurant, das von seinem Gourmet-Führer mit mehreren Sternen und Euro-Symbolen ausgezeichnet worden ist. Die Karte verheißt erlesene Spezialitäten wie »Medaillons von der Kalbslende mit Bries auf Morchelsauce« und »souffliertes Steinbuttfilet an Trüffel-Kaviarschaum«. »Ich nehme das Putengeschnetzelte«, sage ich zum Ober und füge hinzu: »Wäre es möglich, statt Basmatireis Kartoffeln zu bekommen?« Der Ober zieht die Augenbrauen hoch, als hätte ich ihn gebeten, mir das Essen in einem Hundenapf zu servieren, und sagt: »Ich werde in der Küche mal nachfragen.«

»Du und die Kartoffel – eine lebenslängliche Liebesgeschichte«, feixt Henry, »ich bin immer wieder aufs Neue gerührt!« – »Mach dich nur über mich lustig! Kartoffeln sind eine Köstlichkeit! Aus einem mir unverständlichen Grunde sind sie in Verruf geraten, jedenfalls findet man sie auf den Speisekarten der Restaurants immer seltener. Pasta und Reis gibt es in allen erdenklichen Variationen, aber Kartoffeln sind eine echte Rarität geworden.« – »Sie gelten eben als typisch deutsch«, meint Henry. »Bei Kartoffeln denken viele an die sogenannte bürgerliche Küche, an Kohlrouladen, Saubohnen und dicke Mehlsoße. Das will heute keiner mehr.« – »Mmh, Kohlrouladen«, seufze ich, »bei dem Gedanken läuft mir das Wasser im Munde zusammen!«

»Soll ich den Ober zurückrufen? Du kannst ihn ja fragen, ob du anstelle der frischen Salatvariation nicht ein paar Kohlblätter bekommen könntest ...« Darauf gehe ich nicht weiter ein und frage Henry stattdessen, ob ihm bekannt ist, woher das Wort ›Kartoffel‹ stammt. Henry schüttelt den Kopf: »Über die Herkunft des Wortes habe ich mir nie Gedanken gemacht. Ich weiß nur, dass die Kartoffel ursprünglich aus Südamerika kommt und unter Friedrich dem Großen in Deutschland eingeführt wurde.«

Die Kartoffel, eine Verwandte der Tomate und des Paprikas, stammt aus den Anden. Dort wurde sie von den Inkas kultiviert, die sie *Papa* nannten. Spanische Eroberer brachten sie Mitte des 16. Jahrhunderts nach Europa, wo sie unter dem Namen *Patata* (eine Entlehnung aus der haitianischen Indianersprache) zunächst als Zierpflanze gezogen wurde.
Es dauerte rund 200 Jahre, ehe man ihren Nährwert erkannte und sie als Nutzpflanze anbaute. Über Spanien und Italien breitete sich die Kartoffel langsam nach Norden aus. Einige Sprachen übernahmen die spanische Bezeichnung Patata; im Englischen zum Beispiel wurde sie zu Potato abgewandelt. Andere Sprachen schufen eigene Namen. Die Italiener hielten die Kartoffel anfangs für eine Art Trüffel und nannten sie daher *tartufolo*. Unter diesem Namen gelangte das Nachtschattengewächs im 18. Jahrhundert nach Sachsen und Preußen, wo es zu *Tartuffel* und schließlich *Kartoffel* eingedeutscht wurde. Im deutschsprachigen Süden gab man ihm den Namen Erdapfel, eine in der Schweiz und in Österreich noch heute übliche Bezeichnung. Auch im Französischen (pomme de terre) und im Niederländischen (aardappel) hat sich der Erdapfel durchgesetzt. Manche aber sahen in der Kartoffel eher eine Birne. Im rheinhessischen und pfälzischen Dialekt wird die Kartoffel

Krumbeer, Grumbeer oder Grumbier genannt, was nichts mit krummen Beeren zu tun hat, sondern »Grundbirne« bedeutet. Dieser Name wurde sogar erfolgreich exportiert: Im Kroatischen heißt die Kartoffel »Krumbier«. Und die Tschechen sagen »Brambora«, das heißt »Brandenburgerin«, da die Kartoffel aus Brandenburg nach Böhmen gelangt war. Ältere Österreicher kennen noch den Begriff »Brambori« als Bezeichnung für Kartoffeln, die nichts taugen.

Inzwischen hat Henry sich mit großem Appetit über seine »Perlhuhnbrust gefüllt mit Mozzarella an glasierten Kirschtomaten und Maisplätzchen« hergemacht. »Nun ist Schluss mit dem Brimborium um deine Brambori«, sagt er, »fang endlich an zu essen!« Ich betrachte glücklich die goldgelben Erdäpfel auf meinem Teller. Möglicherweise aufgrund ihrer rundlichen Form, die mütterliche Assoziationen weckt, und sicherlich auch wegen ihrer besonderen Nahrhaftigkeit wurde die Kartoffel als eine weibliche Frucht angesehen. Dies spiegelt sich nicht nur im Geschlecht des Wortes Kartoffel wider, sondern auch in den Namen, die man den diversen Züchtungen gab: Sieglinde, Bintje, Camilla, Gloria, Linda, Nicola, Rosara oder Selma.

»Von mir aus können wir das nächste Mal in den ›Kartoffelkeller‹ gehen«, schlägt Henry vor. »Da kannst du so viele Kartoffeln essen, wie du magst.« – »Prima«, sage ich, »das hört sich gut an!« – »Also abgemacht. Wie wär's mit Freitag?« – »Am Freitag habe ich bereits eine Verabredung.« – »Oh, ich gratuliere! Mit einer festkochenden Linda oder einer mehligkochenden Karlena?« – »Sie heißt Suzanne und hat zum Glück nichts von einer Kartoffel«, sage ich. »Nicht einmal an den Stellen, wo's gern ein bisschen mehr sein darf?«, fragt Henry besorgt. Ich lege die Serviette beiseite und entgegne: »Der Gentleman genießt und schweigt.«

| Regionale Bezeichnungen für die Kartoffel | Land/Region |
|---|---|
| Tartuffel/Kartoffel | Sachsen, Preußen |
| Krumbeer/Grumbeer/Grumbier/Krumbiere | Rheinhessen, Pfalz |
| Grombiera/Grumbiera Äbbiera/Ebbiera | Schwaben |
| Podaggn/Potacken/Bodaggen Ebbien/Äbbjen Erpfel | Franken |
| Estepl | Tschechien |
| Kartuffel | Westfalen |
| Tüfften | Mecklenburg |
| Nudel | Uckermark |
| Bodabira | Oberallgäu |
| Aper/Aber | Oberlausitz |
| Erdapfel | Schweiz, Österreich |
| Krumpan | Österreich |
| Krumbier | Kroatien |
| Brambora/Brambori | Tschechien, Österreich |
| Iárdappel Grummpien | Rumänien |

# Als ich noch der Klasse Sprecher war

Wieso wird der Stich einer Biene nicht Bienestich genannt? Und warum spricht man vom Gitarrensolo, wenn doch nur eine einzelne Gitarre zu hören ist? Die deutsche Sprache hat immer ein paar Buchstaben parat, um Fugen zwischen Wörtern zu füllen. Einige Menschen verzichten jedoch auf Fugenzeichen und verwenden lieber Fuge-Zeichen.

Auf einem jener Reklameblätter, die trotz »Keine Werbung!«-Aufklebers immer wieder in meinem Briefkasten landen, wurden unlängst »gebrauchte Oberklassewagen zu günstigen Preisen« angepriesen, und das machte mich stutzig. Als ich zehn oder elf war, wurde ich mal zum Sprecher der Klasse gewählt, das nannte man damals Klassensprecher. Mit einem »n« in der Mitte. Dieses »n« kennzeichnete nicht etwa einen Plural, denn ich war ja nicht Sprecher mehrerer Klassen, sondern nur einer einzigen Klasse. Trotzdem hieß es nicht Klassesprecher, obwohl ich zweifellos ein klasse Sprecher war.

Es gibt in der deutschen Sprache nicht nur ein Fugen-s, so wie beim Eignungstest und beim Zeitungsbericht, sondern auch ein sogenanntes Fugen-n. Dieses findet man zum Beispiel bei Zusammensetzungen mit weiblichen Hauptwörtern, die auf ein unbetontes »e« auslauten: Das Klappern der Mühle am rauschenden Bach wird zum Mühlenklappern, das Spiel der Miene zum Mienenspiel, das Zirpen der Grille zum Grillenzirpen, die Linde am Brunnen vor dem Tore zum Lindenbaum. Und ein Wagen der Oberklasse müsste demnach zum Oberklassenwagen werden. Die daraufhin von mir durchgeführte Blitzrecherche in unserem elektronischen Zeitungsarchiv kam allerdings zu einem anderen Ergebnis: Die Schreibweise »Oberklasse-Wagen« ist in der

Presse sehr viel häufiger anzutreffen als »Oberklassen-Wagen« oder »Oberklassenwagen«.

Hersteller von Medikamenten kann man zusammenfassend Medikamentenhersteller nennen. Manchmal werden sie allerdings auch unter der Bezeichnung »Medikamentehersteller« geführt, besonders wenn vor den Medikamenten noch eine Bestimmung steht, wie zum Beispiel das Wort Aids. Wer Aidsmedikamente herstellt, ist einigen Presseberichten und Infobroschüren zufolge ein »Aids-Medikamente-Hersteller«.

Offenbar haben einige Menschen heutzutage eine Scheu davor, die Fuge zwischen den Wörtern mit einem »n« zu füllen. Stattdessen greifen sie lieber zum Bindestrich – einer halb-herzigen Verbindung, bei der eine wund-ähnliche Nahtstelle bleibt, die sich vermeiden ließe, wenn man herzhaft Fugenkitt auftrüge und ein »n« dazwischensetzte. Doch mit dem Wort »Aidsmedikamentenhersteller« sind viele vermutlich überfordert.

Der Duden führt in seiner Erklärung zu den Fugenzeichen das Beispiel »Sonnenstrahl« an und schreibt dazu, dass dies auf einen alten Genitiv zurückgehe: der Sonnen Strahl, so hat es früher mal geheißen, wie auch des Hirten Stab, daher Hirtenstab – und nicht Hirtestab. Auch das Wort »Klasse« ist sehr alt, es wurde im 16. Jahrhundert aus dem Lateinischen (classis) entlehnt. Das Fugen-n beim Klassenprimus und beim Klassenzimmer ließe sich demnach mit dem alten Genitiv des Wortes »Klasse« begründen: der Klassen Zimmer. Vielleicht wurde es aber auch einfach nur in Analogie zum Sonnenstrahl und zum Hirtenstab eingefügt.

Freilich sprechen wir heute nicht mehr so wie im 16. Jahrhundert. Wir sprechen ja nicht einmal mehr so, wie wir es noch vor 20 Jahren taten. Sprache verändert sich, und manches, was nicht mehr gebraucht wird, verschwindet. Dagegen ist nichts einzuwenden, doch muss auch die Frage gestattet sein, ob die neue Lösung tatsächlich schöner ist als die alte. Im Falle des Oberklasse-Wagens sprechen die anderen Zusammensetzungen, die sich mit dem Wort Klasse bilden lassen, eigentlich dagegen. Oder werden die Klassenbücher von heute – so es sie noch gibt – bereits nur noch Klasse-Bücher genannt? Sind die Schüler der Oberstufe keine Oberstufenschüler mehr, sondern nur noch Oberstufe-Schüler? Verzehren sie heute keine Pausenbrote mehr, sondern nur noch Pause-Brote? Das wäre bedauerlich. Denn dann gäbe es an den Universitäten auch bald keinen Breitensport mehr, sondern nur noch Breite-Sport, und wer wollte da noch mitmachen, das klingt ja wie ein Fitnessangebot für Menschen, die in die Breite gegangen sind.

Auch bei der Kohle kommt das Fugen-n aus der Mode. Während ältere Zusammensetzungen ausnahmslos mit »Kohlen-« gebildet werden (Kohlenkeller, Kohlenofen, Kohlenstaub, Kohlenstoff), fällt das Fugen-n bei jüngeren Zusammensetzungen mitunter weg: Kohlepapier, Kohleimport, Kohlekraftwerk. Es scheint hinter der Kohle also nicht mehr notwendig zu sein. Ernährungsbewusste Menschen stellen mir häufig die Frage, ob es denn nun Kohlenhydrate oder Kohlehydrate heiße. Zu Zeiten von Jacob und Wilhelm Grimm wäre die Antwort eindeutig gewesen, denn in ihrem Wörterbuch findet man nur Kohlenzusammensetzungen und keine Kohlezusammensetzungen. Doch in heutigen Wörterbüchern sind neben Kohlenhydraten auch Kohlehydrate enthalten. Beides ist demnach richtig.

Manchmal wird das Fugen-n vernachlässigt, manchmal wird es aber auch überstrapaziert. Auf diese Weise entstehen

Folgenkosten, wo Folgekosten schon schmerzlich genug sind, und Speisenkammern, wo Speisekammern genügen. Und ob nun »Speisekarte« oder »Speisenkarte« richtig ist, darüber wird noch gestritten (der Duden lässt beides zu) – doch außer Zweifel steht, dass der Instrumentenkoffer als »Instrumentekoffer« einen unsoliden Eindruck macht. Und der »spezielle Textiltapete-Kleister«, den ein Händler führt, hält vermutlich nicht besser als normaler Textiltapetenkleister.

In einigen Fällen führt der Verzicht auf das Fugen-n sogar zu einer Sinnentstellung, so wie im Beispiel der Behindertentoilette, die auf zahlreichen Hinweisschildern kurioserweise als »Behinderte-Toilette« ausgewiesen wird.

Wenn Unbefugte sich an der Sprache zu schaffen machen und dabei unverfugte Lücken schaffen, dann entsteht Unfug.

## Voll und ganz verkehrt

Wer ganze Arbeit leistet, der hat auch ein Recht auf vollen Lohn. Doch kaum jemand, der Vollzeit arbeitet, arbeitet die ganze Zeit. Wer ganze Stadien füllt, der füllt nicht volle Stadien, sondern leere. Manch einer hat volle acht Jahre studiert, ein anderer ganze acht Jahre. Wie es aussieht, sind voll und ganz nicht voll und ganz dasselbe.

Es gibt in unserer Sprache viele Wörter, die auf den ersten Blick dasselbe zu bedeuten scheinen, die aber bei genauerer Betrachtung alles andere als gleichbedeutend sind. So wie »scheinbar« und »anscheinend« oder »gut« und »schön«. Zu diesen Wörtern gehören auch »voll« und »ganz«. Zwar können sie durchaus dasselbe, nämlich »vollständig« oder »restlos«, bedeuten, so wie in diesen Beispielen: »Er war wieder ganz (= vollständig) gesund« – »Der Bus war voll (= vollständig) besetzt«.

Und doch sind »voll« und »ganz« nicht beliebig austauschbar. In der Standardsprache klingt die Aussage »Er war wieder voll gesund« ungewohnt. Dasselbe gilt für »Der Bus war ganz besetzt«. Was nicht heißen soll, dass nichts »ganz besetzt« sein könne. Im Jahre 50 vor Christus war immerhin Gallien ganz besetzt. Ganz? Nun, wir wissen es besser.* Auf keinen Fall aber war Gallien »voll besetzt«, auch wenn das Land voller Römer war.

Wenn der Chef auf der Betriebsfeier mit lustigen Geschichten und Gesangseinlagen glänzt, wie er sie schon lange

---

* Bei »Asterix« heißt es: »Ganz Gallien ist von den Römern besetzt«. Aber das kommt aufs Gleiche heraus.

154

nicht mehr zum Besten gegeben hat, dann raunen sich die Mitarbeiter zu: »Heute ist er wieder ganz der Alte!« Es ist nicht davon auszugehen, dass sie sich sagen: »Heute ist er wieder voll der Alte.« Vorstellbar wäre höchstens: »Mann, ist der Alte heute wieder voll!«

Es besteht also ein Unterschied zwischen »voll« und »ganz«. Das ist uns im Grunde auch allen klar, meistens entscheiden wir uns intuitiv für das Richtige. Aber eben nicht immer. In einigen Fällen, wenn »voll« und »ganz« zu Adjektiven umgerüstet und vor Zahlwörter gestellt werden, um die Vollheit oder Ganzheit einer Menge anzuzeigen, dann wird es schwierig, dann lässt uns unser Sprachgefühl bisweilen im Stich.

Heißt es nun: Die Zahnarztbehandlung dauerte volle drei Stunden – oder ganze drei Stunden? Viele glauben, dass hier kein Unterschied bestehe, doch das ist nicht ganz richtig, denn es gibt eine nicht unerhebliche Nuance in der Bedeutung. Wenn die Behandlung »volle drei Stunden« dauerte, dann dauerte sie »nicht weniger als« drei Stunden. Man könnte auch von »gut drei Stunden« sprechen. »Ganze drei Stunden« sind zwar nicht weniger als volle drei, doch werden sie anders bewertet, denn »ganze drei« bedeutet »nicht mehr als drei Stunden«.

Der Unterschied wird im folgenden Beispiel deutlicher: »Hunderte sind bei dem Grubenunglück verschüttet worden. Ganze drei Bergarbeiter konnten gerettet werden.« Gemeint ist: Leider gab es nicht mehr als drei Überlebende. Das Wort »volle« wäre an dieser Stelle unpassend; dafür passt es wiederum im nächsten Satz: »Die Rettungsmannschaften brauchten volle sechs Tage, um das Wasser abzupumpen.« Denn »volle« steht hier für »nicht weniger als«.

»Bei großer Wärme dehnt sich das Metall aus, und der Turm wächst um ganze 15 Zentimeter in die Höhe«, konnte man vor einiger Zeit in der »Neuen Post« über das rätselhafte Sommerwachstum des Eiffelturms lesen. Die mathematisch erstaunliche Schlussfolgerung des Redakteurs (»Dann ist er nicht mehr 324 Meter, sondern 339 Meter hoch«) verschaffte dem Artikel prompt einen Platz im »Hohlspiegel« (»Spiegel« 11/2006). Die Aussage ist aber noch unter einem anderen Aspekt interessant: Sind es denn nun wirklich »ganze« 15 Zentimeter oder womöglich »volle«? »Ganze 15 Zentimeter« bedeutet »nicht mehr als 15 Zentimeter«; und wer um diese Bedeutung weiß, für den hört es sich so an, als würde das Wachstum des Eiffelturms als mickrig abgetan. »Volle« wäre treffender, da es »nicht weniger als« bedeutet und 15 Zentimeter gewachsenes Metall immerhin eine ganze Menge sind.

Dass »voll« mehr sein kann als »ganz«, bekommt man gelegentlich am eigenen Leibe zu spüren. Ist es wirklich eine Auszeichnung, als »ganz in Ordnung« zu gelten? Das klingt eher nach einer drei minus. Erstrebenswerter scheint es doch, »voll in Ordnung« zu sein.

# Der Butter, die Huhn, das Teller

Der, die, das, wer, wie, was? Die Verwirrung der Geschlechter ist nicht nur ein gesellschaftliches Thema, sondern auch ein sprachliches. Heißt es die Krake oder der Krake? Ist Python männlich oder weiblich? Trinken Sie ein Cola und lesen Sie das »Zwiebelfisch«!

»Chéri, bitte, 'ilfst du mir mit die Kleid?«, fragt mich meine Freundin Suzanne, als sie mir die Tür öffnet. »Du hast Nerven«, sage ich tadelnd, »die Oper beginnt in einer halben Stunde, und du bist immer noch nicht angezogen!« Suzanne zuckt mit den Schultern: »Isch kann misch einfach nischt entscheiden. Soll isch die rote Kleid oder die champagner Kleid anziehen – was meinst du?« – »Champagner klingt doch gut«, murmele ich, »wo steht er?« – »Crétin, isch rede von die Kleid! Aber wenn du was trinken willst, da neben die Stuhl steht eine Flasche Sauvignon!«
Ich mag französischen Wein, französischen Käse, französische Musik – und ganz besonders mag ich den französischen Akzent. Wie bei Suzanne. Ihre Art, die deutschen Artikel durcheinanderzuwirbeln, klingt für mich wie Poesie. Die Kleid, die Stuhl, der Auto – darüber kann ich mich stets aufs Neue amüsieren. Die unheilige Dreispaltigkeit des grammatischen Geschlechts im Deutschen bringt jeden, der unsere Sprache lernt, früher oder später an den Rand der Verzweiflung. Und auch die Deutschen selbst geraten zwischen männlichem, weiblichem und sächlichem Geschlecht immer wieder ins Straucheln. Denn was meine französische Freundin Suzanne kann, das kann meine deutsche Freundin Sibylle schon lange.

Jeden Samstag bringt Sibylle ihre leeren Flaschen zum Supermarkt, um sich »den Pfand« abzuholen. Für sie ist das

Pfand männlich. Zwecklos, sie von etwas anderem überzeugen zu wollen. Dafür ist das Motorfahrrad bei ihr weiblich: »Was, du hattest als Schüler keine Mofa? Das kann ich gar nicht glauben. Jeder, der cool war, hatte eine Mofa.« Tatsache ist, dass ich ziemlich uncool war. Das Einzige, was mich an Mofas interessierte, war ihr Genus. Sibylles Stärken liegen eher beim Genuss als beim Genus. »Jetzt musst du das Crème fraîche drunterrühren«, sagt sie beim Kochen zu mir. Und als sie feststellt, dass sie das Rezept offenbar nicht ganz richtig abgeschrieben hat, bittet sie: »Kannst du mir mal eben das Radiergummi geben?« Für Sibylle ist der Radiergummi nämlich sächlich. Der Kaugummi natürlich auch.

Damit steht sie übrigens nicht allein. Viele Deutsche weisen bestimmten Dingen ein anderes Geschlecht zu, als es im Wörterbuch angegeben ist. Im Wörterbuch steht zum Beispiel, dass das Wort »Puder« männlich sei: der Puder. Trotzdem sagen viele »das Puder« – möglicherweise in Analogie zu Pulver, da Puder und Pulver nicht nur ähnlich klingen, sondern auch ähnlich beschaffen sind. Ein weiterer Fall dieser Art ist »die Geschwulst«, die oft sächlich gebraucht wird – weil sie an »das Geschwür« denken lässt.

Am größten ist die Verwirrung der Geschlechter natürlich bei Fremdwörtern. Woher soll man zum Beispiel wissen, dass »Python« ein männliches Hauptwort ist? Es kommt aus dem Griechischen, und Griechisch haben die wenigsten Deutschen drauf. In solchen Fällen hilft man sich für gewöhnlich mit Analogien – sucht also nach vergleichbaren Wörtern. Und da der Python eine Schlange und *die Schlange* weiblichen Geschlechts ist, erscheint es eigentlich logisch, dem Python einen weiblichen Artikel voranzustellen – andere Schlangenarten wie Boa, Viper und Natter sind schließlich ebenfalls weiblich. Doch weder der Biologielehrer noch der Deutschlehrer würden »die Python« durchgehen lassen.

Auch der Krake ist eindeutig männlich – und wird dennoch von vielen als weiblich angesehen. So auch von Sibylle. »Es heißt entweder *die Krake* oder *der Kraken*«, behauptet sie. »Ich hab's doch gerade erst in ›Fluch der Karibik 2‹ gesehen, da haben sie's erklärt!« Leider hat sich Sibylle wie so oft gerade die falsche Antwort gemerkt. Aber so etwas passiert uns allen. Ich selbst musste mir erst vor Kurzem sagen lassen, dass es nicht »die Paprika« heiße, sondern »der Paprika«. Ich habe daraufhin im Wörterbuch nachgeschlagen: beides ist erlaubt (siehe auch Tabelle ab S. 161).

Einige Wörter treten sogar in drei Geschlechtsvarianten auf. »Triangel« zum Beispiel. Das dreieckige Schlaginstrument kann sowohl »die Triangel« genannt werden als auch »der Triangel«, und in Österreich heißt es »das Triangel«. Und wie steht's mit dem Wort Joghurt? Das ist standardsprachlich männlich (der Joghurt), kann aber auch sächlich sein (das Joghurt). Das ist eigentlich schon kompliziert genug – aber nicht für Sibylle. Sie sagt »die Joghurt«, und darin lässt sie sich auch nicht beirren: »Probier mal diese Joghurt, die ist echt lecker!« Und als sie noch auf Partys ging, da hat sie auch mal »die eine oder andere Zigarillo« geraucht. Allerdings, so räumt sie ein, sei ihr davon regelmäßig schlecht geworden.

Hauptsächlich sind es die zahlreichen englischen Fremdwörter, die bei der Einbürgerung Probleme bereiten. Die englische Grammatik behandelt alle Dinge sächlich, doch bei der Übernahme ins Deutsche bekommen diese Dinge oft ein männliches oder weibliches Geschlecht. Meistens orientiert man sich dabei an der deutschen Entsprechung. Weil »mail« Post bedeutet und »Post« im Deutschen weiblich ist, sagen die meisten Deutschen »die E-Mail«. Der »Brief« hingegen ist männlich, sodass »der Newsletter« einen männlichen Artikel bekommen hat. Dieses Prinzip lässt sich aber nicht immer anwenden. Oft übernehmen wir Wörter aus dem Englischen, für die es keine deutsche Entsprechung gibt – und folglich auch keine Geschlechtsvorgabe.

Außerdem wird dieses Prinzip auch nicht überall angewandt. Im süddeutschen Raum sowie in Österreich und der Schweiz wird der sächliche Artikel bevorzugt. Dort heißt es »das Mail«, und wer in Bayern eine Cola bestellt, der bekommt »ein Cola«. Wenn in der Schweiz eine Straßenbahn durch einen Tunnel fährt, dann fährt »das Tram« durch »das Tunell« – mit Doppel-l statt Doppel-n.

Man braucht aber gar nicht so weit nach Süden zu gehen, die Verwirrung der Geschlechter beginnt bereits viel weiter nördlich – auf hessischen Bauernhöfen zum Beispiel. In der Rhön ist das Huhn keinesfalls sächlich, sondern weiblich. Auch das entbehrt nicht einer gewissen Logik, denn das Huhn ist schließlich das weibliche Pendant zum Hahn. Während die Kartoffel in der osthessischen Mundart männlich ist, ist die Butter im Schwäbischen männlich (»d'r Budder«). Und der Teller ist sächlich (»d's Deller«). Der Butter und das Teller, auch das ist Deutschland. Die Petersilie treibt es besonders bunt, die ist in osthessischer Mundart sächlich (»doas Pädersille«) und im Bairischen männlich: »da Bädasui«. Und woraus sind schwäbische Osterhasen gemacht? Nicht aus weiblicher Schokolade, sondern aus männlichem »Schogglaad«! Derlei Kurioses findet man natürlich auch im Badischen, im Saarländischen, im Fränkischen und im Sächsischen. Mit dem allmählichen Rückgang der Dialekte geht freilich auch die Vielfalt bei der Geschlechterverteilung verloren.

»Tust du mir noch einen kleinen Kartoffel und etwas von dem Butter auf das Teller, Chéri?«, bittet mich Suzanne, als wir nach der Oper noch zusammen eine Kleinigkeit essen. Ich kann mir ein Lachen nicht verkneifen; Suzanne blickt mich irritiert an: »'Abe isch etwas Falsches gesagt?« – »Nein, nein«, erwidere ich, »alles bestens! Ein Schwabe hätte es nicht besser sagen können!«

| Hauptwörter mit schwankendem Genus | |
|---|---|
| Baguette | standardsprachlich *das*, seltener auch *die* |
| Bast | standardsprachlich *der*, mundartlich auch *das* |
| Blackout (auch Black-out) | standardsprachlich *das* oder *der* |
| Blog | standardsprachlich *das*, seltener auch *der* |
| Bonbon | *der* oder *das*, österreichisch nur *das* |
| Bossa nova | fachsprachlich *die*, standardsprachlich *der* |
| Brezel | standardsprachlich *die*, österreichisch auch *das* (in Bayern: die Brezn) |
| Butter | standardsprachlich *die*, mundartlich *der* |
| Carport | standardsprachlich *der*, häufig auch *das* |
| Cola | standardsprachlich *die*, in Süddeutschland *das* |
| Countdown | standardsprachlich *der* oder *das* |
| Crème fraîche | standardsprachlich *die*, seltener auch *das* |
| Curry | standardsprachlich *der*, seltener auch *das* |
| Dress | standardsprachlich *der*, österreichisch *die*, umgangssprachlich auch *das* |

## Hauptwörter mit schwankendem Genus

| | |
|---|---|
| E-Mail | standardsprachlich *die*, süddeutsch auch *das* |
| Erbteil | standardsprachlich *das*, fachsprachlich *der* (nach BGB) |
| Event | standardsprachlich *der*, umgangssprachlich auch *das* |
| File | standardsprachlich *das*, seltener auch *der* |
| Gelee | standardsprachlich *das*, seltener auch *der* |
| Filter | fachsprachlich meistens *das*, standardsprachlich *der* |
| Geschwulst | standardsprachlich *die*, seltener auch *das* (in Analogie zu Geschwür) |
| Gokart | standardsprachlich *der*, seltener auch *das* |
| Gratin | standardsprachlich *das*, seltener auch *der* (ausgehend vom franz. männlichen Artikel: *le* gratin) |
| Gully | standardsprachlich *der*, seltener auch *das* |
| Hinterteil | standardsprachlich *das*, seltener auch *der* |
| Huhn | standardsprachlich *das*, mundartlich auch *die* |
| Intro | standardsprachlich *das*, seltener auch *der* |
| Joghurt | standardsprachlich *der* oder *das*, umgangssprachlich auch *die* |
| Kaugummi | standardsprachlich *der*, daneben auch *das* |
| Keks | standardsprachlich *der*, österreichisch *das* |
| Ketchup (auch: Ketschup) | standardsprachlich *der* oder *das* |
| Knockout (auch: Knockout) | standardsprachlich *der*, häufig auch *das* |
| Konklave | standardsprachlich *das*, fälschlich oft auch *die* (analog zu Exklave) |
| Körperteil | standardsprachlich *der*, sehr häufig auch *das* |

## Hauptwörter mit schwankendem Genus

| | |
|---|---|
| Krake | korrekt: *der* Krake (norw.); fälschlich oft *die* Krake oder *der* Kraken |
| Laptop | standardsprachlich *der*, seltener auch *das* |
| Latte macchiato | *der* (für: der Milchkaffee) oder *die* (analog zu »die Milch« oder »die Latte«) |
| Mail | siehe ⸺⟩ E-Mail |
| Manga (jap. Comic) | standardsprachlich *der*, häufig auch *das* |
| Modem | standardsprachlich *der*, häufig auch *das* |
| Mofa (Kurzwort für Motorfahrrad) | standardsprachlich *das*, umgangssprachlich auch *die* |
| Mus (Apfelmus, Pflaumenmus) | standardsprachlich *das*, mundartlich auch *der* |
| Newsletter | standardsprachlich *der*, seltener auch *das* |
| Paprika | *der* (das Gemüse oder Gewürz), *der* oder *die* (kurz für Paprikaschote) |
| Petersilie | standardsprachlich *die*, mundartlich auch *das* (Osthessen) und *der* (Bayern) |
| Pfand | standardsprachlich *das*, seltener auch *der* |
| Prospekt | standardsprachlich *der*, österreichisch auch *das* |
| Pub | standardsprachlich *das*, seltener auch *der* |
| Puder | standardsprachlich *der*, umgangssprachlich auch *das* (in Analogie zu Pulver) |
| Python | korrekt: *der* Python; fälschlich oft *die* Python (weil man an *die Schlange* denkt) |
| Radar | fachsprachlich *das*, standardsprachlich *der* |
| Radiergummi | standardsprachlich *der*, seltener auch *das* |
| Radio (Gerät) | standardsprachlich *das*, in Süddeutschland, Österreich und der Schweiz auch *der* |
| Rhabarber | standardsprachlich *der*, seltener auch *das* |

## Hauptwörter mit schwankendem Genus

| | |
|---|---|
| Salsa | fach- und standardsprachlich *die*, umgangssprachlich auch *der* |
| Schlüsselbund | standardsprachlich *der* oder *das*, österreichisch nur *der* |
| Schorle (Apfelschorle, Weinschorle) | standardsprachlich *die*, seltener auch *das* |
| Sofa | standardsprachlich *das*, mundartlich auch *der* |
| Spatel | standardsprachlich *der* oder *die*, österreichisch *der* |
| Spray | standardsprachlich *das* oder *der* |
| Teller | standardsprachlich *der*, mundartlich auch *das* |
| Toast | standardsprachlich *der*, seltener auch *das* |
| Tram | standardsprachlich *die*, schweizerisch auch *das* |
| Triangel | standardsprachlich *der* oder *die*, österreichisch *das* |
| Tsunami | standardsprachlich *der* oder *die* |
| Tunnel | standardsprachlich *der*, schweizerisch *das* Tunell, in Schwaben mit Betonung auf der zweiten Silbe |
| Virus | fachsprachlich *das*, umgangssprachlich auch *der* |
| Vorderteil | standardsprachlich *der* oder *das* |
| Zigarillo | standardsprachlich *der* oder *das*, umgangssprachlich auch *die* |
| Zölibat | standardsprachlich *das*, theologisch *der* |
| Zoom | standardsprachlich *das* oder *der* |

# Entschuldigen Sie mich – sonst tu ich es selbst!

Einst bat man um Verzeihung, um Pardon oder um Entschuldigung. Heute heißt das »Schuldigung!« oder »Tschulljung!«, und man braucht auch nicht mehr umständlich darum zu bitten, sondern entschuldigt sich einfach selbst. Das ist zwar sehr praktisch, aber nicht unbedingt logisch.

Wer sich falsch verhält und in einer bestimmten Situation versagt, der lädt eine moralische Schuld auf sich. Niemand ist dagegen gefeit. Schon eine kleine Unachtsamkeit, eine Nachlässigkeit oder ein Versäumnis können zu einer Schuld führen. Prompt hat man ein schlechtes Gewissen und kann nachts nicht mehr schlafen. Deshalb hat man ein verständliches Interesse daran, diese Schuld möglichst schnell wieder loszuwerden. Man kann versuchen, sie wiedergutzumachen, indem man einen Geldbetrag spendet, einen Blumenstrauß kauft, barfuß nach Canossa geht oder sich öffentlich im Fernsehen bekennt. Es geht aber auch weniger aufwendig, indem man nämlich einfach um Entschuldigung bittet.

In früheren Zeiten sagte man »Ich bitte um Entschuldigung« oder »Bitte entschuldigen Sie mich«. Selbst das kurze Austreten zur Toilette wurde mit einem »Wenn Sie mich für einen kleinen Moment entschuldigen würden« zur formschönen Angelegenheit. Heute macht man es sich leichter. Inzwischen wird das Verb »entschuldigen« nämlich meistens reflexiv gebraucht: Ich entschuldige mich, du entschuldigst dich, er entschuldigt sich, wir entschuldigen uns usw.

Statt auf den Schuldfreispruch eines anderen zu warten, sprechen wir uns einfach selbst von der Schuld frei. Unangemeldet in eine Sitzung geplatzt? Kein Problem! Da sagt man einfach: »Ich entschuldige mich für die Störung!« Die anderen, die man aus dem Gespräch gerissen hat, werden gar nicht erst gefragt. Man entschuldigt sich kurzerhand selbst, und damit ist die Sache vom Tisch.

Das kommt aber nicht immer gut an. Nicht jeder begegnet uns mit Verständnis, wenn wir uns entschuldigen, denn mitunter steht dem Verständnis ein Missverständnis im Wege. Ich kann mich noch sehr lebhaft an einen Dialog zwischen einem Studenten und einem Professor erinnern, der sich während eines Geschichtsseminars zutrug. Der Student, auf dessen Referat wir alle warteten, hatte sich um 20 Minuten verspätet und sagte: »Tut mir leid, dass Sie warten mussten, ich entschuldige mich!«, worauf der Professor erwiderte: »Wie praktisch, dann brauche ich es ja nicht mehr zu tun!« – »Was denn?«, fragte der Student verwirrt. »Nun, Sie entschuldigen!«, antwortete der Professor und fuhr erklärend fort: »Ich hätte Sie ja ohne weiteres entschuldigt, und Ihre Kommilitonen hätten es sicherlich auch, aber Sie sind uns zuvorgekommen und haben es bereits selbst getan.« – »Was habe ich getan?«, fragte der Student. »Na, sich entschuldigt!«, entgegnete der Professor seelenruhig. Der Student verstand nun gar nichts mehr: »Äh, ja, und ... sollte ich das denn nicht? Ich habe Sie doch immerhin 20 Minuten warten lassen!« – »Eben«, schloss der Professor, »daher wäre es an uns gewesen, *Sie* zu entschuldigen, aber das hat sich nun erledigt.«

Heute ist der reflexive Gebrauch des Verbs »entschuldigen« Standard. Es ist also nicht falsch, »ich entschuldige mich« zu sagen. Denn nicht nur die Schreibweise von Wörtern ändert sich, auch die Bedeutung kann sich ändern. Laut Duden ist »sich entschuldigen« gleichbedeutend mit »um Nachsicht, Verständnis, Verzeihung bitten«, und man kann sich sowohl für etwas als auch wegen etwas bei jemandem entschuldigen. Manchem erscheint es dennoch ein wenig seltsam; und das kann man verstehen, wenn man sich die ursprüngliche Bedeutung des Wortes »entschuldigen« bewusst macht: »Entschuldigung« stand für die Aufhebung von Schuld. Sie konnte vom Schuld-Verursacher erbeten oder erfleht, vom Schuld-Opfer gewährt oder verweigert werden. Im Laufe der Sprachgeschichte hat die »Entschuldigung« aber noch andere Bedeutungen angenommen. So ist »Entschuldigung« in bestimmten Zusammenhängen gleichbedeutend mit »Begründung« und »Rechtfertigung«:

»Was können Sie zu Ihrer Entschuldigung vorbringen?«
»Das kann man als Entschuldigung gelten lassen.«

Nicht zu vergessen natürlich die Entschuldigung, die Eltern für ihre Kinder schreiben, wenn diese mit Fieber im Bett liegen und nicht am Unterricht teilnehmen können. Gelegentlich schreiben Schüler auch für sich selbst Entschuldigungen, zum Beispiel wenn sie im Playstation-Fieber liegen. In diesem Fall wird man das Sich-selbst-Entschuldigen allerdings nicht so einfach durchgehen lassen wie bei dem Studenten, der sich für sein Zuspätkommen selbst entschuldigt.

Ich finde es nicht schlimm, wenn sich jemand selbst entschuldigt. Man kann doch schon froh darüber sein, wenn heute überhaupt noch um Entschuldigung gebeten wird. Das ist nämlich alles andere als selbstverständlich. Aber wenn ich in einem alten Spielfilm höre, wie jemand sagt: »Ich bitte vielmals um Entschuldigung«, dann gerate ich ins Schwärmen.

Das Eingeständnis eines Fehlers oder Versagens ist nicht sehr angenehm, daher sind viele Menschen bemüht, sich selbst als Verursacher des Fehlers so weit wie möglich rauszuhalten. So bittet man bevorzugt nicht für sich selbst um

Entschuldigung, sondern für den Fehler. Man tut also so, als sei der Fehler ein eigenständiges Wesen, ein Hündchen, das nicht sauber pariert hat. Da erklärt uns zum Beispiel eine Lautsprecherstimme in der U-Bahn, dass aufgrund irgendwelcher Bauarbeiten mal wieder alles anders komme als geplant, und schließt mit den Worten: »Wir bitten die entstehenden Unannehmlichkeiten zu entschuldigen.« Das ist psychologisch sehr raffiniert. Nicht die Leitung der U-Bahn soll entschuldigt werden, sondern die bösen, bösen Unannehmlichkeiten. Bei denen liegt die Schuld, folglich können auch nur sie entschuldigt werden. Dass die U-Bahn-Leitstelle sich für eine Entschuldigung ihrer Unannehmlichkeiten einsetzt, ist sehr großherzig. So nett sind die bei der U-Bahn zu ihren Unannehmlichkeiten!

Das alles ist Ihnen zu haarspalterisch? Dann bitte ich Sie, mir zu verzeihen. Das kann ich übrigens noch nicht selbst. Wohlgemerkt: noch nicht. Aber wer weiß. Vielleicht heißt es irgendwann: »Ich verzeihe mir in aller Form, dass ich Sie belästigt habe!«

# Wir sind die Bevölkerung!

Manchmal geschieht es, dass Wörter, die jahrelang in aller Munde waren, aus der Mode geraten. Manche geraten sogar in Vergessenheit. Andere werden aus dem Wortschatz gestrichen, weil sie den Kriterien der »political correctness« widersprechen.

So wie das Wort »Negerkuss«. Den Traum aus Eiweißschaum und Schokoladenglasur darf man inzwischen nur noch Schokokuss nennen, weil Negerkuss ein diskriminierendes Wort ist. Auch »Mohrenkopf« ist nicht mehr akzeptabel. Dass die österreichische Bezeichnung »Schwedenbombe« als diskriminierend empfunden würde, ist mir nicht bekannt. Irgendwo in Bayern sagt man auch »Bumskopf« dazu, und auch darüber hat sich noch keiner beschwert.

Die Empfindlichkeiten sind nicht überall gleich stark, so wurden noch am Tag der Deutschen Einheit des Jahres 2005 in Ost-Berlin auf einem knalligen Straßenverkaufsschild *Frische »Ost«-Negerküsse* angepriesen, wobei das Wort »Ost« in Anführungszeichen stand, weil der Händler die Unterscheidung zwischen Ost und West ausgerechnet am Tag der Deutschen Einheit offenbar für scherzhaft hielt. Die »Negerküsse« hingegen standen nicht in Anführungszeichen, mit denen schien alles in bester Ordnung zu sein.

Andere Wörter geraten in Verruf, weil sie für unheilige Zwecke missbraucht wurden. So erging es dem Wort »Volk«. Vielen war es nach 1945 nicht mehr genehm, da es von den Nationalsozialisten gehörig überstrapaziert worden war; angefangen vom »Volk ohne Raum« bis hin zum Volkssturm. Das Adjektiv »völkisch« war völlig unbrauchbar geworden, und viele Zusammensetzungen mit »Volk«

hatten einen bitteren Beigeschmack bekommen. Spätestens seit den sechziger Jahren, als man dazu überging, die Geschichte nicht länger zu verdrängen, sondern aufzuarbeiten, gingen Politiker, Journalisten und Lehrer dem unbequemen Wort zunehmend aus dem Weg.

»Volk« hatte einen bitteren Beigeschmack, vor allem in Verbindung mit dem Adjektiv »deutsch«. Das »deutsche Volk« war zu lange marschiert und zu entschlossen gewesen, seinem »Führer« in den Untergang zu folgen. Nun war es außerdem geteilt. Das machte es noch schwieriger, vom »deutschen Volk« zu sprechen, da man sich jedes Mal klarmachen musste, welches Deutschland überhaupt gemeint war.

Doch ohne einen Sammelbegriff für die Menschen eines Landes oder einer Region kommt die Sprache auf Dauer nicht aus, es musste also ein Ersatzwort gefunden werden; eines, das unbelastet und unverfänglich war. So kam man auf »Bevölkerung«. Ein Wort, das Volk enthielt und Volk beschrieb, ohne allzu laut danach zu klingen. Es war perfekt! Und man brauchte es noch nicht einmal zu erfinden, denn es existierte bereits seit dem 18. Jahrhundert.

Ursprünglich allerdings hatte es eine andere Bedeutung, denn »Bevölkerung« kommt von »bevölkern«. Im Jahre 1732 wurde das schwach besiedelte Ostpreußen mit 40.000 Kolonisten aus deutschsprachigen Gegenden bevölkert. Die von Friedrich Wilhelm I. angeordnete »Bevölkerung Ostpreußens« war ein Vorgang, in dessen Folge das Volk Ostpreußens anwuchs.

Von seiner grammatischen Struktur ist das Wort »Bevölkerung« also kein Kollektivum (= Sammelbegriff) wie »Volk«,

sondern beschreibt einen Vorgang: den Vorgang des Bevöl-
kerns. Es bedeutet somit nicht »Volk«, sondern »Besiede-
lung«. Es bedeutet ja auch Bewässerung nicht dasselbe wie
Wasser, Bestäubung nicht dasselbe wie Staub, Beschrän-
kung nicht dasselbe wie Schranke und Beschwörung nicht
dasselbe wie Schwur.

Streng genommen ist die Verwendung von »Bevölkerung«
als Ersatzwort für »Volk« also grammatisch ungenau. Dennoch hat das Wort »Bevölkerung« die Bedeutung »Volk«
übernommen. Derartige Wechsel kommen gelegentlich
vor, man denke nur an die »Studierenden«, die immer wieder als Synonym für »Studenten« herhalten müssen, obwohl sie aus einem Partizip hervorgegangen und im Grunde nicht mehr mit Studenten gemein haben als Lauschende
mit Lauschern und Trinkende mit Trinkern.

»Bevölkerung« wird doppelt so oft verwendet wie »Volk«,
und zwar hauptsächlich in Texten mit aktuellem Bezug,
während das Wort »Volk« oft ein Indikator für einen älteren
Kontext ist. Sucht man im Internet nach dem »französischen Volk«, so findet man hauptsächlich Stellen mit historischem Bezug, zum Beispiel Texte über die Französische
Revolution. Wenn es aber um die heutigen Franzosen geht,
dominiert der Ausdruck »französische Bevölkerung«. Früher erhob sich das Volk, heute protestiert die Bevölkerung.

Dass das Wort »Bevölkerung« kein vollwertiges Volks-
Synonym, sondern ein sprachlicher Notbehelf ist, zeigt sich
an seiner begrenzten Verwendbarkeit. In Zusammensetzungen nämlich vermochte es das Wort »Volk« nicht zu
ersetzen. Oder haben Sie jemals an einem Bevölkerungs-
begehren teilgenommen, ein Bevölkerungsfest gefeiert
oder einen Bevölkerungswagen gefahren?

In den Ohren der Jüngeren mag das Wort »Volk« altmodisch klingen, doch es ruft bei ihnen keine unangenehmen Assoziationen wach. Die Vorbehalte der Kriegs- und Nachkriegsgeneration sind veraltet und halten einer sprachkritischen Prüfung nicht mehr stand. Im Unterschied zum »Negerkuss« und zum »Mohrenkopf« steht das Wort »Volk« nicht auf der Liste der unzumutbaren Wörter. Stattdessen steht es zum Beispiel im Grundgesetz.

»Volk« ist ein stärkeres Wort als »Bevölkerung« – klanglich wie inhaltlich. Es hat mehr Gewicht und Wirkung. Einen eindrucksvollen Beleg liefert die jüngste deutsche Geschichte: Der Ruf der Demonstranten, die im Jahre 1989 auf die Straßen gingen, um gegen das System der DDR zu protestieren, lautete: »Wir sind das Volk!« Es ist fraglich, ob die Revolution in Ostdeutschland genauso eindrucksvoll verlaufen wäre, wenn die Demonstranten gerufen hätten: »Wir sind die Bevölkerung!«

## Von Knäppchen, Knäuschen und Knörzchen

Abschied ist ein scharfes Schwert. Und Abschnitt ist ein hartes Brot. Der Rest ist Scherzl – oder Knust – oder Ränftl, oder wie man sonst noch zum Brotkanten sagt. Der »Zwiebelfisch« hat Brotreste gesammelt. Nun hat er so viel, dass er damit drei Jahre lang Enten füttern kann.

Brot ist eines der ältesten Kulturgüter überhaupt. Schon die alten Ägypter buken Brot und entdeckten das Geheimnis des Sauerteigs. Seitdem ist Brot zum Symbol für Speise schlechthin geworden. In der Bibel wird Brot als Gottesgeschenk beschrieben (himmlisches Manna), und seit dem letzten Abendmahl, das Jesus mit seinen Jüngern einnahm, steht Brot für den Leib Christi.

So ist es nicht verwunderlich, dass das Brot auch in unserer Sprache einen besonderen Platz einnimmt. Es kommt zum Beispiel in Dutzenden von Redewendungen vor, man denke nur an »Trocken Brot macht Wangen rot«, »Wes Brot ich ess, des Lied ich sing« und »Wer nie sein Brot im Bette aß, weiß nicht, wie Krümel piken«. Doch so richtig interessant wird das Brot für den Sprachforscher erst nach dem Verzehr, wenn von ihm nichts weiter übrig ist als ein – zumeist zähes oder hartes – Randstück (vom Brot natürlich, nicht vom Forscher). Dieses Randstück hat nämlich einen besonderen Namen. *Einen* Namen? Was red ich da! Dutzende Namen hat es!

Bereits im letzten Jahr begab ich mich auf die Suche nach regionalen Bezeichnungen für den Apfelrest und rief die Leser meiner »Zwiebelfisch«-Kolumne auf, mir ihren Ausdruck für den Apfelrest zu schicken. Mehr als 50 verschiedene Bezeichnungen kamen dabei zusammen*. Einige Leser schickten unaufgefordert auch gleich das Wort für den Brotrest mit. Da ahnte ich, dass die Vielfalt der Brotrest-Wörter mindestens genauso groß sein müsse wie die der Apfelrest-Wörter.

Wenige Recherchen genügten, um festzustellen, dass der Brotkanten für Wortsammler ein gefundenes Fressen ist. In diversen Internet-Foren wird aufs Amüsanteste darüber diskutiert. Schulklassen haben sich im Rahmen von Projekten auf die Suche nach Brotrest-Wörtern begeben. Dialektforschende Institute haben Landkarten erstellt, auf denen die regionaltypischen Ausdrücke in sämtlichen Schreibweisen verzeichnet sind. Und immer wieder tauchen neue Varianten auf.

In Norddeutschland überwiegen »Kanten« und »Knust«, von denen Letzteres auf das mittelniederdeutsche Wort knüst zurückgeht, welches »knotiger Auswuchs«, »Knorren« bedeutet. In Bayern herrschen »Ranftl« (verwandt mit *Rahmen* und *Rand*) und »Scherzl« vor, und in Sachsen sagt man »Rändl« und »Ränftl«. In den rheinischen Regionen wird es besonders drollig, da hört man, wenn man nach dem Brotrest fragt, ein Knuspern und Knäuspern wie im Märchen: »Knörzchen« wird er zum Beispiel in Hessen genannt, »Knieschen« in Rheinland-Pfalz, »Knützchen« am Niederrhein und »Knäbberchen« im Siegerland. Auffällig ist, dass viele dieser Wörter mit »Kn« beginnen. Der »Kn«-Anlaut ist in der deutschen Sprache bezeichnend für rundliche Gegenstände und Verdickungen. Knust, Knäppchen und Knörzchen gehören zur selben Wortfamilie wie Knauf,

---

* Siehe »Was vom Apfel übrig blieb« in »Der Dativ ist dem Genitiv sein Tod, Folge 2«, S. 170 f.

Knödel, Knobel, Knolle, Knopf, Knorpel, Knorren, Knospe, Knoten und Knubbel.

Mitunter wird ein Ausdruck sowohl für den Brotrest als auch für den Apfelrest verwendet, so wie beim Wort »Knust«, das im Allgemeinen den Brotrest bezeichnet, in Hamburg aber auch den Apfelrest. Bei anderen Begriffen (wie dem »Krüstchen«) herrscht Unklarheit darüber, ob damit nur der Brotrest oder nicht die gesamte Brotrinde gemeint ist.

Von der Wurst ist bekannt, dass sie zwei Enden hat. Das gilt aber nicht für die Wurst allein, sondern auch für das Brot. Während das erste Stück eines frischen Brotes meistens gern gegessen wird, bleibt das Endstück oft liegen. In einigen Gegenden wird daher zwischen einem »lachenden« und einem »weinenden« Ende unterschieden. So kennt man zum Beispiel im Münsterland die Ausdrücke »Lacheknäppchen« und »Weineknäppchen« für den vorderen und den hinteren Brotkanten, und im Oldenburger Raum den »Lacheknust« und den »Brummeknust«.

Die Form des Brotrestes erinnert in gewisser Weise an ein anderes, ebenfalls sehr beliebtes »Endstück«: das menschliche Gesäß. Daher kursieren in einigen Regionen zärtlich-scherzhafte Ausdrücke für den Brotrest, die daneben auch für den Popo gebraucht werden, zum Beispiel »Föttchen« im Rheinland, »Boppes« im Westerwald und »Ärschl« in Sachsen.

In diesem Zusammenhang darf eine Anekdote aus Österreich nicht fehlen. In Wien sagt man zum Brotrest »Buckl« (= Buckel). Und zur Käsekrainer, der beliebten Bockwurst, sagt man auch »Eitrige«. Das klingt nicht besonders appetit-

lich, aber schmecken soll sie trotzdem. Zu Wurst und Brot
gehört natürlich auch ein Bier, vorzugsweise aus der Dose.
Ein sehr bekanntes Bier in Wien, das »Ottakringer«, benannt nach dem 16. Wiener Gemeindebezirk, wird so zum
»sechzehner Blech«. Und so lautet die in bestem Wiene-
risch vorgetragene Bestellung am Wiener Würstelstand:
»Heast, Oida, gib mir a Eitrige mit an Buckl und an sechzehner Blech!« Für einen Nicht-Wiener eine mehr als rätselhafte Bestellung.

Eine häufig gestellte Frage lautet: Gibt es eine offizielle Bezeichnung für den Brotrest, die in allen Gegenden des deutschen Sprachraums gilt? Die Bäcker kennen das Wort »Anschnitt«, und daneben gibt es auch »Abschnitt«, beides sind
Wörter der Hochsprache, doch sie sind nicht annähernd so
klangvoll wie die mundartlichen Formen. Daher wird es
ihnen kaum gelingen, die regionalen Varianten zu verdrängen, denn die sind bildhaft, liebevoll, ja geradezu zärtlich,
so wie Knäppchen, Knärzi und Zipfeli. Das könnten auch
Kosenamen für den geliebten Partner sein. Der wird ja gelegentlich auch »Lebensabschnittsgefährte« genannt. Das
klingt genauso unpersönlich wie Brotabschnitt. Wenn wir
an unserem Lebensabschnittsgefährten knuspern, dann
sagen wir doch lieber »mein Schatz«, »mein Herzi«, »mein
süßes Mäuschen« – so wie zum Brotrest »mein Scherzl«,
»mein Knärzie«, »mein süßes Knäuschen«.

| Region | Bezeichnung |
|---|---|
| Schleswig-Holstein/Hamburg | Knust/Knuust/Knuß |
| Niedersachsen/Bremen | Knust/Knuust/Knuuß/Knuz<br>Kanten<br>Knuf<br>Kniestchen/Knützchen<br>Tippchen |
| Mecklenburg-Vorpommern | Knust<br>Kanten<br>Knapseln |
| Brandenburg/Berlin | Knust<br>Kanten<br>Knippche<br>Gombel/Gompel |
| Nordrhein-Westfalen | Knust<br>Knapp/Knäppchen |
| *Ostwestfalen* | Tipp |
| *Münsterland* | Kanten<br>Kläppchen<br>Knabbel<br>Knietzchen<br>Macke/Mäckchen/Mäcksken |
| *Ruhrgebiet* | Knabbel/Knäbbelken/Knäppken<br>Knorke<br>Knorpe<br>Knüppchen/Knüppken<br>Knut<br>Utzelkäpp |
| *Niederrhein* | Knetchen<br>Knust/Knut/Knute/Knützchen/Knützje |
| *Rheinland* | Kösken/Köschken<br>Kante/Kanten/Käntchen<br>Knippchen/Knüppchen<br>Koosch/Köösche/Kööschje<br>Krüppchen<br>Kruste/Krüstchen<br>Kürchen/Kürsjen/Kürstchen<br>Föttchen (*derb*) |

| Region | Bezeichnung |
| --- | --- |
| *Siegerland* | Knäbberchen/Knäppche |
| *Sauerland* | Knäppken<br>Knüpp |
| Hessen | Knärzje/Knärtzsche<br>Krüstchen |
| *Nordhessen* | Knorze/Knörzchen/Knerzchen/Knärnsche<br>Knistchen/Knüstchen |
| *Südhessen* | Endstück<br>Knorz/Knorzt/Knörzchen/Knörrnche<br>Krestche/Krüstje |
| Thüringen | Feeze/Fietze<br>Kanten<br>Kniestchen/Kniezchen/Knützchen<br>Kopp/Köpple/Küppchen/Küppel/Küppele<br>Renftchen/Ränftchen |
| Rheinland-Pfalz | Knärz/Knärzche/Knärzel(che)/Knarzel(che)<br>Knärzi/Knärzje/Knärzche<br>Knorze/Knörzje<br>Knirzel/Knirzche<br>Knaus/Knause/Knäusche/Knaisel/Knaische/<br>Knaisje<br>Kniesche<br>Kneppche/Knippche/Kneppel<br>Kruste/Krüstje<br>Kruscht/Kreschtche/Krischtche/Kreschdel/<br>Krischdel<br>Kurscht/Kürschtsche<br>Korscht/Körschtche<br>Karscht/Kärschtche/Kierschtche<br>Schäbbelsche/Schäbbelchen<br>Boppes *(derb)* |
| Sachsen-Anhalt | Kanten<br>Rungsen |
| Sachsen | Rändl/Rindl<br>Randkandn<br>Ramftl/Rampftl/Rämpfdl/Ränftel/<br>Ränftl/Ränftchen |

| Region | Bezeichnung |
|---|---|
| Sachsen | Renft/Renftl/Renftel/Rempftel/Rempfel<br>Rungsen<br>Ärschl/Ärschel *(derb)* |
| Saarland | Kniesje/Knieschen/Kneisje/Kneischen/<br>Knüsje/Knüschen<br>Koscht/Korscht<br>Bäätsch |
| Baden-Württemberg | Knaus/Knäusle/Knäuschen |
| *Schwaben* | Endle<br>Eck/Ecke<br>Giggl/Giggale<br>Kante/Käntle<br>Gnäusle/Knäusel/Kneisle/Knäuzle<br>Kneidel/Kneidele<br>Knörzchen/Knörzerle/Knörzl/Knötzl/<br>Knerzl/Knärtzele<br>Köschken<br>Kruste<br>Käppele/Küppele<br>Ranka<br>Riebel/Riabel/Riebele/Riebale<br>Ränkel/Renkl/Rengele<br>Rempfdle/Rempftchen/Renftl<br>Rimpfele<br>Ründe<br>Roiftle<br>Storzl |
| *Baden* | Gnuscht<br>Knecks<br>Gnaisle/Kneisl<br>Gniesle/Knissl/Knissli/Kniesli<br>Knörbl<br>Knippche<br>Knerzl/Knärzl/Knärtzje<br>Knork<br>Knorst<br>Knuusä/Knussel/Knäusli<br>Awendel<br>Ärschle *(derb)*<br>Chnüssli |

| Region | Bezeichnung |
|---|---|
| *Baden* | Oschnitt<br>Ranfte/Ränftl/Rämpfli<br>Riebele<br>Reifdle/Roiftle |
| Bayern | Ranft/Ranfdl<br>Scherzl |
| *Oberfranken* | Baggerla<br>Gnaerzla/Gnerzla/Knätzla<br>Koebbla/Köbberla/Kopperla/Kübbele/Kübbl/<br>Küppel<br>Rankerl/Rankerla<br>Rempfterla |
| *Mittelfranken* | Gnaerzla/Gnäddsla/Gnötzla/Knätzla<br>Riefdla/Rieftla/Rieftle<br>Rendala<br>Sterzl/Stazzla |
| *Unterfranken* | Kantn<br>Knurz/Knorz/Gnurz/Gnorz/Knörzle<br>Knärzje<br>Knübbele/Knübberle<br>Kipf/Kipfchen/Kipfle/Kipfla |
| *Oberpfalz* | Rampfla/Rampferl<br>Randl<br>Renkerl<br>Sterzl |
| *Schwaben* | Giggl/Gickl/Giggel/Giggele/Giggerle<br>Kickel/Kiekerle |
| Schweiz | Aaschnitt |
| *Thurgau* | Aamündli<br>Gupf |
| *Basel* | Grepfli/Gröpfli<br>Muger/Mugerli<br>Fuudi<br>Gupf |
| *Aargau* | Chnuschperli/Knusperli |

| Region | Bezeichnung |
|---|---|
| *Solothurn* | Möckli |
| *Zürich* | Ahau/Ahäuel/Ahäuli<br>Bödel<br>Güpfli<br>Ribel<br>Zipfeli |
| *St. Gallen* | Chrüschtli |
| *Luzern* | Mögerli/Muggerli |
| *Bern* | Mürgu/Mürgel<br>Aahou<br>Butti<br>Chäppi |
| Liechtenstein | Bödäli |
| Österreich | Raftl<br>Scherzel/Scherzl/Scherzal/Scherzerl<br>Schächzl<br>Buckel/Buckl/Buggl |
| Ostpreußen | Pend/Pendt/Pent<br>Schenutt/Schnutt |
| Schlesien | Christel/Kristel/Kristl<br>Rampfla/Rampftla<br>Ränftel<br>Kantel<br>Krunka |
| Sudetenland | Klaaberranftle |
| Rumänien | |
| *Siebenbürgen* | Dutz |
| *Banat* | Korscht |
| Luxemburg | Knaus |

## In der Breite Straße

In Deutschland gibt es viele breite Straßen, große Straßen und lange Straßen, und es gibt große Märkte, alte Märkte und neue Märkte. Nur müssen sie nicht überall gleich heißen. Der eine feiert Weihnachten auf dem Alten Markt, der andere Karneval auf dem Alter Markt.

Ein Leser aus Brandenburg wandte sich an mich wegen einer Formulierung, die er im Verkehrsfunk gehört hatte und die ihm sonderbar vorgekommen war. »Ein Blitzer steht auch in der Breite Straße«, lautete der Hinweis an die Raser in Berlin. Vielleicht waren auch die Raser in Potsdam gemeint, denn auch dort gibt es eine Breite Straße.
Der Leser stellte zunächst sich – und dann mir – die Frage, ob es nicht »in der Breiten Straße« heißen müsse. Diese Frage lässt sich aber nicht so einfach aus der Lamäng* beantworten.

Dazu bedarf es nämlich einiger Ortskenntnisse. In Berlin und Potsdam kenne ich mich leider nicht so gut aus und kann nicht viel darüber sagen, wie die Berliner und Potsdamer ihre Straßen behandeln. Ich selbst stamme aus Lübeck, und auch dort gibt es eine Breite Straße, die im Dativ ganz mustergültig zur Breiten Straße wird.

Die Hohe Straße in Köln hingegen widersetzt sich der Grammatik und bleibt unveränderlich. So sagt der Kölner ganz selbstverständlich: »Ich steh hier auf der Hohe Straße.« Und er sagt auch: »Ich geh auf den Alter Markt.« (Er spricht es allerdings etwas anders aus, es klingt eher wie

---

* Lamäng, nach frz. la main (= die Hand); »aus der Lamäng«: scherzhaft für »aus dem Stegreif«, »etw. aus dem Ärmel schütteln«.

»Ich jehe op d'r Alder Maat«, und außerdem wird es mehr gesungen als gesprochen.) Wer in Köln von der »Hohen Straße« spricht und auf den »Alten Markt« geht, der kennt sich zwar mit der hochdeutschen Grammatik aus, ist aber offensichtlich kein Kölner.

Auch in anderen Städten gibt es Lange Straßen und Alte Märkte, die nicht gebeugt werden. Besonders viele davon findet man in Nordrhein-Westfalen. In Dortmund zum Beispiel. Dort nahm die Polizei im August einen Fahrraddieb fest, »der den Beamten zuvor auf der Lange Straße als Fußgänger aufgefallen« war. In Düsseldorf kam es im Juni 2006 zu einem spektakulären Unfall: »Am Mittag stürzte ein Gerüst bei Abbrucharbeiten an einem Haus an der Breite Straße teilweise ein«, teilte die Düsseldorfer Feuerwehr mit. Und in Castrop-Rauxel feiert man alle Jahre wieder das »Sommerfest auf der Lange Straße«.
Das Straßenverzeichnis der deutschen Sprache steht sowohl voller gebeugter Breiter Straßen als auch voller ungebeugter Breite Straßen. Was es allerdings nicht gibt, ist eine Regel, die einem sagt, wann die Unterlassung der Beugung erlaubt ist und wann nicht.

In Hamburg gibt es eine Straße namens Lange Reihe, und wer dort bummeln geht oder ins Café, der tut dies *in* oder *an der Langen Reihe*. Dasselbe gilt für den *Neuen Wall*. Im Unterschied zum Kölner beugt der Hamburger seine Straßennamen, und darin ist er konsequent. So wird selbst der Stadtteil Rotherbaum im Dativ zum *Rothenbaum*: Beugung trotz Zusammenschreibung und historischem »th«, das ist wahrhaft hanseatisch! Wer also vom »Tennis am Rotherbaum« spricht, der mag zwar Ortsschilder lesen können, ist aber offensichtlich kein Hamburger. Für den alteingesessenen Hamburger ist der Stadtteil Uhlenhorst trotz seiner männlichen Konnotation (der Eulenhorst) weiblich; wer dort wohnt, der wohnt »auf der Uhlenhorst«.

Ob man auf den Alten Markt geht oder auf den Alter Markt, das ist nicht eine Frage von richtig oder falsch, sondern von Geschichte und Tradition. In einigen Gegenden ist der Name irgendwann erstarrt und wurde fürderhin nicht mehr gebeugt, in anderen blieb er lebendig und wird auch heute noch wie ein normales Hauptwort behandelt. Im Zweifelsfall gilt das, was die Eingeborenen sagen. Wenn die Berliner von »Bauarbeiten auf der Breite Straße« statt »auf der Breiten Straße« sprechen, dann will ich das gerne akzeptieren. Schließlich ist es ihre Breite Straße, so wie es auch »dem Kölner singe Alder Maat« ist.

# Über das Intrigieren fremder Wörter

»Konkurenz ist für uns ein Fremdwort«, steht im Schaufenster eines Berliner Textilgeschäfts zu lesen, und man glaubt es dem Besitzer sofort, wenn man berücksichtigt, wie er das Wort »Konkurrenz« geschrieben hat. Weniger glaubhaft ist die Anzeige eines Regalherstellers, in der behauptet wird: »Ästhetik trifft Inteligenz«.

Fremdwörter stellen uns immer wieder vor besondere Herausforderungen. Man kann sie verkehrt buchstabieren, ihre Bedeutung missinterpretieren, sie falsch aussprechen (viele Menschen brechen sich regelmäßig bei dem Wort »Authentizität« die Zunge, sodass oft nur »Authenzität« herauskommt) – und vor allem kann man sie leicht verwechseln. Während der Fußball-WM hörte und las man häufig das Wort »Stadium«, wenn »Stadion« gemeint war. Einmal stolperte ich auch über das Wort »Erfolgscouch«. Das war allerdings nicht in einem Ikea-Katalog, sondern in einem Bericht über den erfolgreichen Coach der Schweizer Nationalmannschaft.

Meine Freundin Sibylle ist im Verwechseln von Fremdwörtern eine wahre Virtuosin. Sie würde vermutlich sagen: eine Virtologin. Wo ich »euphemistisch« sage, sagt sie »euphorisch«. Wo ich konzentrische Kreise sehe, sieht sie »konzentrierte Kreise«. Und wenn ich Sibylle von einem makellosen »Astralkörper« schwärmen höre, weiß ich, dass ich an einen Alabasterkörper denken muss. Immer wieder bringen sie die verflixten Fremdwörter »in die Patrouille«. Von ihrem Onkel, der wie ein Eremit in seinem Häuschen in der Toscana lebt, behauptet sie hartnäckig, er lebe wie ein »Emerit«. Und über sich selbst sagt sie, dass sie hin und wieder etwas »implosiv« reagiere. Schon als Kind sei sie

»ziemlich resistent« gewesen. Ich weiß nicht, wie Sibylle als Kind war, aber ich vermute, sie meint »renitent«. Da fällt mir Jörg Pilawa ein, der in einer NDR-Talkshow die Sängerin Gitte Haenning fragte: »War das nicht eine Zensur in deinem Leben?«

Auch meine Nachbarin Frau Jackmann streut gern mal das eine oder andere exotische Wort in ihre Rede ein. So erfuhr ich kürzlich von ihr, dass es in Gelsenkirchen ja nicht nur ein berühmtes Fußballstadion, sondern auch ein »Amphibientheater« gebe. Nach dem Einzug eines neuen Mieters war sie stundenlang damit beschäftigt, die Fußabdrücke im Treppenhaus zu beseitigen, die er mit seiner »Dispositionsfarbe« gemacht habe. Das war die reinste »Syphilisarbeit«! Und überall flogen diese lästigen »Stereopur-Flocken« herum! Ihrem geplagten Rücken zuliebe geht sie einmal pro Woche zum Masseur, der sie mit »esoterischen Ölen« einreibt. Außerdem nimmt sie jetzt regelmäßig Kalziumtabletten ein, das sei gut gegen »Osterpörose«.

Verwechselte Fremdwörter findet man ständig und überall. Ein Klassiker sind die »karikativen Zwecke«, die den karitativen Spendenaufruf zur sprachlichen Karikatur werden lassen. Einen besonders gemeinen Stolperstein stellt auch das Wort »integrieren« dar. Auf der Homepage der Fernsehsendung »Big Brother« las man über die unglückliche Teilnehmerin Manuela: »Sie hofft, dass sich das Verhältnis in Zukunft bessern wird und sie sich mehr und mehr ins Team intrigieren kann.« Wenn hier nicht »integrieren« gemeint war, dann hätte der Satz anders aufgebaut werden müssen: »... und sie mehr und mehr im Team intrigieren kann.« Von Sparta auf die Sporaden verirrt hatte sich jener Autoredakteur, der über die Ausstattung des neuen Dodge Viper schrieb, sie sei »alles andere als sporadisch«. Solange nur der

Redakteur vom Kurs abkommt und nicht das Auto, mag's ja noch gehen.

In Bayern hingegen scheinen die Dinge völlig aus dem Ruder zu laufen, da werden öffentlich Götzen angebetet. Als in der Gemeinde Gilching im November 2005 ein sogenannter Friedenspfahl aufgestellt wurde, meldete die Lokalausgabe der »Süddeutschen Zeitung«: »2,20 Meter hoher Basilisk in Gilching eingeweiht«. Ein Basilisk ist (wie jeder »Harry Potter«-Leser weiß) ein mythisches Schlangenwesen. Vielleicht hatte die Redakteurin am Vorabend einfach zu viel Basilikum gegessen, und womöglich hatte sie noch nie einen »Asterix«-Comic gelesen – jedenfalls kam sie nicht auf das Wort Obelix – pardon: Obelisk.

Gelegentlich bildet die Volksetymologie aus deutschen Bausteinen fremd anmutende Wörter. Einmal brannte in Hamburg-Tonndorf ein Imbiss ab. Schuld war der Wrasenabzug. Das Wort »Wrasen« ist norddeutsch und bedeutet Dunst. Die Tonndorfer Feuerwehr hat ein griechisches Wort daraus gemacht, denn in ihrem Bericht konnte man lesen: »Das Feuer war über den Phrasenabzug des Hähnchengrills in den Zwischendeckenraum gelaufen und hat dort durchgezündet.« Von einer solchen Vorrichtung können Sprachpfleger nur träumen! In meinem nächsten Leben werde ich Imbissbudenbesitzer!

Der Umgang mit Fremdwörtern verpflichtet uns freilich nicht zu größerer Sorgfalt als der Umgang mit dem Vokabular unserer Muttersprache. Fehler mit Fremdwörtern sind nicht schlimmer als Fehler mit deutschen Wörtern. Sie sind nur oft komischer.

Wenn zum Beispiel eine Agentur für Medien und Marketing in einem Pressetext behauptet, 42 Prozent der Deutschen fürchteten eine Rezension. So viele Schriftsteller – und nur ein Marcel Reich-Ranicki? Wie soll der das bloß schaffen? Oder wenn man über einen verfolgten Künstler lesen muss, dass er »in erster Distanz freigesprochen« worden war. Der Volksmund sagt aus gutem Grund: Fremdwörter sind Glückssache.

Als vor ein paar Jahren der Rinderwahn umging, erzählte ich Sibylle, dass man im Bioladen bei mir um die Ecke »Götterspeise ohne Gelantine« bekommen könne. Da brach sie in schallendes Gelächter aus und verbesserte mich: »Das heißt Gelatine!« – »Tatsächlich? Dann habe ich dem Knochenpulver mein Leben lang zu viel Galanterie beigemischt.« – »Siehst du, auch dir passiert mal ein Flapsus«, stellte Sibylle mit Genugtuung fest. »Gegen Irrtümer ist niemand gefeit!«, pflichtete ich ihr bei. »Stimmt«, erwiderte Sybille vergnügt, »nicht mal eine Konifere wie du!«

| Fremdwort | Bedeutung |
|---|---|
| Alabasterkörper (m.) | wie gemeißelt, makellos schön |
| Astralkörper (häufiger: Astralleib) | »Seelenkleid«, Wort aus der Esoterik und christlichen Mystik; in speziellen Zuständen sichtbarer Seelenkörper |
| amphi | Griechische Vorsilbe mit der Bedeutung: beidseitig, um etwas herum |
| Amphibie (w.) | »doppellebiges« Kriechtier, ein zu Wasser und zu Lande lebender Lurch |
| Ästhetik (w.) | Lehre vom Schönen |
| ätherisch | ätherartig, flüchtig |
| esoterisch | Wortbedeutung: »nach innen gerichtet«; Adjektiv zu »Esoterik«: Lehre mit okkultistischen und astrologischen Elementen |
| Authentizität (w.) | Echtheit, Glaubwürdigkeit, Zuverlässigkeit |
| Bredouille (w.) | Bedrängnis, Verlegenheit, schwierige Situation |
| Patrouille (w.) | Spähtrupp, Soldaten auf Kontrollgang |
| Couch (w.; schweiz. auch m.) | Sofa |
| Coach (m.) | Trainer oder Betreuer eines Sportlers oder einer Sportmannschaft |
| Dispersion (w.) | chem. Begriff: gleichmäßige Verteilung eines Stoffes in einer Trägersubstanz (z. B. Farbpigmente) |
| Disposition (w.) | Verfügung, Planung, (genetische) Veranlagung, Einstellung |
| Emerit(us) (m.) | dienstunfähiger Geistlicher, im Ruhestand befindlicher Hochschullehrer |
| emeritieren | in den Ruhestand versetzen |
| Eremit (m.) | Einsiedler |
| euphemistisch | mildernd, beschönigend, verschleiernd |

| Fremdwort | Bedeutung |
|---|---|
| euphorisch | in gehobener Stimmung, heiter |
| Gelatine (w.) | Bindemittel aus Knochenpulver |
| Implosion (w.) | schlagartiges Zusammenfallen eines Hohlkörpers durch äußeren Überdruck |
| impulsiv | spontan handelnd, einer plötzlichen Eingebung folgend |
| Instanz (w.) | Verfahrensabschnitt (Gericht), zuständige Stelle (Behörden) |
| Distanz (w.) | Entfernung, Strecke, Abstand, Zurückhaltung |
| Intelligenz (w.) | geistige Fähigkeiten |
| integrieren | aufnehmen, einschließen |
| intrigieren | Ränke schmieden |
| karikativ | wie eine Karikatur, ironisierend |
| karitativ | mildtätig |
| Konifere (w.) | Nadelbaum |
| Koryphäe (w.) | Experte, herausragende Fachkraft |
| Konkurrenz (w.) | Wettstreit, Wettbewerb |
| konzentriert | aufmerksam, verdichtet, angereichert |
| konzentrisch | um einen gemeinsamen Mittelpunkt herum |
| Lapsus (m.) | Fehler, Versehen, Versprecher |
| Obelisk (m.) | frei stehender, rechteckiger, spitz zulaufender Steinpfeiler, Spitzsäule |
| Basilisk (m.) | 1. Fabelwesen aus Schlange und Hahn mit todbringendem Blick<br>2. tropische Eidechse |
| Osteoporose (w.) | Knochenschwund |
| Phrase (w.) | Satz, (abgedroschene) Redewendung, Geschwätz |
| renitent | widerspenstig, widersetzlich |
| resistent | widerstandsfähig |

| Fremdwort | Bedeutung |
| --- | --- |
| Rezension (w.) | kritische Besprechung, Beurteilung |
| Rezession (w.) | konjunktureller Rückgang |
| spartanisch | streng, abgehärtet, einfach |
| sporadisch | vereinzelt, verstreut, gelegentlich, rar |
| Stadion (s.) | ovale Austragungsstätte sportlicher Wettkämpfe |
| Stadium (s.) | Zeitabschnitt, Entwicklungsstufe |
| Styropor (s.) | Markenname für den aus einzelnen Kügelchen zusammengepressten Kunststoff Polystyrol (Dämmmaterial, Verpackungsstoff) |
| Sisyphos (gr.), Sisyphus (lat.) | Gestalt der gr. Mythologie, die dazu verurteilt war, einen Felsstein immer wieder aufs Neue einen Berg hinaufzuwälzen |
| Syphilis (w.) | Geschlechtskrankheit |
| Virtuose (m.), Virtuosin (w.) | meisterlicher Könner auf einem künstlerischen Gebiet |
| Zäsur (w.) | Einschnitt |
| Zensur (w.) | Note, Bewertung |

## Wie gut ist Ihr Deutsch?

Wie sicher sind Sie in Rechtschreibung, Grammatik und Fragen des Stils? Hier können Sie Ihr Wissen testen: 60 neue Fragen aus dem Fundus der Irrungen und Wirrungen unseres Sprachalltags – teils leicht, teils knifflig. Nicht immer geht es um richtig oder falsch, manchmal wird unter mehreren Möglichkeiten die »optimalste« gesucht. Manchmal ist auch mehr als nur eine Antwort richtig. Wer alle »Dativ«-Bände aufmerksam gelesen hat, der ist bestens gerüstet! Viel Spaß!

1. 1965 war ein gutes Jahr, denn
a.) im Sommer jenes Jahres wurde ich geboren
b.) im Sommer jenen Jahres wurde ich geboren

2. Ich tät ja zu dir schwimmen, wenn ich ein Fischlein wär und auch noch den Konjunktiv beherrschte! Was empfiehlt die heutige Grammatik?
a.) Wenn ich ein Fischlein wär, schwämme ich zu dir.
b.) Wenn ich ein Fischlein wär, schwömme ich zu dir.
c.) Wenn ich ein Fischlein wär, schwümme ich zu dir.

3. Pass auf! Sieh dich vor! Anders gesagt:
a.) Gebe Acht!
b.) Gib Acht!
c.) Gieb Acht!

4. So schön kann doch kein Mann sein? Und ob! Vielen gilt Brad Pitt als der
a.) gutaussehendste Filmstar unserer Zeit
b.) bestaussehendste Filmstar unserer Zeit

c.) bestaussehende Filmstar unserer Zeit
d.) am besten aussehende Filmstar unserer Zeit

5. Des Öfteren kommt man in die Verlegenheit, »oft« zu steigern. Wie macht man es richtig?
a.) oft, öfters, am öftesten
b.) oft, öfter, am öftersten
c.) oft, öfter, am öftesten

6. Über all die vielen Info's, Video's, Snack's und Nudel'n kann man nur den Kopf schütteln. Was ist nämlich falsch daran?
a.) das Apostroph
b.) die Apostroph
c.) der Apostroph

7. Vor dem Genitiv ist niemand sicher. Auch »wir« nicht. Wie heißt es richtig?
a.) Erbarme dich unser!
b.) Erbarme dich unserer!
c.) Erbarme dich unsrer!

8. In der vergangenen Woche flog die Bundeskanzlerin nach Washington. Dort traf sie sich mit
a.) dem US-Präsident
b.) dem US-Präsidenten

9. Der Verfasser des Buches ist Ihnen bekannt? Dann kennen Sie bestimmt noch andere Bücher
a.) des Autors
b.) des Autoren
c.) des Autor

10. Dem Friedberg, der wo unser Bürgermeister ist, dem sein Schwager tu ich kennen. Und nun kommst du!
a.) Ich kenne den Schwager Friedbergs, unseren Bürgermeister.
b.) Ich kenne den Schwager Friedbergs, unseres Bürgermeisters.

11. Wo fühlte sich der Genitiv besonders wohl?
a.) im Gefolge Kaisers Karls des Großen
b.) im Gefolge Kaiser Karls des Großen
c.) im Gefolge Kaisers Karl des Großen

12. Das Hochhaus am Martin-Winter-Platz wurde im Rekordtempo gebaut, und zwar binnen
a.) wenige Monate
b.) weniger Monate
c.) wenigen Monaten

13. Scar, Medusa, Dschafar, Cruella de Ville – was wäre Disneys bunte Welt ohne ihre
a.) Bösewichte
b.) Bösewichter
c.) Bösewichtel

14. Wer vier Stück Kuchen kauft, der bekommt in der Regel
a.) vier Stücke
b.) vier Stücken
c.) vier Stücker

15. Henry verabredete sich mit Philipp und seiner neuen Freundin. Nicht Henrys neuer Freundin, sondern Philipps. Also traf sich Henry mit Philipp und
a.) dessen neue Freundin    d.) dessem neue Freundin

b.) dessem neuer Freundin     e.) dem seine neue Freundin
c.) dessen neuer Freundin


16. Den Wischmop schreibt man jetzt mit Doppel-p. Aber wie schreibt man die Mehrzahl?
a.) Wischmopps   c.) Wischmöppe
b.) Wischmoppe   d.) Wischmöpse


17. Du willst es unbedingt wissen. Also gut, dann komme ich wohl nicht
a.) umher, dir die Wahrheit zu sagen
b.) umhin, dir die Wahrheit zu sagen
c.) herum, dir die Wahrheit zu sagen


18. Es ist nicht deine Schuld! Denn
a.) da kannst du nichts für
b.) dafür kannst du nichts
c.) du kannst da nichts für


19. Jede Medaille hat zwei Seiten, nämlich
a.) Avis und Revis     c.) Avers und Revers
b.) Aureus und Obolus     d.) Recto und Verso


20. Wer etwas nach eigenem Ermessen tut, der handelt nach eigenem
a.) Gutdünkel   d.) Gutding
b.) Gutdünken   e.) Gutdünkeln
c.) Gutdüngen


21. Das Wort »Kartoffel« geht zurück auf das italienische Wort für
a.) Äpfel
b.) Trüffel
c.) Kastanien

22. Welche drei Wochentage gehen auf die Namen germanischer Götter zurück?

a.) Dienstag, Donnerstag, Freitag

b.) Dienstag, Mittwoch, Donnerstag

c.) Donnerstag, Freitag, Samstag

23. Wenn ein Meister seinen »Stift« sucht, meint er damit nicht unbedingt einen Kugelschreiber, sondern

a.) einen Lehrling

b.) eine Zange

c.) eine Schraube

24. Der Teufel hat viele Namen! Welcher gehört nicht dazu?

a.) Satanas          d.) Gottseibeiuns

b.) Beelzebub       e.) Satyr

c.) Mephistopheles  f.) Diabolus

25. Nach wie viel Mal lügen verliert man seine Glaubwürdigkeit?

a.) Wer einmal lügt, dem glaubt man nicht, auch wenn er doch die Wahrheit spricht.

b.) Wer zweimal lügt, dem glaubt man nicht, auch wenn er doch die Wahrheit spricht.

c.) Wer dreimal lügt, dem glaubt man nicht, auch wenn er doch die Wahrheit spricht.

26. Wie lautet das Sprichwort richtig: Die Axt im Haus erspart

a.) den Gang zum Sägewerk

b.) den Zimmermann

c.) den Scheidungsrichter

27. Wenn der Vater dem Sohn eine Standpauke hält, dann liest er ihm sprichwörtlich
a.) die Meriten     c.) die Leviten
b.) die Levanten    d.) die Lafetten

28. Sei nicht so bescheiden! Stell dein Licht nicht unter den
a.) Schemel
b.) Scheffel
c.) Schädel

29. Deine Tochter ist dir insofern ähnlich,
a.) dass sie ununterbrochen redet.
b.) als sie ununterbrochen redet.
c.) weil sie ununterbrochen redet.
d.) als dass sie ununterbrochen redet.

30. Wer niemals in Bedrängnis gerät, der kommt auch nicht so schnell in die
a.) Bredouille (gesprochen: Bredulje)
b.) Bedrouille (gesprochen: Bedrulje)
c.) Patrouille (gesprochen: Patrulje)

31. Ein Wirkstoff, der subkutan verabreicht wird, der wird
a.) in die Venen gespritzt
b.) in die Augen geträufelt
c.) unter die Haut gespritzt

32. Nur einer der drei Apostrophe gilt heute noch als akzeptabel. Welcher?
a.) Alles für's Kind
b.) Kein Schweiß auf's Holz
c.) Jetzt geht's los

33. Hänschen ist sehr, sehr traurig, um nicht zu sagen
a.) tottraurig
b.) todtraurig
c.) tot traurig

34. Einen Menschen, der häufig seine Überzeugung wechselt, vergleicht man sprichwörtlich mit einem
a.) Kamelion      c.) Chamäleon
b.) Chameleon     d.) Chamälion

35. Nur eine der folgenden Schreibweisen für das Veranstaltungsgebäude ist nach gegenwärtiger Rechtschreibung korrekt. Welche?
a.) Congress Centrum     d.) Kongreß Zentrum
b.) Kongreß-Zentrum       e.) Congress-Centrum
c.) Kongresszentrum       f.) Kongress Zentrum

36. So viele Menschen haben eine an der Hauswand hängen – aber wie schreibt man sie richtig?
a.) Sattelitenschüssel
b.) Satellitenschüssel
c.) Satelittenschüssel

37. Die weibliche Form des Wortes »Zauberer« lautet
a.) die Zauberin
b.) die Zaubererin
c.) die Zaubrin

38. Erst habe ich mir die Schuhe ausgezogen, dann habe ich
a.) den Mantel aufgehangen
b.) den Mantel aufgehängt
c.) den Mantel aufgehenkt

39. Schöner alter Konjunktiv! Ich würde dir ja helfen, wenn du mich nur lassen würdest. Wenn du mich nur ließest, dann

a.) helfe ich dir     c.) hielfe ich dir
b.) hülfe ich dir     d.) hölfe ich dir

40. Erst hat's ihm in der Nase gekribbelt, dann hat er zweimal kräftig

a.) geniest
b.) genießt
c.) genossen

41. Es gibt viele Möglichkeiten, dem Supermarkt einen Besuch abzustatten. Welche Variante gilt als standardsprachlich?

a.) Ich gehe nach Aldi.     c.) Ich gehe zu Aldi.
b.) Ich gehe bei Aldi.      d.) Ich gehe zum Aldi.

42. Setzen Sie ein paar Kommas – oder auch nicht. Welcher Satz ist korrekt?

a.) Aufgrund von technischen Problemen muss die für heute geplante Veranstaltung leider entfallen.

b.) Aufgrund von technischen Problemen, muss die für heute geplante Veranstaltung leider entfallen.

c.) Aufgrund von technischen Problemen muss die, für heute geplante, Veranstaltung leider entfallen.

43. Wie war das nochmal – wann steht ein Komma vor »wie«?

a.) Meine Freunde haben den Abend genauso genossen wie ich.

b.) Meine Freunde haben den Abend genauso genossen, wie ich.

44. Welcher der folgenden Versuche, das Wort »selbstge-
macht« zu betonen, ist unsinnig?

a.) Kosten Sie von unserer *selbstgemachten* Konfitüre!

b.) Kosten Sie von unserer »selbstgemachten« Konfitüre!

c.) Kosten Sie von unserer **selbstgemachten** Konfitüre!

d.) Kosten Sie von unserer SELBSTGEMACHTEN Konfitüre!

45. Heute sind alle Konzerte der Band ausverkauft. Noch
vor zwei Jahren kamen gerade mal hundert Menschen. Im
Saal saßen damals

a.) ganze hundert Zuhörer    c.) knapp hundert Zuhörer

b.) volle hundert Zuhörer    d.) gut hundert Zuhörer

46. Die Hauswand ist komplett beschmiert mit lauter häss-
lichen

a.) Graffiti    c.) Grafittos

b.) Grafitti    d.) Graffitis

47. Die Abkürzung m. E. steht für

a.) meines Erachtens

b.) mit Erfolg

c.) mehrere Erscheinungsorte

48. Die Abkürzung i. A. steht für

a.) im Allgemeinen

b.) im Auftrag

c.) in Anbetracht

49. In dem Film »Fluch der Karibik – Teil 2« taucht ein See-
ungeheuer mit gewaltigen Tentakeln auf. Es wurde auch
schon in der Sesamstraße besungen. Wie nennt man dieses
Tier?

a.) die Krake

b.) der Krake

c.) der Kraken

50. Welche der folgenden Wortgruppen steht mit den standardsprachlich richtigen Artikeln?

a.) die E-Mail, das Blog, der Newsletter

b.) das E-Mail, das Blog, das Newsletter

c.) die E-Mail, der Blog, der Newsletter

51. Ein gar lustiger Imbissbudenbesitzer bietet »Snack's und Gebäck's« an. Wie heißt es richtig? Und vor allem: Wie schreibt man es richtig?

a.) Snack's und Gebäck    c.) Snacke und Gebäcke

b.) Snäck und Gebäck    d.) Snacks und Gebäck

52. Im letzten Wahlkampf wurde Gerhard Schröder von Angela Merkel herausgefordert. Merkel war auf gut Deutsch Schröders

a.) Herausfordererin

b.) Herausforderin

c.) Herausförderin

53. Dinge, die uns unangenehm sind, bereiten uns *Ungemach*. So zum Beispiel die Frage nach dem Geschlecht dieses altmodischen Wortes. Wie heißt es richtig?

a.) der Ungemach

b.) die Ungemach

c.) das Ungemach

54. Sand in die Wüste zu tragen ist genauso überflüssig wie

a.) Eulen nach Athen zu tragen

b.) Säulen nach Athen zu tragen

c.) Stelen nach Athen zu tragen

55. Haben Sie Angst vor Schlangen? Nicht alle beißen! Manche erwürgen ihre Opfer, wie zum Beispiel
a.) der Python
b.) die Python
c.) das Python

56. Alle haben's gewusst, nur der Lehrer nicht. Es wussten also alle außer
a.) der Lehrer    c.) dem Lehrer
b.) des Lehrers    d.) den Lehrer

57. Die Erben teilten den Hof unter sich auf. Das hatte der Bauer aber nicht gewollt. Sie handelten somit
a.) entgegen seines Wunsches
b.) entgegen seinem Wunsch
c.) entgegen seinen Wunsch

58. Die Echtheit des Dokuments stand außer Frage, es zweifelte niemand an seiner
a.) Autorität    c.) Identität
b.) Authentizität    d.) Integrität

59. Maria war die Mutter von Jesus. Anders ausgedrückt:
a.) Maria war die Mutter Jesu
b.) Maria war dem Jesus seine Mutter
c.) Maria war die Mutter Jesus
d.) Maria war die Mutter Jesus'

60. Der Zahnarzt rät, sich zweimal täglich die Zähne zu putzen, und zwar
a.) morgends und abends    d.) Morgen's und Abend's
b.) morgens und abends    e.) morgen's und abend's
c.) Morgens und Abends

# Lösungen:

1. Richtig ist Antwort **a**; denn das Pronomen »jener, jene, jenes« wird – genau wie »einer, eine, eines« und »dieser, diese, dieses« – immer stark gebeugt. Im Genitiv wird »jenes Jahr« zu »jenes Jahres«.

2. Antwort **b** ist richtig: »schwömme« ist die heute übliche Form; »schwämme« gibt es gleichwohl, doch das ist veraltet. Die Form »schwümme« hat es nie gegeben.

3. Antwort **b** ist korrekt. Der Imperativ Singular von »geben« lautet »gib«.

4. Richtig sind die Antworten **c** und **d**: der bestaussehende oder der am besten aussehende Filmstar unserer Zeit.

5. Richtig ist Antwort **c**. Der Superlativ »am öftesten« wird allerdings nur umgangssprachlich verwendet, in der Hochsprache heißt es »am häufigsten«.

6. Antwort **c**: Der Apostroph ist männlich.

7. Richtig ist Antwort **a**, der Genitiv des Personalpronomens »wir« lautet »unser«. Die Formen »unserer«/»unsrer« gehören zum Possessivpronomen.

8. Richtig ist Antwort **b**: Im Dativ wird der Präsident zum Präsidenten.

9. Antwort **a** ist korrekt, lateinischstämmige Wörter auf -or erhalten im Genitiv Singular ein »s«, im Dativ und im

Akkusativ bleiben sie ungebeugt. Die Endung »-en« tritt nur im Plural auf: die Werke der Autoren.

10. Antwort **b** ist richtig. »Friedberg« und »Bürgermeister« gehören zusammen und müssen daher im selben Fall stehen (hier: Genitiv). In Antwort a stehen »Schwager« und »Bürgermeister« im selben Fall (Akkusativ), aber der Schwager und der Bürgermeister sind zwei verschiedene Personen.

11. Antwort **b** ist korrekt. Bei Verbindungen aus artikellosem Hauptwort (hier: Kaiser) und Namen wird nur der Name (hier: Karl) plus Apposition (hier: der Große) dekliniert, da die Verbindung als Einheit gesehen wird.

12. Richtig sind **b** und **c**. Die Präposition »binnen« steht heute meistens mit dem Dativ, in gehobener Sprache jedoch mit dem Genitiv.

13. Richtig sind **a** und **b**. Die Mehrzahl von Bösewicht lautet standardsprachlich Bösewichte. In der Dichtung findet man gelegentlich auch »Bösewichter«. So reimte Wilhelm Busch in »Max und Moritz«: »Und in den Trichter schüttet er die Bösewichter.«

14. Die Mehrzahl von »Stück« lautet »Stücke«, richtig ist daher Antwort **a**. »Stücken« und »Stücker« sind regionale Formen der Umgangssprache.

15. Richtig ist Antwort **c**. Das Genitivpronomen »dessen« bleibt immer unveränderlich, die Form »dessem« gibt es genauso wenig wie »derem«. Dafür wird das Wort »neue« gebeugt. Und »neue Freundin« wird im Dativ zu »neuer Freundin«.

16. Richtig ist Antwort **a**. Die Mehrzahl des aus dem Englischen stammenden Wortes Mopp lautet Mopps.

17. Richtig ist Antwort **b**: Es heißt »nicht umhinkommen, etwas zu tun«. Es gibt auch die Wendung »nicht drum herumkommen«, doch die ist umgangssprachlich.

18. Richtig ist Antwort **b**. Das Adverb »dafür« wird nur in der Umgangssprache auseinandergerissen, standardsprachlich bleibt es zusammen.

19. Richtig ist Antwort **c**, die Vorderseite einer Münze wird Avers genannt, die Rückseite Revers.

20. Richtig ist **b**, man handelt nach eigenem Gutdünken.

21. Richtig ist Antwort **b**, das Wort »Kartoffel« wurde vom italienischen Wort tartufolo abgeleitet, welches Trüffel bedeutet.

22. Richtig ist Antwort **a**: In Dienstag steckt der Name des Kriegsgottes Thingsus, in Donnerstag der des Wettergottes Donar, und Freitag ist der Tag der Göttin Freya. Sonntag und Montag wurden nach Sonne und Mond benannt, in Mittwoch klingt die Mitte der Woche an, Samstag geht zurück auf das hebräische Wort Sabbat.

23. Richtig ist Antwort **a**. »Stift« ist auch eine Bezeichnung für den Lehrling oder den Gehilfen.

24. Richtig ist Antwort **e**. Ein Satyr ist ein Waldgeist in der griechischen Sagenwelt.

25. Die deutsche Sprache verzeiht nichts, auch nicht eine einzige, winzige Lüge, daher ist Antwort **a** richtig.

26. Richtig ist Antwort **b**. Es handelt sich um ein Zitat aus dem dritten Akt von Schillers »Wilhelm Tell«.

27. Richtig ist Antwort **c**. Leviten waren Priestergehilfen (Diakone). Zu ihren Bußübungen zählte das Lesen des dritten Buches Mose, das daher auch »Levitikus« genannt wurde.

28. Richtig ist Antwort **b**, die Redewendung lautet »sein Licht nicht unter den Scheffel stellen«. Scheffel ist ein altes Gefäß zum Abmessen von Mehl und Getreide. Eine darunter gestellte Kerze war abgedeckt, ihr Leuchten erschien folglich schwächer.

29. Richtig ist Antwort **b**. Die Konjunktion »insofern« steht mit dem Korrelat (= Partnerwort) »als«.

30. Richtig ist Antwort **a**, das französische Wort für Verlegenheit, Bedrängnis, Klemme lautet »bredouille«.

31. Richtig ist Antwort **c**. Das aus dem Lateinischen abgeleitete Wort »subkutan« bedeutet »unter die Haut«.

32. Richtig ist Antwort **c**. Bei Verschmelzungen mit dem Wort »es« kann noch ein Apostroph gesetzt werden, auch wenn er mittlerweile als entbehrlich gilt. Bei Verschmelzungen mit dem Wort »das« (aufs, durchs, fürs, ins, ums) gilt der Apostroph indes schon seit hundert Jahren als überflüssig und wird als Fehler angestrichen.

33. Antwort **b** ist korrekt: todtraurig

34. Antwort **c** ist richtig. Daran hat sich auch durch die Rechtschreibreform nichts geändert.

35. Antwort **c** ist richtig.

36. Antwort **b** ist richtig. Das Wort »Satellit« leitet sich vom lateinischen »satelles« ab, das »Gefolgsmann«, »Leibwächter«, »Trabant« bedeutet.

37. Antwort **a** ist richtig, zum Zauberer gehört die Zauberin. Daneben gibt es auch noch die regional gebräuchlichen Formen der Zaubrer, die Zaubrerin. Die Form »Zaubererin« jedoch gibt es nicht. Als »Harry Potter«-Leser kann man die Frage nach dem weiblichen Pendant zum Zauberer auch noch kürzer beantworten: Hexe!

38. Antwort **b** ist richtig. Das Perfektpartizip des transitiven Verbs »hängen« lautet »gehängt«. Die Form »gehangen« gibt es nur beim intransitiven Verb »hängen«, und das wiederum gibt es nicht in Verbindung mit der Vorsilbe »auf«. Die Form »gehenkt« steht gleichfalls nie mit »auf«, sie gehört zu dem Verb »henken«, welches »durch den Strang hinrichten« bedeutet.

39. Richtig ist Antwort **b**, der Konjunktiv II von »ich helfe« lautet »ich hülfe«. Der ist allerdings aus der Mode gekommen. Heute bildet man den Konjunktiv von »helfen« mit dem Hilfsverb »werden«, regional auch mit dem Verb »tun« (ich tät dir ja helfen).

40. Antwort **a** ist richtig. Niesen ist ein regelmäßiges Verb und hat die mit weichem »s« gebildeten Formen »niesen, nieste, geniest«.

41. Antwort **c** ist richtig. Wenn es um die Richtung geht (wohin?), steht vor Personen- und Firmennamen die Präposition »zu«. Die anderen Formen sind umgangssprachlich.

42. Antwort **a** ist korrekt, der Satz kommt ohne Komma aus.

43. Antwort **a** ist richtig. Vor dem vergleichenden »wie« steht nur dann ein Komma, wenn ein Nebensatz folgt. Beispiel: Meine Freunde haben den Abend genauso genossen, wie ich ihn genossen habe.

44. Richtig ist Antwort **b**, die Variante mit den Anführungszeichen ist unsinnig. Im Unterschied zur Kursiv-, Fett- und Versalienschreibung dienen Anführungszeichen nicht der Betonung. Sie signalisieren, dass das Wort in einem anderen (oft ironischen) Sinne zu verstehen ist.

45. Antwort **a** ist richtig, denn »ganze« bedeutet »nicht mehr als«, »volle« hingegen »nicht weniger als«. »Knapp hundert« sind weniger als hundert, »gut hundert« bedeutet mindestens hundert, wahrscheinlich aber mehr.

46. Richtig ist **a**. Die Mehrzahl von Graffito lautet Graffiti.

47. Richtig ist Antwort **a**: Die Abkürzung m. E. steht für »meines Erachtens«.

48. Richtig ist Antwort **b**: Die Abkürzung i. A. steht für »im Auftrag« und wird vor den Namen gesetzt, wenn jemand ein Schriftstück auf Anordnung einer anderen Person unterschreibt.

49. Antwort **b** ist korrekt. Das aus dem Norwegischen stammende Wort »Krake« ist männlich, es heißt also »der Krake«. Die weibliche Form ist umgangssprachlich. Der Krake wird im 2. Fall zu »des Kraken«, im 3. Fall zu »dem Kraken« und im 4. Fall zu »den Kraken«. Der Plural lautet »die Kraken«. Die Form »der Kraken« gibt es nur im Genitiv Plural: Das Geheimnis der Kraken.

50. Richtig ist Antwort **a**: E-Mail ist weiblich, weil es für **die** (elektronische) Post steht, Newsletter ist männlich, weil auch **der** Brief männlich ist, und Blog (Kurzform von Weblog) wird vornehmlich sächlich gebraucht, weil es für **das** Internet-Logbuch steht.

51. Richtig ist **d**. Das englische Wort »snack« wird im Deutschen Snack geschrieben und erhält im Plural einfach ein »s«. Die Mehrzahl von Gebäck lautet Gebäcke, als Sammelbegriff verwendet man jedoch die Einzahl »Gebäck«.

52. Zwar hat Angela Merkel Gerhard Schröder letztlich aus der Regierung »hinausbefördert«, doch das macht sie nicht zu seiner Förderin. Richtig ist Antwort **b**: Herausforderin. Zugunsten einer leichteren Aussprache wird bei der Bildung der weiblichen Form auf die unschöne Silbendoppelung »erer« verzichtet.

53. Richtig ist Antwort **c**: das Ungemach. Das Gemach bedeutete ursprünglich »Bequemlichkeit«, das Ungemach bezeichnete entsprechend das Unbequeme, Unbehagliche. Später wurde »Gemach« dann auf die Räume übertragen, in denen man es bequem hatte. So kamen die Schlösser zu ihren Gemächern. Noch heute wird gelegentlich der Ausruf »gemach, gemach!« gebraucht, um vor übertriebener Eile zu warnen.

54. Richtig ist Antwort **a**. Die Eule galt in der Antike als Symbol für Weisheit und war auf vielen griechischen Münzen abgebildet. Da Athen eine sehr reiche Stadt war, hielten es die Nicht-Athener für unnötig, den Reichtum dieser Stadt noch zu mehren.

55. Richtig ist Antwort **a**. Das grammatische Geschlecht des Pythons ist männlich.

56. Richtig ist Antwort **c**: Die Präposition »außer« erfordert den Dativ.

57. Richtig ist Antwort **b**: Die Präposition »entgegen« regiert den Dativ.

58. Richtig ist Antwort **b**. Das aus dem Griechischen stammende Wort Authentizität bedeutet Echtheit.

59. Richtig ist Antwort **a**. Der Genitiv von Jesus lautet Jesu.

60. Richtig ist Antwort **b**. Die Adverbien »morgens« und »abends« werden (genau wie »mittags« und »nachts«) kleingeschrieben. Daran hat sich auch durch die Reform nichts geändert. Die Apostrophierung der Adverbialendung »s« ist eine Unsitte.

# Zwiebelfisch-Abc

### [a] Albtraum/Alptraum

Dieses Wort bereitet unzähligen Lehrern, Schülern, Redakteuren, Setzern und Korrekturlesern nicht nur Alpdrücken, sondern auch noch Albdrücken. Tatsächlich sind seit Verabschiedung der Rechtschreibreform beide Schreibweisen zulässig. Bis dahin, also bis zum 1. August 1998, durfte das Wort nur mit »p« geschrieben werden. Das erschien vielen aber nicht logisch, es wurde immer wieder argumentiert, dass der Nachtmahr doch nichts mit den Alpen zu tun habe, sondern mit Alben. Womit natürlich nicht Schallplatten oder Fotoalben gemeint waren, sondern die germanischen Geister, die Alben (auch Elben, heute: Elfen), die ursprünglich als Naturgeister der Unterwelt oder als Zwerge angesehen wurden, später von der Kirche als Dämonen und Gehilfen des Teufels stigmatisiert wurden, die sich den Menschen im Schlaf auf die Brust setzen und damit den sogenannten Alpdruck verursachten. Wie der Traum darf auch der Druck nun sowohl mit »p« als auch mit »b« geschrieben werden.

Das Wort Alb oder Alp wurde später verdrängt von den Begriffen Elf und Elfe, die zunächst auch noch als bösartig galten und erst im 18. Jahrhundert und in der Romantik zu anmutigen, lieblichen Zauberwesen verklärt wurden. »Alb« oder »Alp« blieb nur noch in den Zusammensetzungen Alptraum und Alpdruck sowie im Namen des Zwergenkönigs Alberich erhalten.

Es ist fraglich, ob es eine kluge Entscheidung der Rechtschreibreformer war, beide Schreibweisen nebeneinander gelten zu lassen. Ein Teil der Deutschen hält die eine Form für richtig, ein anderer Teil die andere. Der Rest ist verunsichert und benutzt das Wort überhaubt – pardon: überhaupt nicht mehr.

Obwohl ich selbst mit der alten Schreibweise »Alptraum« groß geworden bin und mich gut an sie gewöhnt hatte, halte ich es für vernünftig, eine Empfehlung zugunsten der neuen Schreibweise mit »b« auszusprechen. So hält es auch der Duden.

## [a] angefangen haben/angefangen sein

Das Verb »anfangen« wird im Perfekt mit »haben« gebildet: Ich habe angefangen, du hast angefangen, er hat angefangen ...

Viele bilden es auch mit »sein« (Ich bin angefangen, ihr seid angefangen etc.), doch das ist umgangssprachlich. Als standardsprachlich gilt die Form mit »haben«.

Dasselbe trifft auch für das gleichbedeutende, aber in vielen Zusammenhängen und Ohren noch schöner klingende Wort »beginnen« zu, auch hier wird das Perfekt mit »haben« gebildet: Ich habe begonnen, du hast begonnen, er hat begonnen ...

## [a] aufgrund/auf Grund

Was ist denn nun richtig, »aufgrund« oder »auf Grund«? Die Antwort lautet: beides! Leider. Bis 1998 schrieb man »aufgrund« zusammen, so wie »anhand«, »infolge« und viele andere Wörter, die aus der Verschmelzung einer Präposition und eines inhaltlich verblassten Hauptwortes hervorgegangen waren.

Doch die Verfasser der Rechtschreibreform fanden offenbar, dass der »Grund« vom Grunde des Wortes zu stark als eigener Bestandteil durchschimmert, als dass man ihn als ein verblasstes Substantiv bezeichnen könnte. So verordneten sie Getrenntschreibung, wie sie es auch im Falle von »im Stande«, »zu Folge«, »zu Grunde«,

»zu Gunsten«, »zu Lande«, »zu Lasten« und »zu Rande«
taten.

Andere hielten dagegen, dass eigentlich nur Schiffe auf
Grund laufen können, im Falle der kausalen Präposition
»aufgrund« sei die Getrenntschreibung einfach Quatsch.
Um dem Streit ein Ende zu bereiten, erklärte der Recht-
schreibrat beide Schreibweisen für gültig und überlässt die
Entscheidung somit jedem Einzelnen. Der Duden empfiehlt Zusammenschreibung.

### [a] auf Mallorca/in Mallorca

Wenn eine Insel im geographischen Sinn gemeint ist, dann
heißt es »auf«. Nur wenn die Insel zugleich ein Land im
politischen Sinne ist, kann man auch »in« sagen. »Auf Kuba«
bezeichnet die Insel, »in Kuba« bezeichnet den Staat. Ein
Malteser kann sowohl *auf* als auch *in* Malta geboren sein, je
nachdem, ob seine Nationalität oder seine geografische
Herkunft betont werden soll. Die Handy-Botschaft »Du,
Gabi, rat mal, wo ich gerade bin!? Da kommst du nie drauf:
in Mallorca!« ist falsch, richtig muss es heißen »auf Mallorca«.

Dasselbe gilt für die Präpositionen »aus« und »von«. Man
kann nur »Sonnige Urlaubsgrüße von Mallorca« verschicken, nicht »aus Mallorca«. Eine CD mit kubanischer Musik
kann hingegen sowohl *von* als auch *aus* Kuba stammen: von
der Insel oder aus dem Land. Ein Souvenir von Sylt oder
Rügen hingegen kommt nicht aus Sylt oder aus Rügen, da
die beiden Inseln schwerlich als Länder bezeichnet werden
können. Ein korsischer Ziegenkäse ist nach diesem Verständnis ein Käse von Korsika, da die Insel Korsika kein
Land im politischen Sinne ist. Etliche Korsen sehen das
allerdings anders.

## [b] behängt/behangen

War der Weihnachtsbaum mit bunten Kugeln behängt oder behangen? Die Antwort lautet: Er war behängt. Das Verb »hängen« gibt es in zwei Ausführungen, einmal als transitives Verb mit den regelmäßigen Formen *hängen, hängte, gehängt* und einmal als intransitives Verb mit den unregelmäßigen Formen *hängen, hing, gehangen.*

Das Verb »behängen« indes gibt es nur als transitives Verb. Transitive Verben sind Verben, die ein Objekt mit sich führen. Man kann immer nur etwas oder jemanden behängen, aber man kann nicht einfach so objektlos durchs Leben stolpern und behängen. Daher gibt es nur die regelmäßigen Formen *behängen, behängte, behängt.* Die Perfektform »behangen« existiert nicht. Ein mit Orden *behangener* General ist in korrektem Deutsch ein mit Orden *behängter* General.

## [b] bergen/retten

Die Wörter »bergen« und »retten« sind nicht gleichbedeutend. Sonst brauchte das Motto vieler Feuerwehren und des Technischen Hilfswerkes nicht »Schützen, bergen, retten« zu heißen, die letzten zwei wären dann ja doppelt gemoppelt.

Der Unterschied hängt mit Leben und Tod zusammen: Gerettet werden Überlebende, geborgen werden Leichen. Verwundete werden demnach nicht geborgen, sondern gerettet, selbst wenn sie kurz darauf ihren Verwundungen erliegen.

Gerade wenn von Opfern die Rede ist, sollte man den Unterschied zwischen »bergen« und »retten« sehr genau nehmen, denn Opfer können sowohl Tote als auch Verletzte sein. Wer also schreibt: »Bis zum frühen Morgen war die Feuerwehr mit der Bergung der Opfer beschäftigt«, der gibt seinen Lesern damit zu erkennen, dass keines der Opfer mehr am Leben war.

Ähnliches gilt auch für den Unterschied zwischen einer »Trage« und einer »Bahre«. Wer auf einer Bahre vom Feld getragen wird, der ist tot. Wer nur verletzt ist, der wird auf einer Trage abtransportiert.

## [d] durch/von

Die Präposition »durch« hat verschiedene Bedeutungen: eine räumliche (»durch die Wüste«), eine zeitliche (»durch den Winter«) und eine mediale.

Als mediale Präposition zeigt »durch« an, dass etwas mithilfe von etwas oder jemandem geschieht: Statt »per Kurier« kann man ein Paket auch »durch Boten« zustellen lassen, und ein Kranker kann ebenso gut »mittels neuer Medikamente« wie auch »durch neue Medikamente« geheilt werden.

Um zu prüfen, ob »durch« in einem bestimmten Kontext tatsächlich geeignet ist, braucht man es nur gedanklich durch »mittels« oder »mit Hilfe von« zu ersetzen. In vielen Fällen zeigt sich dann sofort, dass die Verwendung der Präpositionen »von« oder »bei« passender ist.

Die Stadt Dresden wurde im Krieg nicht *durch* Bomben getroffen, sondern von Bomben getroffen. Getroffen wird man immer nur von etwas, nicht durch etwas. Bei »verwundet«, »getötet«, »zerstört« geht beides: Man kann sowohl *von* einer Kugel als auch *durch* eine Kugel (unter Zuhilfenahme einer Kugel) getötet werden.

Die Aussage »Gesunde Zähne durch tägliches Zähneputzen« ist korrekt; denn man könnte statt »durch« auch »mithilfe von« schreiben, ohne dass der Sinn ein anderer würde.

Aus der Überschrift »Weniger Tote durch Motorradunfälle« ließe sich indes folgern, dass Motorradunfälle das Leben sicherer machten. Je mehr Motorradunfälle, desto besser! Gemeint ist freilich: »Weniger Tote bei Motorradunfällen«.

Ebenfalls misslich formuliert ist der Hinweis »Betreten durch Unbefugte verboten!«, wie er auf vielen Baustellenschildern zu lesen ist. Grundstücke und Gebäude werden nicht *durch* Menschen betreten, sondern *von* denselben. Allerdings ist auch die Anweisung »Betreten von Unbefugten verboten« missverständlich und daher nicht zu empfehlen. Die beste Lösung lautet einfach: »Betreten für Unbefugte verboten!«.

## [e] einmal mehr/wieder einmal

Der häufig verwendete Ausdruck »einmal mehr« ist ein Anglizismus, der auf einem Übersetzungsfehler beruht. »Mehr« ist ein unzählbares Mengenwort (»mehr Wasser«, »mehr Geld«), man kann es nicht mit der Zahl eins malnehmen.

Das englische »once more« muss auf Deutsch mit »wieder einmal«, »erneut« oder »abermals« wiedergegeben werden. Der Satz »Johannes wollte einmal mehr Geld verdienen« ist nur dann richtig, wenn er bedeutet, dass Johannes eines Tages mehr Geld zu verdienen hoffte, nicht aber, dass er wieder einmal Geld verdienen wollte.

## [e] Euro/Euros

Einmal um die ganze Welt, und die Taschen voller Geld. Voller Euro natürlich. Oder voller Euros? Was ist richtig? Mit dem Euro verhält es sich genau wie mit dem Dollar. Wo man von »Dollars« sprechen kann, da kann man auch von »Euros« sprechen. Dies gilt vor allem dann, wenn damit die Scheine und Münzen gemeint sind, also die Währung zum Anfassen: »Bald zahlt man in ganz Europa mit Euros«, »Ich sammle Euros und Briefmarken«, »Er schwamm geradezu in Euros«. Der Italowestern mit Clint Eastwood hieß zwar »Für eine Handvoll Dollar«, aber er hätte durchaus auch »Für eine Handvoll Dollars« heißen können. Wenn das Wort »Euro« hinter einer Zahl steht, somit also ein bestimmter Geldbetrag gemeint ist, erhält es in der Regel kein Plural-s: zwei Euro, 4,50 Euro (gesprochen: vier Euro fünfzig), zehn Euro, 99 Euro, eine Million Euro. Mit dem Dollar und dem Cent wird genauso verfahren – als Geldbetrag sind beide unveränderlich. Auch für den österreichischen Schilling galt dies: Man zahlte mit Schillingen, aber etwas kostete tausend Schilling.

Andere Währungen hingegen können im Deutschen auch als Beträge eine Pluralendung erhalten: Aus der spanischen Pesete (oder Peseta) wurden auf Deutsch sofort Peseten, wenn der Betrag größer als eins war – also fast immer, da man für eine einzelne Pesete nicht viel bekam. Auch die italienische Lira war hinter Zahlen ausschließlich als »Lire« anzutreffen. Die dänische Krone ist auch so ein Fall: eine Krone, 2,20 Kronen.

Einen sprachlichen Sonderfall stellte übrigens die gute alte Mark dar: Sie gab es nur im Singular. Manch einer bildete zwar scherzhaft die Pluralform »Märker«, aber offiziell ließ sich die Mark (sprachlich) nicht vermehren.

Dem Euro hingegen lässt sich ohne Weiteres ein -s anhängen. In einigen Gegenden Deutschlands ist die Neigung hierzu besonders stark. Der Kölner zum Beispiel spricht konsequent von Euros, auch bei Geldbeträgen: »Ein Kölsch? Macht zwei Euros!«

In der Umgangssprache erfreut sich derweil eine weitere Pluralform wachsender Beliebtheit: Da zahlt man auch schon mal in »Euronen«.

## [g] Galerie/Gallery

Wer in Deutschland eine »Gallery« eröffnet, der spekuliert

möglicherweise gezielt auf Kundschaft aus dem Ausland. Vielleicht aber hatte er auch einfach nur kein Wörterbuch zur Hand, um sich der deutschen Schreibweise des Wortes zu vergewissern. Die kommt unterm Strich zwar auf die gleiche Buchstabenzahl, sieht jedoch eine andere Verteilung vor: nur ein »l«, dafür »ie« statt »y«: »Galerie«.

Entsprechend lautet die Berufsbezeichnung des Kunsthändlers »Galerist«, nicht *Gallerist*.

Dies wird oft verwechselt, was auch kein Wunder ist, zumal das »a« kurz gesprochen wird und sich so anhört, als folgte ihm ein Doppelkonsonant. Doch das ist eben nicht der Fall.

Auch Galionsfigur, Galeere und Galaxie werden nur mit einem »l« geschrieben. Nicht zu vergessen der Galopp.

Wer im Schulunterricht »Gallien« mit Doppel-l schreibt, der liegt richtig. Doch wer die Galapagosinseln oder Galizien mit Doppel-l schreibt, riskiert, dass seinem Lehrer die Galle überläuft.

## [g] Geisel/Geißel

So ähnlich sich diese beiden Wörter auch sind, so unterschiedlich sind ihre Bedeutungen. Die Geisel mit weichem »s« geht zurück auf das mittelhochdeutsche Wort »gisel«, welches wiederum seinen Ursprung im Keltischen hat, und bedeutete ursprünglich »Leibbürge«. Es hatte also zunächst nichts mit Erpressung, Bankraub oder Flugzeugentführung zu tun, das kam erst später. Im antiken Griechenland war es durchaus üblich, die Söhne einer Stadt als Friedenspfand zu tauschen; eine Geisel sein zu dürfen, war demnach eine Ehre. Das Ehrenvolle spiegelt sich auch in den Namen Giselher, Giselbert und Gisela wider.

Die Geißel mit scharfem »s« geht zurück auf das germanische Wort »gaisilon«, welches »Stock«, »Stange« bedeutete. »Geißel« hatte ursprünglich mit schlagen zu tun, was sich noch heute in dem Verb »geißeln« zeigt, das »züchtigen«, »strafen« bedeutet. Der Stock wurde irgendwann zur Peitsche, und schließlich wurde die Wortbedeutung zu »Plage« erweitert. Die »Geißel des Krieges« oder die »Geißel der Menschheit« hat nichts mit Geiselnahme zu tun.

### [g] Generale/Generäle

Der General kennt sowohl eine umgelautete als auch eine nicht umgelautete Pluralform. Man kann also sowohl *Generale* als auch *Generäle* sagen. Beide Formen sind gleichberechtigt. Verlage und Redaktionen legen sich üblicherweise in ihren jeweiligen Hausregeln auf eine Form fest, die dann für alle Mitarbeiter verbindlich ist. Der »Spiegel« zum Beispiel bevorzugt die Form »Generäle«.

Das Wort im Plural umzulauten bedeutet, es mehr als deutsches Wort denn als Fremdwort zu betrachten. Auch der Korporal, den es heute nur noch in der Schweiz gibt, hat zwei gleichberechtigte Pluralformen: Korporale und Korporäle.

### [g] geniest/genossen

Auch wenn das Niesen eine entspannende Wirkung haben kann, gibt es nur wenige Menschen, die niesen genießen. Dafür gibt es umso mehr Menschen, die die Perfektformen der Wörter niesen und genießen verwechseln. Niesen ist ein regelmäßiges Verb und wird – genau wie die dazugehörige Nase – mit weichem »s« geschrieben: Ich niese, ich nieste, ich habe geniest.

Eine Zeitungsüberschrift wie »Einmal gepiekst – nie mehr genießt« (»Blitz«) bietet vielleicht Allergikern Anlass zur Hoffnung, Lehrern allerdings nötigt sie nur ein Kopfschütteln ab.

Das Verb »genießen« wird mit scharfem »s« geschrieben

und unregelmäßig gebeugt: Ich genieße den Urlaub, ich genoss den Moment, ich habe das Leben genossen.

Manch einer behandelt *niesen* wie ein unregelmäßiges Verb und sagt »Ich habe genossen«, wenn er »Ich habe geniest« meint. Die Verwechslung unregelmäßiger und regelmäßiger Formen ist keinesfalls selten, man denke nur an »gewinkt« und »gewunken«. In diesem Fall ist sie jedoch missverständlich, und schon so mancher Nieser ist irrtümlich für einen Genießer gehalten worden.

| | 1. Pers. Sing. | 2. Pers. Sing. | 3. Pers. Sing. |
|---|---|---|---|
| Präsens | ich niese | du niest | er, sie, es niest |
| Präteritum | ich nieste | du niestest | er, sie, es nieste |
| Perfekt | ich habe geniest | du hast geniest | er, sie, es hat geniest |
| Befehlsform | | Nies(e) nicht so laut! | |
| | 1. Pers. Plur. | 2. Pers. Plur. | 3. Pers. Plur. |
| Präsens | wir niesen | ihr niest | sie niesen |
| Präteritum | wir niesten | ihr niestet | sie niesten |
| Perfekt | wir haben geniest | ihr habt geniest | Alle haben kräftig geniest |
| Befehlsform | | Niest nicht so laut! | |

## [g] gerne/gern

Einen Bedeutungsunterschied zwischen »gern« und »gerne« gibt es nicht, auch in stilistischer Hinsicht ist kein Unterschied festzustellen – beide Formen gelten als gleichwertig. Die Form mit Endungs-e ist die ältere. Wie bei vielen anderen Wörtern auch hat sich die Endsilbe im Lauf(e) der Zeit in der gesprochenen Sprache verschliffen. Da sich Sprache in einem ständigen, nie endenden Optimierungsprozess befindet, werden Endsilben, die keine grammatische Funktion erfüllen, früher oder später abgestoßen. So hört man heutzutage häufiger »gern« als »gerne«. Noch deutlicher wird die Entwicklung bei ferne/fern: Heute sieht man kaum noch jemanden »von ferne« winken, meistens heißt es »von fern«. Mitunter verhält sich Sprache aber auch genau andersherum und lässt Wörter länger werden, ohne dass es dafür einen erkennbaren Grund gibt. So geschehen mit »allein«, das man oft auch als »alleine« antrifft, was aber nicht der Standardsprache entspricht.

## [g] geschleift/geschliffen

Das Verb schleifen im Sinne von »glatt oder scharf machen« wird unregelmäßig gebeugt: *schleifen, schliff, geschliffen*; er schliff die Sense; das Messer wurde geschliffen; ein geschliffener Diamant.

Das Verb schleifen in der Bedeutung »einebnen« wird hingegen regelmäßig gebeugt: *schleifen, schleifte, geschleift*; die Römer schleiften die Befestigungsanlage; die Mauern der Stadt wurden geschleift.

Auch »schleifen« im Sinne von »hinter sich herziehen« wird regelmäßig gebeugt: Der Mörder schleifte sein Opfer bis zur Brücke; ich habe den Koffer die ganze Strecke hinter mir hergeschleift.

## [g] gestanden haben/gestanden sein

Wie wird das Perfekt von »stehen« gebildet – mit *haben* oder mit *sein*? Heißt es »Ich habe gestanden« oder »Ich bin gestanden«? Und wo wir gerade dabei sind: Wie verhält es sich mit »sitzen« (gesessen) und »liegen« (gelegen)?
Die Faustregel lautet, dass nur Verben der Bewegung mit »sein« konjugiert werden. Davon gibt es eine ganze Menge, hier sehen Sie einige Beispiele:

gehen, kommen, schlendern, spazieren, stolzieren, marschieren, stapfen, wandern, wandeln

laufen, rennen, eilen, hetzen, jagen, fliehen, flüchten
fahren, reisen, fliegen, reiten, segeln\*, rudern\*
rasen, rollen, brettern, dampfen, düsen, flitzen, sausen
klettern, steigen, klimmen, kraxeln
springen, hüpfen, hopsen
fallen, stürzen, stolpern, straucheln, eiern, kippen
aufwachen, aufstehen, auftauen, schlüpfen
ausbrechen, einbrechen, entweichen, entkommen
schwimmen\*, tauchen\*, sinken
watscheln, flattern, schleichen, traben, galoppieren, hoppeln, tapsen, gleiten, rutschen, robben, kriechen, stampfen, trampeln u. v. m.

Die Verben »stehen«, »liegen« und »sitzen« drücken keine Bewegung aus, daher werden sie standardsprachlich mit »haben« konjugiert: Ich habe gesessen, ich habe gelegen, ich habe gestanden.

In Süddeutschland und in Österreich sagt man dennoch »Ich bin gesessen«, »Ich bin gelegen« und »Ich bin gestanden«. (Was sich im Badischen, Schwäbischen und in der Pfalz etwa so anhört: »Ich bin g'stande«, »Ich bin g'lege«, »Ich bin g'sesse«, während es in Bayern eher so klingt: »I bin g'standn«, »I bin g'legn«, »I bin g'sessn«.) Im Süden gilt offenbar auch der Stillstand als Bewegung. Analog zur Annahme: Auch Null ist eine Zahl. Kann man ja so sehen. Beamte würden's sofort unterschreiben. Ich find's charmant, wie fast alles, was aus dem Süden kommt.

---

\* Diese Verben können auch mit »haben« konjugiert werden, wenn nicht die Fortbewegung von Punkt A nach Punkt B im Vordergrund steht, sondern die reine Betätigung:
Ich habe im Urlaub getaucht.
Vor dem Frühstück hat sie regelmäßig eine Stunde geschwommen.
Bevor er mit dem Golfspielen anfing, hat er geritten.
Früher haben Sklaven gerudert.

Der Vollständigkeit halber sei erwähnt, dass natürlich auch die Süddeutschen und die Österreicher »stehen« und »sitzen« in Verbindung mit »haben« kennen – und zwar im übertragenen Sinne: Erst hat er gestanden (= ein Geständnis abgelegt), dann hat er gesessen (= er war im Gefängnis).

Und schließlich wird das Verb »bleiben«, das gleichfalls eher eine Un-Bewegung als eine Bewegung beschreibt, auch standardsprachlich mit »sein« konjugiert: »Weil's so schön ist, wo der Pfeffer wächst, bin ich dort geblieben.«

### [g] gucken/kucken

Das Verb »gucken« ist umgangssprachlich. Im norddeutschen Raum sagt man »kucken«, und man darf es sogar mit einem Anfangs-»k« schreiben, jedenfalls findet man diese Schreibweise im Wörterbuch.

Die Herkunft des Wortes lässt sich nicht genau klären. Möglicherweise stammt es aus der Kindersprache. Noch heute lernen unsere Kleinen das Hinschauen mithilfe des Ausrufs »Kuckuck«. Zum Beispiel: »Kuckuck, hier ist die Mami!«

Dass gerade die Norddeutschen »gucken« nicht nur in der Mitte, sondern auch vorne mit »k« sprechen (und bisweilen auch schreiben), liegt an der Nähe zum plattdeutschen Wort »kieken«, was dasselbe bedeutet, nämlich »schauen«: »Wat kiekste so?« – »Mutter, kiek mal ausm Fenster, Orje will nich jloben, datt de schielst!«

Üblich ist allerdings die Schreibweise mit »g«: ich gucke, du guckst, sie guckt, guck doch mal! Was gibt's da zu gucken? Entsprechend schreibt man »Guckloch«, »Guckfenster«, »Guckkasten«, »Ausguck« und »Hans Guckindieluft«.

### [h] hängte/hing

Das Verb »hängen« gibt es in zwei Ausführungen: als transitives Verb und als intransitives. Ein transitives Verb kann ein Objekt nach sich ziehen, ein intransitives nicht. »Opa hängt das Bild auf« ist zum Beispiel transitiv, weil es hier außer dem Subjekt (Opa) noch ein Objekt (das Bild) gibt. »Das Bild hängt an der Wand« ist intransitiv. Die Wand ist nämlich kein Objekt, sondern eine adverbiale Bestimmung des Ortes. Das Bild hängt ganz von selbst und ganz für sich allein.

Im Präsens sind die Formen gleich, eine Verwechslung ist nicht möglich. Schwierig wird's in der Vergangenheitsform. Wenn der Pastor nach einem Telefongespräch den Hörer wieder einhängt, so heißt es im Präteritum korrekt: »Der Pastor hängte den Hörer wieder ein.« Nicht »hing«. Das wäre weder mit Sprachduktus noch mit Versrhythmus zu rechtfertigen. Auch »Die Mutter hing das Bild ihres Sohnes an die Wand« ist falsch.

Doch umgekehrt heißt es auch nicht: »Dem Pferd hängte vor Erschöpfung die Zunge aus dem Maul!« Hier ist »hängen« intransitiv und wird zu »hing«.

Auch im Perfekt gibt es zwei Formen: gehängt und gehangen. Das intransitive »ich hänge« wird im Perfekt zu »ich habe gehangen« (in Süddeutschland und Österreich auch: »ich bin gehangen«). Das transitive »ich hängte etwas irgendwohin« wird im Perfekt zu »ich habe etwas irgendwohin gehängt«.

Von transitiven Verben lässt sich fast immer auch ein Passiv bilden: Das Bild wird aufgehängt, das Bild wurde aufgehängt, das Bild ist aufgehängt worden. Der Bandit wird gehängt, der Bandit wurde gehängt, der Bandit ist gehängt worden*.

---

* Wird die Hinrichtung aufgrund eines Gerichtsurteils durch einen Henker vollzogen, so kann man statt »gehängt« auch »gehenkt« schreiben. In der Grundform ist das Verb »henken« allerdings veraltet.

Hier noch einmal die beiden Formen im direkten Vergleich in den drei wichtigsten Zeiten:

|  | hängen (intransitiv) | hängen (transitiv) |
| --- | --- | --- |
| Präsens | Ich hänge fest | Ich hänge das Bild an die Wand |
|  | Wir hängen zwischen den Seilen | Wir hängen die Fahne zum Fenster raus |
|  | Der Bandit hängt am Galgen | Man hängt den Banditen |
|  | Ihr Leben hängt an einem seidenen Faden | Mutter hängt die Wäsche zum Trocknen auf die Leine |
| Präteritum | Ich hing fest | Ich hängte das Bild an die Wand |
|  | Wir hingen zwischen den Seilen | Wir hängten die Fahne zum Fenster raus |
|  | Der Bandit hing am Galgen | Man hängte den Banditen |
|  | Ihr Leben hing an einem seidenen Faden | Mutter hängte die Wäsche zum Trocknen auf die Leine |
| Perfekt | Ich habe festgehangen (süddeutsch auch: Ich bin festgehangen) | Ich habe das Bild an die Wand gehängt |
|  | Wir haben zwischen den Seilen gehangen | Wir haben die Fahne zum Fenster rausgehängt |
|  | Der Bandit hat am Galgen gehangen | Man hat den Banditen gehängt |
|  | Ihr Leben hat an einem seidenen Faden gehangen | Mutter hat die Wäsche zum Trocknen auf die Leine gehängt |

## [h] hierzulande/hier zu Lande

Immer häufiger zuckten hierzulande die Leser zusammen, wenn sie in Zeitungstexten oder in Büchern plötzlich »hier zu Lande« lasen. Und immer häufiger erreichten mich

E-Mails mit der Frage: Ist das etwa richtig? Schreibt man hier zu Lande auseinander?

Bis zur Einführung der neuen Rechtschreibung im Jahre 1998 gab es hierzulande überhaupt kein Vertun: Das Adverb »hierzulande« wurde als Einheit aufgefasst und folglich in einem Wort geschrieben. Niemand dachte bei »hierzulande« an das »Land«, niemand legte beim Sprechen auf jedes der Bestandteile eine eigene Betonung.

Die Verfasser der Rechtschreibreform sahen dies seltsamerweise anders. Sie fassten die Fügung als Wortgruppe auf und ließen damit auch Getrenntschreibung zu: Seitdem ist neben »hierzulande« auch die Schreibweise »hier zu Lande« erlaubt. Was mag die Reformer nur darauf gebracht haben, in dem Adverb nicht eine Worteinheit, sondern eine Wortgruppe zu sehen? Unterschieden sie womöglich zwischen »hier zu Lande« und »dort zu Lande« oder gar zwischen »hier zu Lande« und »dort zu Wasser«?

Zum Glück aber wurde damit die alte Zusammenschreibung nicht abgeschafft. Vielmehr sind beide Formen erlaubt, und in seiner aktuellen Ausgabe (2006) empfiehlt der Duden ausdrücklich die Zusammenschreibung. Denn so galt es früher, und so gilt es noch heutzutage. Und nicht »heut zu Tage« – von diesem Wort gleicher Bauart haben die Reformer glücklicher-, aber inkonsequenterweise die Finger gelassen.

### [h] Hunderte/hunderte

Seit Verabschiedung der Rechtschreibreform ist es egal, ob man die unbestimmten Zahlwörter »Hunderte«, »Tausende« und »Dutzende« klein- oder großschreibt. Früher schrieb man sie groß: Dutzende Bücher, Hunderte Schüler, Tausende Besucher. Heute kann man auch dutzende Bücher, hunderte Schüler und tausende Besucher schreiben. Der Duden empfiehlt weiterhin die Großschreibung von Dutzenden,

Hunderten, Tausenden (und folglich auch von Aberhunderten und Abertausenden), weil man auch die unbestimmten »Millionen« und »Milliarden« großschreibt: »Um Hunderttausende Planeten kreisen Millionen Monde.« Die Kleinschreibung von Millionen und Milliarden lässt das amtliche Regelwerk nicht zu (siehe auch → Million/Millionen).

Viel kniffliger ist indes die Frage, wie das jeweils Gezählte zu beugen ist. Werden bei der Polizei »Hunderte neue Beamte« in Dienst gestellt oder »Hunderte neuer Beamter«? Um es kurz zu machen: Beides ist möglich. Im ersten Fall steht das Gezählte (neue Beamte) im selben Kasus wie das Zahlwort (Hunderte), im zweiten Beispiel steht das Gezählte im Genitiv*. Beide Varianten sind korrekt. Die Genitiv-Variante wird freilich immer seltener gebraucht, weil der Genitiv insgesamt immer seltener wird. Außerdem kann er nur dann zum Einsatz kommen, wenn vor dem Gezählten (den Beamten) noch ein Adjektiv steht (neue). Stehen die Beamten allein, so lassen sie sich nicht in den Genitiv versetzen; dann heißt es »Hunderte Beamte«, und nicht »Hunderte Beamter«.

Am häufigsten jedoch ist eine dritte Variante anzutreffen, nämlich die mit Dativ und der Präposition »von«: Hunderte von Beamten. Sie gilt, da präpositional und genitivfeindlich, nicht als die eleganteste, doch ist sie am leichtesten zu beherrschen.

Richtig vergnüglich wird es, wenn auch das Zahlwort gebeugt werden muss und das Gezählte entsprechend mitgebeugt wird. Eine recht vertrackte Angelegenheit, vor der selbst studierte Germanisten mitunter kapitulieren. Man bringt ja auch nicht jeden Tag »Tausende freiwillige Jugendliche« in den Genitiv oder rechnet »mit Tausenden zusätzlichen Arbeitslosen« im Dativ. Das Ergebnis ist (buchstäblich!) von Fall zu Fall verschieden.

* Ganz genau im Genitivus partitivus, dem »Genitiv des geteilten Ganzen«.

*Zahlwort im Nominativ:*

Tausende ältere Deutsche spielen Volleyball.
(Gezähltes im selben Fall wie Zahlwort, hier Nominativ)

Tausende älterer Deutscher spielen Volleyball.
(Gezähltes im Genitiv)

Tausende von älteren Deutschen spielen Volleyball.
(Gezähltes hinter »von« im Dativ)

*Zahlwort im Genitiv:*

Für den Weltrekord bedarf es Tausender freiwilliger Jugendlicher.
(Zahlwort und Gezähltes im Genitiv)

Für den Weltrekord bedarf es Tausender von freiwilligen Jugendlichen.
(Gezähltes hinter »von« im Dativ)

*Zahlwort im Dativ:*

Die Regierung rechnet mit Tausenden zusätzlichen Arbeitslosen.
(Gezähltes im selben Fall wie Zahlwort, hier Dativ)

Die Regierung rechnet mit Tausenden zusätzlicher Arbeitsloser.
(Gezähltes im Genitiv)

Die Regierung rechnet mit Tausenden von zusätzlichen Arbeitslosen.
(Gezähltes hinter »von« im Dativ)

*Zahlwort im Akkusativ:*

Die Regierung stellt sich auf Tausende zusätzliche Arbeitslose ein.
(Gezähltes im selben Fall wie Zahlwort, hier Akkusativ)

Die Regierung stellt sich auf Tausende zusätzlicher Arbeitsloser ein.
(Gezähltes im Genitiv)

Die Regierung stellt sich auf Tausende von zusätzlichen Arbeitslosen ein.
(Gezähltes hinter »von« im Dativ)

## [i] in 2010/im Jahre 2010

Die Präposition »in« vor einer Jahreszahl ist ein Anglizismus, der vor allem im Wirtschaftsjargon allgegenwärtig ist. Die deutsche Sprache ist jahrhundertelang ohne diesen Zusatz ausgekommen und braucht ihn auch heute nicht.

Der Zweite Weltkrieg war nicht »in 1945« vorbei, sondern 1945. Ich wurde nicht »in 1965« geboren, sondern 1965.

Die Formulierung »Der Film wird voraussichtlich erst in 2006 in die Kinos kommen« zeugt nicht nur von schlechtem Stil, sie ist außerdem länger als die korrekte deutsche Fassung, für die man das »in« ganz einfach streicht.

In bestimmten Zusammenhängen, in denen Missverständnisse aufkommen können, empfiehlt es sich, »im Jahre ...« oder »des Jahres...« vor die Jahreszahl zu setzen.

Missverständlich:
»Die beiden Wissenschaftler haben auf ihrer Reise durch Russland 2003 besonders wertvolle Gemälde gesichtet.«
Besser:
»Die beiden Wissenschaftler haben auf ihrer Reise durch

Russland im Jahre 2003 besonders wertvolle Gemälde gesichtet.«

### [i] insofern als/insofern dass

Was fern ist, das ist in der Regel auch weit, daher besteht zwischen den Wörtern »insofern« und »insoweit« kein Bedeutungsunterschied. Werden sie von einer Konjunktion begleitet, so ist es »als«, nicht »dass«:

»Es war insofern komisch, als der Angesprochene kein einziges Wort zu verstehen schien.«

»Hamburg verdient seinen Ruf als schönste Stadt Deutschlands insoweit zu Recht, als es im Zentrum mehr Wasser und Grün zu bieten hat als jede andere Stadt.«

»Die Telefonistin war insofern unprofessionell, als sie jede Beschwerde persönlich nahm und pampig reagierte.«

Folgt »als« unmittelbar auf »insofern«, so steht zwischen den beiden Wörtern kein Komma, da sie eine sogenannte konjunktionale Einheit bilden:

»Du hast mehr geholfen als alle anderen, insofern als du sofort gehandelt hast.«

Gelegentlich wird auch »insofern weil« gesagt, was allerdings nicht standardsprachlich ist. Manche gehen gar so weit, dem »als« noch ein »dass« folgen zu lassen. Das ist aber insofern falsch, als die Konjunktion »als dass« den Irrealis zur Folge hat – also nicht eine Begründung einleitet, sondern etwas, das unter den zuvor genannten Bedingungen nicht eintreten wird. Meistens geht der Konjunktion »als dass« das betonende Wörtchen »zu« voraus:

»Es war zu schrecklich, *als dass* man es mit Worten beschreiben könnte.«

»Ich bin zu alt, *als dass* ich mir solche Strapazen noch zumuten wollte.«

Die folgende Aussage ist nicht korrekt:
»Es wurde insofern ein Fehlverhalten festgestellt, *als dass* der Athlet zu wenig Urin abgegeben hatte.«
Dem ungenügenden Maß an Urin steht hier ein Übermaß an Konjunktionen gegenüber.

Dabei sind »insofern« und »insoweit« ganz genügsam! Ehe man ihnen mehr Begleitung als nötig auflastet, verzichten sie lieber ganz darauf und genügen sich selbst:
»Ich fühlte mich wie Hänsel ohne Gretel, insofern ich furchtbare Angst hatte, mich zu verlaufen.«
»Es gab keinen Grund zur Besorgnis, insofern genügend Rettungsboote an Bord waren.«

## [i] Inspektor/Inspekteur

Die Franzosen lieben unseren »inspecteur Derrick«, auch wenn er sich mittlerweile zur Ruhe gesetzt hat. Bei uns wurde er freilich »Inspektor« genannt, denn so lautet die deutsche Bezeichnung für einen »Verwaltungsbeamten auf der ersten Stufe des gehobenen Dienstes«. Dies gilt nicht nur für die Polizei; Inspektoren findet man auch in anderen Bereichen der Verwaltung, zum Beispiel in Baubehörden, da gibt es Bauinspektoren. Früher gab es auch Postinspektoren und Verkehrsinspektoren. Mancher Fürst leistete sich gar einen Orgelinspektor. Besonders reich an Inspektoren ist auch heute noch die Schweiz.
Einen »Inspekteur« gibt es im Deutschen gleichwohl. So werden bei der Bundeswehr die Leiter der Führungsstäbe der Teilstreitkräfte Heer, Luftwaffe und Marine und der Leiter des Sanitätswesens genannt. An oberster Stelle steht der Generalinspekteur der Bundeswehr.
Verunsicherung herrscht immer wieder hinsichtlich der Frage, ob die Waffenkontrolleure der Uno nun Inspektoren oder Inspekteure seien. Da der aus dem Französischen

kommende Ausdruck »Inspekteur« im Deutschen aber nur für die ranghöchsten Soldaten der Bundeswehr verwendet wird, werden die Uno-Kontrolleure richtigerweise Inspektoren genannt.

Wer übrigens im Internet nach »Derrick«-Bildern sucht und dabei auf lauter Aufnahmen von Bohrtürmen stößt, der braucht sich nicht zu wundern – »derrick« ist das englische und französische Wort für Bohrturm.

## [j] je – je/desto/umso

Die Konjunktion »je« steht heute standardgemäß mit den Korrelaten (= Partnerwörtern) »umso« oder »desto«:

**Je** länger ich faste, **desto** mehr nehme ich zu.
**Je** weniger du redest, **umso** besser ist es.

In der Schriftsprache findet man dies gelegentlich auch umgekehrt:

Ich nehme **desto** mehr zu, **je** länger ich faste.
Es ist **umso** besser, **je** weniger du redest.

Früher konnte »je« auch mit einem zweiten »je« stehen:

Je kälter der Winter, je größer die Not.
Je besser wir uns kennen, je mehr gefällst du mir.

Die »Je-je«-Form gilt heute als veraltet. Man findet sie nur noch in kurzen festen Fügungen wie »je länger, je lieber« und »je länger, je mehr«.

Die Konstruktion mit doppeltem »umso« ist umgangssprachlich:

Umso mehr Leute kommen, umso enger wird es.
Umso größer der Aufwand, umso höher die Kosten!

## [k] Kuwait/Kuweit

Schreibt man das mit Erdöl gesegnete Emirat am Persischen

Golf »Kuwait« oder »Kuweit«? An dieser Frage scheiden sich die Geister. Oder sind's die Gaister? Zunächst gilt eines klarzustellen: Ob »Kuwait« oder »Kuweit« – in beiden Fällen handelt es sich lediglich um eine Transkription (= lautliche Umschrift) des Arabischen. Die Araber schreiben das Land nämlich so:

$$الكويت$$

Die Frage, wie diese arabischen Zeichen am besten mit lateinischen Buchstaben wiederzugeben seien, muss jede Sprache für sich selbst beantworten. Das Englische hat sich für »Kuwait« entschieden. Viele deutschsprachige Nachrichtenagenturen haben die englische Form übernommen, manche Nachrichtensprecher imitieren sogar die englische Aussprache und sagen etwas in der Art wie »Kouwhaijt«. Der »Spiegel« schreibt Kuweit mit »ei«, weil der Ei-Laut im Deutschen üblicherweise mit »ei« dargestellt wird. Die Darstellung mit »ai« wie in »Mai« und »Kaiser« ist im Deutschen die Ausnahme.

Die Bewohner Kuweits heißen auf Deutsch »Kuweiter«, nicht »*Kuwaitis*«, dies ist wiederum nur die englische Form. Die Hauptstadt heißt auf Deutsch genauso wie das Land, nämlich Kuweit, zur Unterscheidung gelegentlich auch um den Zusatz »-Stadt« ergänzt, also Kuweit-Stadt, nicht aber *Kuwait City*, so heißt es auf Englisch.

### [l] Ländernamen mit Artikel/Ländernamen ohne Artikel

Wann wird Ländernamen ein Artikel vorangestellt und wann nicht? Diese Frage beschäftigt viele Leser – sowohl in Deutschland als auch in Österreich und in Schweiz. In Schweiz? Schon stecken wir mittendrin in der Problematik. Ob ein Ländername mit Artikel oder nicht genannt wird, hängt von seinem Geschlecht ab. Die allermeisten Länder sind sächlich, bei ihnen fällt der Artikel weg: Dänemark, Frankreich, Island, Großbritannien – allesamt artikellos. Gott sei Dank! Stellen Sie sich vor, wie lästig das bei Aufzählungen würde: »Mit der letzten Erweiterung kamen das Polen, das Ungarn, das Tschechien, die Slowakei, das Slowenien, das Lettland, das Litauen, das Estland, das Malta und das Zypern zur Europäischen Union.« – »Das« wäre ja unerträglich! So wurde bereits vor langer, langer Zeit auf den sächlichen Artikel verzichtet.

Ländernamen, die weiblich sind, haben den Artikel bis heute behalten. Von ihnen gibt es allerdings nur eine Handvoll:

die Dominikanische Republik, die Mongolei, die Schweiz, die Slowakei, die Türkei, die Ukraine, die Zentralafrikanische Republik

Ländernamen männlichen Geschlechts gibt es ebenfalls nicht besonders viele, und bei ihnen ist außerdem auch noch ein schwankender Genusgebrauch festzustellen. Die im Folgenden genannten Ländernamen können sowohl männlich als auch sächlich gebraucht werden. Werden sie männlich gebraucht, so stehen sie mit Artikel:

der Irak, der Iran, der Jemen, der Kongo, der Libanon, der Niger, der Sudan, der Tschad, der Vatikan

Der Name »Iran« wurde früher grundsätzlich als männliches Wort angesehen, daher hieß es immer »der Iran«. Heute gehen immer mehr Redaktionen und Verlage dazu über, »Iran« artikellos zu gebrauchen, da es im Persischen selbst keine Artikel gibt. Für viele Leser klingen Sätze wie »Anschließend flog der Minister nach Iran« und »In Iran hat erneut die Erde gebebt« ungewohnt. Es gibt jedoch keine Regel, die uns vorschreibt, die Aussprache und das Geschlecht eines Ländernamens aus der jeweiligen Landessprache zu übernehmen. Daher steht es jedem frei, »Iran« weiterhin mit männlichem Artikel zu gebrauchen und entsprechend »in den Iran« und »im Iran« zu sagen.

Ebenfalls mit Artikel werden all diejenigen Länder geführt, deren Namen im Plural stehen:

die Bahamas, die Niederlande, die Philippinen, die Salomonen, die Seychellen, die USA, die Vereinigten Arabischen Emirate

Tritt ein Attribut vor den Namen, dann wird auch bei Ländern sächlichen Geschlechts der Artikel plötzlich wieder sichtbar: das schöne Österreich, das moderne Frankreich, das alte China, das wiedervereinigte Deutschland.

## [l] Loser/Looser

Schon immer gab es in der deutschen Sprache englische Wörter, die bestimmte Menschentypen bezeichneten. Man denke nur an den Gentleman oder den Dandy, das Girlie oder den Softie, den Yuppie oder den Hippie, den Star oder den Fan, das Fashion-Victim oder den Champion (nicht zu verwechseln mit dem französischen Champignon). Und seit einiger Zeit gibt es auch den Loser, wobei nicht ganz klar ist, worin er sich vom Verlierer unterscheidet. Dass das Verlieren eine Spezialität der angelsächsischen Kultur sein soll, lässt sich geschichtlich jedenfalls nicht nachweisen. Wir Deutschen hingegen haben mit dem Verlieren sehr viel mehr Erfahrungen gemacht, man schaue sich nur einmal die Ergebnisse des »Eurovision Song Contest« der letzten Jahre an.

Trotzdem nennen wir den Verlierer heute vorzugsweise einen Loser. Das ist immerhin ein weiterer Beleg für die Tatsache, dass das Deutsche im Vergleich mit dem Englischen als Verlierer dasteht – nicht nur weltweit, sondern auch bei uns im eigenen Land. Wenn schon englisch, dann aber bitte richtig: Trotz des langgezogenen u-Lautes wird der Loser nur mit einem »o« geschrieben. Wer ihn mit Doppel-o schreibt (»Looser«), macht sich selbst zum Loser-Typen in Sachen Orthografie.

### [m] Million / Millionen

Der Singular lautet »Million«, der Plural »Millionen«. Solange also nur von einer Million die Rede ist, kann nicht von »einer Millionen« die Rede sein, es sei denn als Teil einer Zusammensetzung wie »in einer Millionen-Metropole« oder als eingeschobenes Zahlwort wie bei »einer Millionen Jahre alten Landschaft«.

Im Singular heißt es: eine Million, die Million.

Was wirst du mit deiner ersten Million anstellen?
Das habe ich doch schon eine Million Mal erklärt!
Das Haus kostet eine Million Euro.
Für die erste Million musste er sich noch sehr anstrengen, die zweite Million fiel ihm dann fast in den Schoß.

Die Suchmaschine Google liefert 71.000 Treffer, wenn man ins Suchfeld »eine Millionen« eingibt. Eine stattliche Fehlerquote. Aber wer wollte es den Deutschen verübeln, dass sie sich »Millionen« erträumen, und sei es auch nur eine einzige.

Im Plural heißt es: Millionen, die Millionen, zwei Millionen, mehrere Millionen.

Ich brauche keine Millionen, mir fehlt kein Pfennig zum Glück.
Es waren Millionen Sterne zu sehen, wenn nicht Milliarden.

## [m] Model/Modell

Wenn ein Wort in zwei verschiedenen Schreibweisen existiert, dann denken die meisten Menschen, dass es einen Bedeutungsunterschied geben müsse. So wird heute gerne angenommen, dass »Model« mit einem »l« das Wort für Mannequin sei und »Modell« mit Doppel-l etwas künstlich Geschaffenes. Ein Trugschluss. Claudia Schiffer ist ebenso ein Fotomodel wie ein Fotomodell. Das Wort Modell ist lediglich älter, die englische Variante (gesprochen: moddl) kam – wie so oft – später dazu, um unsere Sprache an einer Stelle zu bereichern, die schon reich genug war. Das schöne französische Wort »Mannequin« ist zugunsten des kaugummizerkauten »Model« aus der Mode geraten. Dass auch das deutsche »Modell« vom englischen »Model« verdrängt wurde, lässt sich aber nicht allein mit der allgemeinen Beliebtheit englischer Wörter begründen. In den siebziger Jahren geriet der Begriff »Modell« zunehmend in Verruf, da sich immer häufiger Callgirls als »Modelle« ausgaben. Da mochten die Mannequins sich nicht mehr Modelle nennen – was den Siegeszug des englischen Wortes begünstigte.

Daneben hat das Wort »Modell« natürlich noch eine Vielzahl weiterer Bedeutungen, die unbestritten sind: Vorbild, Muster (Athen war ein frühes Modell der Demokratie; Frauen, die einem Maler Modell stehen), Nachbildung in kleinerem Maßstab (Modelleisenbahn, Modellauto), Einzelanfertigung eines Kleides (das geblümte Modell), vereinfachte Darstellung eines Ablaufs oder eines komplexen

Zusammenhangs (das Modell unserer DNS), Typ, Fabrikat (Automodell).

Gelegentlich kommt es zu rührenden Missverständnissen, wenn jemand auf einer Party von sich erzählt: »Ich sammele alte Porschemodelle«, und ein anderer begeistert ruft: »Oh, warten Sie, da habe ich was für Sie!«, um kurz darauf mit einem Miniaturauto zurückzukehren. Zwischen Automodell und Modellauto liegen Welten – nicht nur maßstäblich und preislich, sondern auch hinsichtlich ihrer Tauglichkeit als Statussymbol.

## [n] Netz/Netzwerk

Ein Netz ist ein Netz ist ein Netz. So ein Ding mit Knoten und Maschen eben, wie es die Fischer zum Fischen verwenden, wie es Artisten unterm Drahtseil aufspannen und wie es die Spinnen weben. Im übertragenen Sinne kann ein Netz noch sehr viel mehr bedeuten, zum Beispiel ein System aus sozialen Kontakten. Geheimdienste haben ein Netz von Informanten, und Osama Bin Laden hat ein Netz von Terroristen, die Qaida, das gefürchtetste Terrornetz der Welt.

Das Wort »Netzwerk« ist ein Anglizismus, genauer gesagt ein Übersetzungsfehler. »Network« bedeutet Geflecht, Netz, man könnte auch Maschen-, Knüpf- oder Flechtwerk sagen, wenn man die Zweisilbigkeit unbedingt erhalten will, aber eben nicht Netzwerk. »Railway network« heißt auf Deutsch immer noch Eisenbahnnetz, nicht *Eisenbahnnetzwerk*.

Die mehr am Englischen als am Deutschen orientierte Computerfachsprache hat den Begriff *Netzwerk* derart populär gemacht, dass viele glauben, wann immer etwas Technisches oder etwas von Menschen Organisiertes gemeint sei, müsse es *Netzwerk* heißen.

Bei Zusammensetzungen mit »-werk« im Sinne von »Arbeit«, »Schaffen« erfüllt das Bestimmungswort die Funktion, das Werk genauer zu beschreiben. »Backwerk« ist das Werk des Bäckers, »Feuerwerk« das Werk des Feuers, »Tagewerk« die Arbeit eines Tages und »Handwerk« das Werk der Hände. Demzufolge müsste ein »Netzwerk« das Werk eines Netzes sein, es ist aber das Netz das Werk eines Knüpfers oder Flechters. Es wäre genauso falsch, plötzlich von »Brotwerk« statt von »Backwerk« zu sprechen. Netz und Brot sind das Ergebnis, nicht aber die Zutaten oder Urheber eines Werks.

Die Computerwelt, die uns in so reichem Maße mit »Netzwerken« beglückt, hat den Begriff aus der klassischen Nachrichtentechnik übernommen, in der ein »Netzwerk« die Zusammenschaltung elektrischer Bauelemente bezeichnet, die ein Eingangssignal zu einem Ausgangssignal verarbeitet. Hier mag der Begriff seine Berechtigung haben, daher steht er auch im Wörterbuch. Ein solches Netzwerk ist im Englischen übrigens ein »circuit« und kein »network«.

### [n] Neugier/Neugierde

Zwischen »Neugier« und »Neugierde« besteht zwar ein klanglicher, aber kein qualitativer Unterschied. Beide Formen sind standardsprachlich korrekt und als gleichwertig anzusehen.

Dasselbe gilt auch für die Wörter »Begier« und »Begierde«; auch hier sind beide Formen richtig und gleichbedeutend. »Begierde« ist allerdings die häufigere Form, »Begier« gilt als gehoben und ist dementsprechend selten anzutreffen.

Indes gibt es das Wort »Gierde« nicht allein, unsere Sprache kennt nur die »Gier«. Andere »gierige« Zusammensetzungen wie Beutegier, Blutgier, Geldgier, Habgier, Mordgier, Raffgier gibt es nur mit »Gier«, nicht mit »Gierde«.

Einen klangähnlichen Fall stellt das Wortpaar Zier/Zierde dar. Auch hier sind zwei bedeutungsgleiche Formen existent, von denen die eine ebenso gut und richtig wie die andere ist.

### [o] offiziell/offiziös

»Offiziell« bedeutet amtlich, förmlich, feierlich. Das wissen die meisten Menschen auch, daher wird dieses Wort selten falsch gebraucht.

Anders verhält es sich dagegen mit »offiziös«. Hier glauben viele, es handele sich noch um eine Steigerung des Wortes »offiziell« und sei also geradezu höchst offiziell. Doch genau das Gegenteil ist der Fall: Offiziös bedeutet halbamtlich, nicht verbürgt, also eher inoffiziell als offiziell.

Wenn sich ein Journalist auf »offiziöse Quellen« beruft und dies auch wirklich meint, so hat er entweder einen Insider-Tipp bekommen oder einfach nur irgendwo ein Gerücht aufgeschnappt, das zu überprüfen er noch keine Gelegenheit hatte.

### [p] Platzangst/Raumangst

Das Wort »Platzangst« wird umgangssprachlich oft im Sinne von Angst vor Enge, vor Gedränge und vor geschlossenen Räumen gebraucht. Viele Menschen sagen zum Beispiel, dass sie in Fahrstuhlkabinen Platzangst bekämen. Hier wird Platzangst folglich mit Angst vor »zu wenig Platz« gleichgesetzt.

Tatsächlich aber ist Platzangst etwas anderes, nämlich die Angst vor weiten, offenen Plätzen, vor »zu viel Platz« also. Der Fachterminus für Platzangst lautet Agoraphobie. *Agora* ist griechisch und bezeichnet einen öffentlichen Platz. Die Angst vor geschlossenen Räumen wird in der Fachsprache Klaustrophobie genannt, darin steckt das lateinische Wort *claudere*, welches »abschließen« oder »einschließen«

bedeutet. Die deutsche Bezeichnung für Klaustrophobie lautet Raumangst.

Dieses Wort ist den wenigsten bekannt, es steht nicht einmal im Duden. Die meisten Menschen sprechen von »Platzangst«, wenn sie Klaustrophobie meinen. Dafür gibt es zwei Gründe: Erstens ist die Angst vor Enge weiter verbreitet als die Angst vor Weite. Zweitens hat das Wort »Platzangst« einen dramatischeren Klang, der eher an das Verb »platzen« als an einen Platz denken lässt.

## [p] postum/posthum

Dies dürfte manchen Wortklauber überraschen: *postum* und *posthum* bedeuten tatsächlich dasselbe! Und zwar »nach jemandes Tod erfolgt« (zum Beispiel eine Auszeichnung) oder »nach jemandes Tod erschienen, nachgelassen«. Dass nur »posthum« dies bedeutete, während »postum« mit »nachträglich« gleichzusetzen sei, ist ein Missverständnis.

Die Form ohne »h« ist die ältere. Sie wurde im 18. Jahrhundert aus dem lateinischen Wort »postumus« abgeleitet, welches »zuletzt geboren, nach dem Tod des Vaters geboren« bedeutet. Im Erbrecht gibt es den Begriff des Postumus, das ist der Spät- oder Nachgeborene.

Die Form mit »h« ist eine Nebenform, die sich volksetymologisch an das lateinische Wort »humus« (= Erde) und das davon abgeleitete »humare« (= beerdigen; daher: exhumieren = wiederausgraben) anlehnt. Weil man durch Verknüpfung mit »Humus« den Friedhofsgeruch förmlich riechen und sich somit die Bedeutung des Wortes *postum* besser merken konnte, schrieb man es vorzugsweise mit »h«. Diese volkstümliche Variante hat sich durchgesetzt und die lateinische Form stark zurückgedrängt.

Wer heute »postum« statt »posthum« schreibt, der begeht aber keinen Fehler. Denn der Friedhofshumus ist dem Wort erst nachträglich beigemischt worden, die »reine« Form kommt ohne »h« aus und wird auch ganz normal auf der ersten Silbe betont: Postum – wie Punktum.

### [r] raus, rein, runter, rüber, rauf und ran

Die Präpositionen raus, rein, runter, rüber, rauf und ran werden nicht apostrophiert: »Komm sofort da runter!«, nicht: »*Komm sofort da 'runter!*«

Zwar steht das »r« für die Vorsilbe »her«, doch ist diese Verkürzung auf einen Buchstaben bereits so alt, dass der Apostroph schon lange nicht mehr gesetzt wird.

Bei Zusammensetzungen mit Verben erfolgt ausnahmslos Zusammenschreibung: raussehen, reinsetzen, rüberkommen, runterklettern, raufschauen, rangehen.

### [r] Referenz/Reverenz

Der Teufel steckt bekanntermaßen im Detail. In diesem Falle ist es ein kleiner unscheinbarer Lippenlaut, der eine große Wirkung hat.

Spricht man ihn weich wie ein »w«, dann ist's die Reverenz, und die bedeutet »Ehrerbietung« und »Verbeugung«. Der Königin erweist man eine Reverenz, indem man sich vor ihr verneigt oder einen Hofknicks macht.

Spricht man den Lippenlaut hart, dann wird die Verneigung zur Empfehlung: Referenz bezeichnet eine Art Zeugnis, das man als Empfehlung vorweisen kann. Früher konnte auch die Auskunft gebende Person selbst damit gemeint sein. Meistens wird die Referenz in der Mehrzahl gebraucht: »Hat der Bewerber irgendwelche Referenzen vorzuweisen?«

Wer keine Referenzen vorzuweisen hat, muss dem Personalchef eine sehr kniefällige Reverenz erweisen, wenn er den Job bekommen will.

Die Reverenz gelangte im 15. Jahrhundert in unsere Sprache, eine Übernahme aus dem Lateinischen: »reverentia«

heißt »Scheu«, »Ehrfurcht«. Auch zu finden im englischen »reverend«, mit dem Geistliche angesprochen werden (»Hochwürden«). Die Referenz kam erst später ins Deutsche, im 19. Jahrhundert, und zwar aus dem Französischen. »Référer« heißt »berichten«, »Bericht erstatten«, und damit wiederum ist auch das bei Schülern und Studenten so beliebte (oder gefürchtete) Referat verwandt.

### [s] schmelzen/schmilzen

Viele Menschen verwenden das kuriose Verb »schmilzen« und seufzen entzückt: »Ich *schmilze* dahin.«

Tatsächlich aber gibt es nur das Wort »schmelzen«, und in der ersten Person Singular muss es heißen: »Ich schmelze dahin.«

In der zweiten und dritten Person Singular findet allerdings tatsächlich eine Klangveränderung statt: Du schmilzt, das Eis schmilzt. »Schmelzen« gehört nämlich zu den unregelmäßigen Verben, die ihren Stammlaut in der zweiten und dritten Person Singular sowie im Präteritum und im Perfektpartizip verändern.

Darüber hinaus kann »schmelzen« sowohl transitiv (ich schmelze die Butter) als auch intransitiv (ich schmelze selbst) sein.

In früheren Zeiten wurde das transitive Verb regelmäßig gebeugt, da hieß es dann zum Beispiel »die Sonne schmelzte das Eis« oder »der Goldschmied hat das Gold geschmelzt«. Diese Formen haben sich allerdings nicht durchgesetzt. Erstaunlicherweise, muss man sagen, denn eigentlich befinden sich die regelmäßigen Formen seit Jahrhunderten auf dem Vormarsch. »Schmelzen« ist also ein Beispiel dafür, dass sich das Unregelmäßige in der deutschen Sprache durchaus behaupten kann.

|  | Erste Person | Zweite Person | Dritte Person |
|---|---|---|---|
| **Präsens Singular** | ich schmelze | du schmilzt | er, sie, es schmilzt |
| **Präsens Plural** | wir schmelzen | ihr schmelzt | sie schmelzen |
| **Präteritum Singular** | ich schmolz | du schmolzest | er, sie, es schmolz |
| **Präteritum Plural** | wir schmolzen | ihr schmolzet | sie schmolzen |
| **Perfekt (transitiv)** | ich habe das Eis geschmolzen | du hast das Eis geschmolzen | er, sie, es hat das Eis geschmolzen |
| **Perfekt (intransitiv)** | ich bin geschmolzen | du bist geschmolzen | er, sie, es ist geschmolzen |

## [s] Schuld/schuld

Wenn jemand nicht weiß, wie er mit Schuld umzugehen hat, so ist das nicht unbedingt seine Schuld. Denn man kann sowohl im Kleinen schuld sein als auch große Schuld haben.

Wenn vor der »Schuld« ein Artikel oder ein Possessivpronomen steht, dann ist »Schuld« ein Hauptwort und wird großgeschrieben:

Wer trägt die Schuld?
Wessen Schuld ist es gewesen?
Gib nicht mir die Schuld!
Es ist allein deine Schuld.

Bis 1998 galt die Regel, dass »Schuld« nur in den oben genannten Fällen großgeschrieben wird. Stand das Wort ohne Artikel oder Pronomen, wurde es kleingeschrieben. Dies wurde durch die Rechtschreibreform geändert. Heute wird

»Schuld« immer großgeschrieben, wenn es den Charakter eines Hauptwortes hat:

Wer hat Schuld?
Daran haben nicht die Schüler Schuld, sondern die Lehrer.
Gib nicht immer mir Schuld, sondern dir!
Daran tragen allein die Politiker Schuld.

Und nur noch dann, wenn Schuld – wie »schuldig« – mit den Formen von »sein« gebraucht wird und somit eindeutig ein Eigenschaftswort ist, wird es kleingeschrieben:

Wer ist schuld?
Daran sind nicht die Schüler schuld, sondern die Lehrer.
Ich bin nicht schuld daran, du bist schuld!
Die Politiker sind an allem schuld.

Der Weg über die Eselsbrücke lautet: Schuld hat man groß, schuld ist man klein.
Im Rheinland und in einigen anderen Gegenden wird gelegentlich auch die kuriose Formulierung »etwas in Schuld sein« gebraucht: »Wir sind's nicht in Schuld, die anderen sind's in Schuld!« Dabei handelt es sich um eine regionale Form der Umgangssprache.

### [s] soweit/so weit
So + weit wird nur dann in einem Wort geschrieben, wenn es sich um eine Konjunktion handelt und dasselbe bedeutet wie »soviel«, »sofern« oder »wie«:
Soweit/Soviel ich weiß, ist der Chef bis Ende des Monats im Urlaub.
Sie hat anscheinend großes Glück gehabt, soweit/soviel man uns erzählt hat.

In allen anderen Fällen wird »so weit« auseinandergeschrieben:

Ich hatte keine Ahnung, dass der Weg so weit sein würde.
Man sollte nur so weit gehen, wie man es vor seinem Gewissen verantworten kann.
So weit wie an diesem Tag war er noch nie gesprungen.
Mein Nachbar wohnt doppelt so weit von der Arbeit entfernt wie ich.
Wir sind so weit gekommen, dass es dumm wäre, jetzt einfach umzukehren.

In diesem Beispiel sieht man den Unterschied vielleicht am deutlichsten:

Wir marschieren, so weit wir können, soweit der Weg und das Wetter es zulassen.

## [s] Staub saugen/staubsaugen

Die mit dem Staubsauger verbundene Tätigkeit kann man auf zwei Weisen schreiben, in einem Wort oder in zweien. Dabei gibt es einen Bedeutungsunterschied. Schreibt man es in zwei Wörtern (Staub saugen), so ist der Staub das Objekt, das gesaugt wird: »Ich kann dich nicht verstehen, Schatz, ich sauge gerade Staub!« Schreibt man es in einem Wort (staubsaugen), so kann das gesaugte Objekt beispielsweise ein Teppich oder eine Polstergarnitur sein: »Ich staubsauge den Teppich« (nicht: Ich sauge den Teppich staub). Entsprechend gibt es auch zwei unterschiedliche Perfektformen, die beide regelmäßig gebildet werden: Staub gesaugt und gestaubsaugt (nicht »gesogen«). Beim Satz »Ich habe den Teppich und die Sessel gestaubsaugt« sind Teppich und Sessel die gesaugten Objekte. Beim Satz »Ich habe in der ganzen Wohnung Staub gesaugt«

ist wiederum der Staub das Objekt, der Zusatz »in der ganzen Wohnung« ist eine adverbiale Bestimmung des Ortes.

Die Vollzugsmeldung »Ich habe überall gestaubsaugt« ist nach dieser Logik nicht ganz staubrein, richtig wäre »Ich habe überall Staub gesaugt«, denn »überall« ist kein Objekt, sondern ein Adverb.

### [t] Teil (der/das)

Das Wort »Teil« gibt es in zwei Bedeutungen, als männlichen Teil und als sächliches Teil. Während »der Teil« immer als Untermenge eines Ganzen zu sehen ist, steht »das Teil« für etwas Losgelöstes, für ein einzelnes Stück.

Der Teil (Teil eines Ganzen):

der Erdteil, der Landesteil, der Stadtteil, der Elternteil, der Bestandteil, der (vordere/hintere) Zugteil, der Mittelteil (z. B. mittlerer Abschnitt eines Buches)

Das Teil (loses Stück):

das Puzzleteil, das Ersatzteil, das Einzelteil, das Altenteil, das Oberteil, das Plastikteil, das Wrackteil

Das Wort »Wrackteil« wird meistens sächlich gebraucht, wenn nämlich ein einzelnes Stück gemeint ist, das am Straßenrand liegt oder irgendwo an einen Strand gespült wird. »Wrackteil« kann aber auch männlich gebraucht werden, wenn zum Beispiel der vordere oder der hintere Teil eines Wracks gemeint ist. Um es auf eine stark vereinfachte Formel zu bringen:

Männliche Teile kann man erforschen, sächliche Teile kann man abtrennen, einbauen, anziehen oder wegwerfen.

Der Bedeutungsunterschied zwischen dem männlichen Teil und dem sächlichen Teil wird allerdings nicht bei allen Zusammensetzungen durchgehalten. So wird das Wort »Erbteil« meistens mit sächlichem Artikel gebraucht, obwohl damit nicht irgendein Ding gemeint ist, das man in die Hand nehmen kann (auch wenn oft nicht viel mehr zu holen ist). Erbteil bedeutet Anteil vom Erbe, und das Wort »Anteil« ist schließlich auch nicht sächlich. Die Juristen, die es mit der Sprache bekanntlich oft genauer nehmen als alle anderen, verwenden das Wort »Erbteil« entsprechend mit männlichem Artikel. Im BGB heißt es »der Erbteil«.

Nach obiger Definition müssten auch die Wörter Körperteil, Vorderteil und Hinterteil männlich sein, da sie Teile eines Ganzen sind. Sie werden aber sehr häufig mit sächlichem Artikel gebraucht, das Wort »Hinterteil« sogar fast ausschließlich. Obwohl es doch »der Hintern« heißt. Offenbar wird »das Hinterteil« nicht als Teil eines Ganzen verstanden, sondern losgelöst vom Rest des Körpers begutachtet. Möge sich jeder seinen Teil (nicht: sein Teil) dazu denken.

### [t] Tür / Türe

Wenn der Dezember kommt, dann steht Weihnachten vor der Tür. Bei einigen steht Weihnachten allerdings auch vor der Türe. Das führt bei vielen Deutschen zu Verwirrung. Vor allem, wenn sie zum Beispiel an Bord derselben Lufthansa-Maschine (»Thüringen«) sowohl den Hinweis »Bitte Tür schließen« beachten als auch der Aufforderung »Bitte Türe vorsichtig öffnen« nachkommen sollen. Wie ist es denn nun richtig? Türe oder Tür?

Tatsächlich gibt es beide Formen. Auf Hochdeutsch heißt es »Tür«, ohne »e«, so ist es üblich und gilt als Standard. Die Form mit »e« existiert vor allem in Mitteldeutschland. Ob der Hinweis an der Toilettentür(e) in besagter Lufthansa-Maschine allerdings bewusst mit Rücksicht auf das namensgebende Bundesland gewählt wurde, ist zu bezweifeln.

Für die Dichter und Verseschmiede in diesem Lande ist die Existenz zweier Formen indes ein Segen, denn sie erhöht die Reimmöglichkeiten. Anbei ein kleines Beispiel, nicht gerade von goethescher Qualität, aber das Prinzip durchaus erhellend:

> Vor der Türe, vor dem Tore
> Warte ich auf Hannelore.
> Vor dem Türchen, vor dem Törchen
> Wart ich auf das Hannelörchen.
> Vor dem Tore, vor der Tür
> Steh ich nun seit Stunden hier.
> Keine Spur von Hannelor
> Wie viel Zeit ich schon verlor!
> Geh ich halt nach nebenan
> In die Kneipe, rein zur Tür
> Wo bei einem frischen Bier
> Ich genauso warten kann
> Und mich besser amüsiere
> Als vor Hannelörchens Türe.

### [ü] überführt/übergeführt

Man kann sowohl einen Täter überführen als auch einen Leichnam. Der Unterschied liegt in der Betonung: Bedeutet das Verb »jemanden an einen anderen Ort bringen«, liegt die Betonung auf der Vorsilbe »über«.

Die Vergangenheitsformen lauten in diesem Falle:

Man führte den Schwerverletzten in ein Krankenhaus über.
(Aktiv/Präteritum)
Er wurde in ein Krankenhaus übergeführt. (Passiv/Präteritum)
Man hat den Schwerverletzten in ein Krankenhaus übergeführt. (Aktiv/Perfekt)
Er ist in ein Krankenhaus übergeführt worden. (Passiv/Perfekt)

Wird »überführen« hingegen im Sinne von »den Beweis einer Schuld erbringen« gebraucht, so liegt die Betonung stets auf der dritten Silbe. Die Vergangenheitsformen lauten hier:

Man überführte den Täter. (Aktiv/Präteritum)
Der Täter wurde überführt. (Passiv/Präteritum)
Man hat den Täter überführt. (Aktiv/Perfekt)
Der Täter ist überführt worden. (Passiv/Perfekt)

Die festen Formen der zweiten Bedeutung finden allerdings zunehmend Anwendung auf die erste Bedeutung. Der Duden erklärt es für zulässig, dass man auch bei der Überführung im Sinne eines Transportes die Formen »überführte« (statt »führte über«) und »überführt« (statt »übergeführt«) verwendet.
Ein Leichnam kann demnach also sowohl übergeführt als auch überführt werden. Die Betonung liegt in jedem Fall auf einem »ü«.

## [v] verschieden/unterschiedlich
Die Wörter »unterschiedlich« und »verschieden« werden oft synonym, also gleichbedeutend verwendet. »Verschie-

den« kann nämlich sowohl »mehrere, manche, diverse« als auch »von anderer Art« bedeuten. Zwischen den beiden Aussagen »Henry und ich waren verschiedener Meinung« und »Henry und ich waren unterschiedlicher Meinung« besteht kein Bedeutungsunterschied. In jedem Falle waren Henry und ich nicht derselben Meinung.

Gelegentlich aber kann die Verwendung von »verschieden« zu Missverständnissen führen. Die Aussage »Sie hatten verschiedene Interessen« kann in zwei Richtungen gedeutet werden, nämlich sowohl als »Sie hatten diverse Interessen (z. B. reiten, malen, kochen)« wie auch als »Sie hatten nicht dieselben Interessen«. Um in solchen Fällen klarzumachen, dass »verschieden« nach der ersten Lesart aufgefasst werden soll, bedient man sich gerne der Steigerung: »Sie hatten die verschiedensten Interessen.«

Ein weiteres Beispiel für den Unterschied zwischen »verschieden« und »unterschiedlich«: Wenn die Polizei nach einem Einbruch am Tatort *verschiedene* Fingerabdrücke findet, kann sie nicht sofort daraus schließen, ob ein oder mehrere Täter am Werk gewesen sind. Erst wenn sich herausstellt, dass es sich um *unterschiedliche* Fingerabdrücke handelt, ist klar, dass mindestens zwei Täter ihre Finger im Spiel hatten. Ein einzelner Mensch kann durchaus verschiedene (das heißt: diverse, mehrere) Fingerabdrücke hinterlassen, aber nicht unterschiedliche.

Diesem ungleichen Wortpaar wohnt eine ähnliche Problematik inne wie bei dasselbe/das Gleiche und bei gleich/identisch.

Das Wort »verschiedentlich« bedeutet »mehrmals«, »öfters« und ist somit nicht dasselbe wie »verschieden«. Es handelt sich um ein Adverb, das nicht gebeugt oder attributiv gebraucht werden kann:

»Sie haben verschiedene (nicht: verschiedentliche) Modelle geprüft.«

»Er war bereits verschiedene (nicht: verschiedentliche) Male gewarnt worden.« Stattdessen aber auch: »Er war bereits verschiedentlich gewarnt worden.«

## [v] verstorben/gestorben

In tiefer Trauer gibt Familie Heckeldorn das Dahinscheiden ihrer geliebten Yorkshire-Terrier-Hündin Tiffany bekannt, die am Sonntag nach dem Genuss eines 16 Zentimeter langen Marzipanbrotes »verstorben« sei.

Jetzt ist Tiffany im Hundehimmel, und das Leben geht weiter. Der Familie Heckeldorn bleiben viele schöne Erinnerungen an ihre herzallerliebste Tiffany, und allen anderen bleiben zwei Fragen. Erstens: Wie viel Marzipanbrot sollte man einem Schoßhündchen maximal verabreichen? Zweitens: Gibt es einen Unterschied zwischen »gestorben« und »verstorben«?

Zumindest die zweite Frage verdient an dieser Stelle eine Erörterung. Natürlich gibt es einen Unterschied, genau genommen sogar zwei: einen grammatischen und einen stilistischen. »Gestorben« ist das Perfektpartizip von »sterben«, »verstorben« ist das Perfektpartizip von »versterben«. Während die Präsensformen des Verbs »versterben« heute kaum noch gebraucht werden, sind die Vergangenheitsformen recht häufig.

Er verstarb im Alter von 83 Jahren.
Plötzlich und unerwartet ist unsere liebe Omi am vergangenen Donnerstag verstorben.

Die Wörter »verstarb« und »verstorben« gelten als gehoben. Für die meisten Menschen ist der Tod ein unangenehmes Thema; wer mit jemandem über den Tod eines Angehörigen sprechen muss, wählt seine Worte mit Bedacht und zieht stilistisch lieber ein höheres Register, um nicht als respekt- oder gefühllos missverstanden zu werden. »Verstorben« mag betulicher klingen als »gestorben«, von vielen wird es aber auch als würdevoller verstanden.

Es ist legitim, »verstorben« zu benutzen, wenn man die Gefühle anderer (oder seine eigenen) schonen will. Dies gilt vor allem für Traueranzeigen, Grabreden, Kondolenzschreiben und Nachrufe.

In Aufsätzen oder Berichten über Personen, deren Tod bereits einige Zeit zurückliegt, ist es jedoch nicht nötig, »verstorben« zu schreiben. Napoleon ist nicht etwa am 5. Mai 1821 auf St. Helena »verstorben«, sondern gestorben. Und Charlie Chaplin »verstarb« nicht etwa im Alter von 88 Jahren, sondern er starb im Alter von 88 Jahren.

Stellt sich die Frage nach der Todesursache, kann hierzu nur das Verb »sterben« herangezogen werden:

Woran ist Ihre liebe Frau Mutter gestorben? (nicht: verstorben)

Der Regisseur starb (nicht: verstarb) am 18. August an einer Lungenentzündung.

Als Attribut und als Hauptwort sind indes nur die von »verstorben« abgeleiteten Formen gebräuchlich:

Am vergangenen Mittwoch wurde der verstorbene Präsident (nicht: der gestorbene Präsident) in einem feierlichen Staatsakt beigesetzt.

Ich kannte den Verstorbenen (nicht: den Gestorbenen) nur flüchtig.

## [v] verwendet/verwandt

»Bei der Herstellung unserer Speisen werden nur hochwertige Pflanzenöle verwandt«, verspricht ein Restaurantbesitzer. Prompt weist ihn ein Gast darauf hin, es müsse »verwendet« heißen. »Verwandt« sei er mit seiner Cousine und seiner Tante, aber nicht mit Pflanzenöl. »In der Gastronomie sollte ruhig etwas mehr Sorgfalt auf Sprache verwendet werden«, sagt er seiner Begleiterin, die übrigens Angewandte Sprachwissenschaften studiert hat, und nicht etwa Angewendete Sprachwissenschaften. Der Duden erkennt keinen Unterschied zwischen den Partizipien »verwendet« und »verwandt«. Das Verb »verwenden« in der Bedeutung »gebrauchen« wird im Präteritum mal zu »verwendete«, mal zu »verwandte«. Im Perfekt seien sowohl »verwendet« als auch »verwandt« gebräuchlich. »Die Designerin verwandte ausschließlich farbige Stoffe« ist genauso richtig wie »Die Designerin verwendete ausschließlich farbige Stoffe«.

Der Gast hat demnach vorschnell reagiert, der Wirt braucht seinen Hinweis nicht zu ändern.

Anders verhält es sich dagegen mit »gewendet« und »gewandt«: Zwischen diesen beiden Partizipien besteht tatsächlich ein Unterschied, was daran liegt, dass es zwei verschiedene Formen des Verbs »wenden« gibt: eine transitive (etwas wenden, z. B. ein Auto wenden, Fleisch in der Pfanne wenden) und eine reflexive (sich wenden, z. B. der Gast wandte sich mit Grausen, sie hat sich an mich gewandt).

### [v] vor Ort/am Ort des Geschehens

Der Ausdruck »vor Ort« ist ein treffliches Beispiel für die große deutschlandweite Karriere eines kleinen, sehr speziellen Idioms. »Vor Ort« entstammt der Bergmannssprache. Das Wort »Ort« gab es schon im Althochdeutschen, dort hieß es so viel wie Punkt, Spitze (und gemeint war die Spitze einer Waffe), äußeres Ende, Rand. Von Punkt und Spitze ist es nicht weit zu Stelle und Platz, und so verbreiterte sich die Bedeutung des Wortes »Ort« allmählich zur Ortschaft. In der Bergmannssprache hat sich die alte Bedeutung »Spitze«, »Endpunkt« gehalten. Der »Ort« bezeichnet das Ende einer Abbaustelle, also jenen Punkt, bis zu dem sich die Bergleute vorgearbeitet hatten. Wer »vor Ort« war, der befand sich dort, wo gerade gebohrt, gegraben oder geschaufelt wurde – also meistens unter Tage, mitten im Geschehen.

Irgendwann ist dieses »vor Ort« aus den Tiefen des Bergbaus in die Höhen des Journalismus aufgestiegen. Plötzlich waren Reporter »vor Ort«, und zwar nicht nur, wenn sie über ein Grubenunglück zu berichten hatten, sondern praktisch ständig und überall. Heute hat das zugegebenermaßen praktische »vor Ort« das etwas umständlichere »am Ort des Geschehens« weitestgehend verdrängt. »Unser Reporter berichtet live vor Ort« ist zweifellos kürzer als »Unser Reporter berichtet live vom Ort des Geschehens«.

Aber ist kürzer tatsächlich besser? Seit Jahrzehnten schon ereifern sich Sprachpfleger über den Gebrauch des Ausdrucks »vor Ort«. Ihr Eifer blieb jedoch wirkungslos. Die kompakte Wortverbindung aus der Bergmannssprache hat sich durchgesetzt und ist heute aus der Nachrichtensprache nicht mehr wegzudenken. Dass Fachbegriffe und Wortverbindungen aus bestimmten Bereichen entlehnt und verpflanzt werden, ist keineswegs ungewöhnlich. So wie sich der »Ort« von der ursprünglichen Schwertspitze zum Standpunkt und zur Siedlung erweitert hat, so hat sich »vor Ort« von seiner Unter-Tage-Bedeutung zu einer allgemeinen »Am-Ort-des-Geschehens«-Definition ausgedehnt.

Vor holprigen Konstruktionen wie »jemanden von vor Ort informieren« ist allerdings abzuraten.

### [w] wohlgesinnt/wohlgesonnen

Die richtige Form heißt »wohlgesinnt«: Ich bin dir wohlgesinnt; er war mir wohlgesinnt.

Im Unterschied zu den Perfektpartizipien »ersonnen«, »versonnen« und »besonnen« handelt es sich bei »wohlgesinnt« um ein Adjektiv. Ein Verb »wohlsinnen« (Ich wohlsinne, du wohlsinnst ...) gibt es nicht, daher gibt es auch die Formen »wohlsann« und »wohlgesonnen« nicht. »Wohlgesinnt« ist aus dem Hauptwort »Sinn« entstanden.

Auch andere Gesinnungszustände werden mit »gesinnt« gebildet: feindlich gesinnt, freundlich gesinnt, übel gesinnt, froh gesinnt.

Man kann also über ein bestimmtes Thema nachgesonnen haben und anschließend fröhlich gesinnt sein.

## [z] zurückgehen/zurück gehen

Zusammensetzungen mit »zurück« werden grundsätzlich zusammengeschrieben:

zurückblicken, zurückgehen, zurückkehren, zurückschlagen, vor etwas zurückschrecken, sich zurücksehnen, zurückspulen, zurückwerfen etc.

All diese zusammengesetzten Verben haben nur einen Hauptton, nämlich auf der Silbe »rück«. Dies gilt auch für die Perfektformen:

Du hast zurückgelächelt, er hat sich völlig zurückgezogen, das hat uns um Jahre zurückgeworfen, sie sind zurückmarschiert

Wenn jedoch auf dem Verb, welches »zurück« folgt, eine eigene Betonung liegt, so wird getrennt geschrieben, so wie in diesem Beispiel: »Hin sind wir mit dem Taxi gefahren, zurück gehen wir.«

# Register

Abba 65

Abkürzungen, Abkürzungswörter 71, 91

Absalom 130

Adjektive (Eigenschaftswörter) 20 f., 155

Adverbiale Bestimmungen (Umstandsbestimmungen) 224, 247

Adverbien (Umstandswörter) 79 f.

Akkusativ (Wen-Fall) 229

Alb-/Alp- (Grundwort) 23, 211

Alberich (Zwergenkönig) 211

allein/alleine 221

als (Konjunktion) 230 f.

als dass (Konjunktion) 230 f.

angefangen haben/angefangen sein 212

Anglizismus, Anglizismen 216, 229, 238

Anschnitt, Abschnitt (Brot) 176 ff.

Apostrophe (Auslassungszeichen), apostrophiert 68 f., 72, 112, 193, 197, 242

Araber, Arabisch 233

Arafat, Jassir 80

Artikel (Geschlechtswörter) 83, 157 f., 160, 201, 233 ff., 248 f.

Asterix 154, 187

Atkins, Robert 46

Attribut (Beifügung), attributiv 235, 251, 253

Attributsatz, Attributsätze 139 f.

auf (Präposition) 49 f., 81

aufgrund/auf Grund 212 f.

Aufzählung 143, 234

aus (Präposition) 81, 213

Baden, Badisch 16, 100 f., 142, 160, 179 f., 222

Baden-Württemberg (siehe *badisch*)

Bahn, Bahndeutsch 53 ff., 89, 115, 168

Basler, Mario 83, 85, 141 f.

Bayern, Bairisch 17, 58, 144 f., 160 f., 169, 174, 180, 187, 222

Beckenbauer, Franz 45, 85

behängen, behängt/ behangen s. a. *hängen (transitiv)* 214

bei (Präposition) 51, 81, 215

Beikircher, Konrad 16

Berg, Andrea 46

bergen/retten 119, 214 f.

Berlin 70, 90, 106, 115, 128 f., 169, 177, 182, 184

Berlusconi, Silvio 45

Bernadotte, Jean Baptiste Jules 58

Besitzanzeigendes Fürwort s. a. *Pronomen* 104

Betonung 65, 226, 249 f., 256

Beugung s. a. *Deklination, Konjugation* 183

Beust, Ole von 40

Bevölkerung 170 ff.

Bindestrich 69 ff., 151

Blahnik, Manolo 46

Blücher, Gebhard Leberecht von 58

Bobic, Fredi 83

bombardieren/bomben 137 f.

Breitner, Paul 85 f.

Brot, Brotrest 18, 66 f., 152, 173 ff., 239

Bruhn, Christian 103, 144 f.

Chaplin, Charlie 253

Chat, Chatter, chatten 91, 111 f.

Dahlmann, Jörg 86

Dallas (TV-Serie) 127

dass (Konjunktion) 230

Dativ (Wem-Fall) 15 ff., 101, 182 f., 227 f.

Deklination (Beugung der Substantive, Adjektive, Pronomen und Numeralien), deklinieren 132

Delfin/Delphin 19, 24, 28
Delling, Gerhard 85 f.
Denglisch 130, 138
der, die, das (Relativpronomen)
140 f.
Derrick /derrick 132 f.
Deutscher, Drafi 143 ff.
Dialekt s. a. *Mundart, mundartlich*
15 f., 36, 58, 66, 103, 147 f.,
161, 174
Diederichsen, Diedrich 46
Diepgen, Eberhard 115
Djorkaeff, Youri 141 f.
Dollar/Dollars 216 f.
Dortmund 36, 53, 183
Dresden 215
Duden, Konrad 26 ff.
Dundee, Sean 86
durch (Präposition) 215 f.
Düsseldorf 183
Dutzende/dutzende 226 f.
Eastwood, Clint 217
Ebstein, Katja 103
Eigennamen 73
einmal mehr/wieder einmal
216
Einzahl s. a. *Singular* 83, 104, 107,
143
Eitzenberger, Hans 46
Englisch 16, 25, 39, 65, 72, 87 ff.,
102, 129 f., 135 ff., 147, 159 f.,
216, 233, 235 ff., 243
Entschuldigung, (sich) entschuldi-
gen 74 ff., 165 ff.
Ernst August von Hannover 17
es hat Regen/es hat Sonne 100 ff.
Eszett 20, 23
Eulenspiegel, Till 97
Euro/Euros 216 f.
Fachsprache, Fachjargon, Fach-
begriffe 61, 91, 119, 238, 240,
255
Faßbender, Heribert 84 f.
fern/ferne 221
Flimm, Jürgen 46
Fränkisch 98, 160 f.

Frankreich, Französisch 20, 30,
37, 39, 75, 85, 102, 119, 136,
141 f., 147, 157, 171, 231 f.,
235 f., 237, 243
Fräulein 74 ff.
Fremdwort, Fremdwörter 19 f.,
25, 30, 37, 46, 82, 92 ff., 158 f.,
185 ff.
Friedrich der Große (Preußenkö-
nig) 147
frischgebacken/frisch gebacken 22
Friseure 127 ff.
Fugenzeichen (Fugen-n, Fugen-s)
150 ff.
Fürwort s. a. *Pronomen* 79, 104 f.
Fußball, Fußballer, Fußballspieler
45, 66, 82 ff., 107 f., 136 f.,
141 f., 185 f.
Galerie/Gallery 217 f.
Gallien 154, 218
ganz (Adjektiv) 155
Gaultier, Jean-Paul 44
Gedankenstrich 18
Geisel/Geißel 218 f.
Gelsenkirchen 49 f., 186
Generale/Generäle 219
genießen, genoss, genossen s. a.
*niesen* 219 f.
Genitiv (Wes-Fall) 15 ff., 68, 72 f.,
101, 132 ff., 151, 193 f., 227 ff.
Genus (grammatisches Ge-
schlecht) 158, 161 ff., 234
gerne/gern 221 f.
Geschlecht, grammatisches s. a.
*Genus* 104 ff., 157 ff., 201, 234 f.
gestanden haben/gestanden sein
221 f.
Getrenntschreibung, getrennt ge-
schrieben 20 f., 212 f., 226
Gilching 187
Goethe, Johann Wolfgang von 7,
249
goethekundig /Goethe-kundig 69
Google 25, 36, 236
Grass, Günter 21
Grimm, Jacob und Wilhelm 152

Grimmsche Märchen/Grimm'sche Märchen 69
Großschreibung 19
gucken/kucken 223
haben (Hilfsverb) 102
Hamburg 40, 56, 63, 80, 129, 175, 177, 183, 187, 230
hängen, hängte, gehängt (transitiv) 215, 223 f.
hängen, hing, gehangen (intransitiv) 215, 223 ff.
Haenning, Gitte 186
haken/hacken 35 f.
Hansch, Werner 85 f.
Häßler, Thomas 85
Hayer, Fabrizio 82
Herzog, Andreas 82
Hessen, Hessisch 141, 174, 178
hierzulande/hier zu Lande 225 f.
Hilfsverb 65 ff., 102
Hoyzer, Robert 40 f., 136 f.
Hunderte/hunderte 226 f.
Idiom 39 f., 254
Iglesias, Enrique 42
Iglesias, Julio 42
in (Präposition) 49 ff., 79 f., 140, 213 f., 229
insofern – als/insofern – dass 197, 230 f.
insoweit – als/insoweit – dass 230 f.
Inspektor/Inspekteur 231 f.
Irrealis (Verbmodus der Unerfüllbarkeit) 230
Italien, Italiener, Italienisch 45, 84, 123, 125 f., 134, 137, 147, 195, 217
Jackson, Michael 45
je (Konjunktion), je – je, je – desto, je – umso 232
Jürgens, Udo 113
Kahn, Oliver 82
Kartoffel 146 ff., 160 f., 195
Kater Karlo 129
Kerner, Johannes B. 85 f., 136
Kirch, Leo 45

Klasse-, Klassen- (Grundwort) 150 ff.
Kleinschreibung 111, 227
Klinsmann, Jürgen 85, 142
Kohle-, Kohlen- (Grundwort) 152
Köln 46, 53, 65 f., 96, 128 f., 182 ff., 217
Komma 11, 199 f., 231
Komparativ (erste Steigerungsstufe der Adjektive) 82
Kongruenz (Übereinstimmung) 104 f.
Konjugation (Beugung des Verbs), Konjugieren 66
Konjunktion (Bindewort) 230 ff., 245
Konjunktionale Einheit 230
Konjunktiv (Möglichkeitsform) 66, 123, 192, 199
Korrelat (Partnerwort) 232
Kruse, Max 7
kucken/gucken 223
Kunze, Michael 65
Kuwait/Kuweit (Schreibweise) 232 f.
La Palma (kanarische Insel) 124 f.
Labbadia, Bruno 84
Lagerfeld, Karl 44
Ländernamen (mit und ohne Artikel) 49, 233 ff.
Landowsky, Klaus 115
Las Palmas (Stadt auf Gran Canaria) 124 f.
Lautsprecherdurchsagen 53 ff.
Legat, Thorsten 82
Lego 71 f.
leidtun/leid tun/Leid tun 27
Leinemann 63
Lembke, Robert 60
Ligatur (Buchstabenverbindung) 20
Littbarski, Pierre 40
Loose, Rudolf-Günter 103, 144
Loriot 84
Loser/Looser 235 f.

Lübeck 54, 182
Ludwig II. (König von Bayern)
    17
Lufen, Klaus 85
Mailand/Milano 25
Majestonym 44, 46
Mallorca 49, 124 ff., 213
Markennamen 71
Matratze/Matraze 25, 43, 110
Matthäus, Lothar 82 f.
May, Karl 124
Mehrzahl s. a. *Plural* 25, 104, 107,
    145, 195, 204 f., 208 f., 211, 242
Meijer, Erik 82
Mengenwort, unzählbares 216
Menschentypen, englische Be-
    zeichnungen für 235
Million/Millionen 25, 31, 98,
    217, 227, 236 f.
Mitteldeutschland 249
Model/Modell 94, 106, 110,
    237 f., 251
Modern Talking 127
Mohren, Wilfried 86
Möller, Andreas 82, 86
Moshammer, Rudolph 44
Mühlenberg, Catherine 37 f.
Mundart, mundartlich s. a. *Dialekt*
    160 ff., 176
Münsterland 175, 177
Murdoch, Rupert 45
nach (Präposition) 48 ff., 119
Nebensatz, Nebensätze 58, 139,
    208
Negerkuss 169, 172
Netzer, Günter 86
Neugier/Neugierde 239
Niederlande, Niederländisch 49,
    133, 147, 235
Niederrhein 174, 177
niesen, nieste, geniest s. a. *genie-*
    *ßen* 199, 208, 219 f.
Nominativ (Wer-Fall) 228
Norddeutschland, Norddeutsch
    79 f., 174, 187, 223
Nordrhein-Westfalen 177, 183

Numerus (Zahlform des Substan-
    tivs) 105, 107
Objekt (Ergänzung) 214, 224,
    246 f.
Ochsenknecht, Uwe 40
offiziell/offiziös 68, 118, 122,
    176, 217, 240
Orwell, George 134
Österreich 82, 136, 147 ff., 159 ff.,
    175, 181, 217, 223 ff., 233, 235
Othello 141
Pagelsdorf, Frank 85
Paket/Packet 36 f., 112, 215
Palma de Mallorca (Hauptstadt der
    Insel Mallorca) 124 f.
Partizip (Mittelwort) 21, 54, 133,
    135, 171, 207, 243, 252 ff.
Partnerwörter s. a. *Korrelat* 206,
    232
Passiv (Leideform) 224, 250 f.
Perfekt (vollendete Gegenwart)
    212, 214, 219 ff. 224 f., 244 f.,
    250 f. 254, 256
Perfektpartizip (Mittelwort der
    Vergangenheit) 133, 207, 243,
    252, 256
Petershagen, Wolf-Henning 17
Pfalz, Pfälzisch s. a. *Rheinland-*
    *Pfalz* 141, 147, 149, 174, 178,
    180, 222
Phrasen 96, 99, 187
Pilawa, Jörg 186
Plattdeutsch 223
Platzangst/Raumangst 240 f.
platzieren/plazieren 19 f., 64
Pleonasmus, Pleonasmen 29, 32
Plural (Mehrzahl) 25, 49, 69, 108,
    140, 143, 150, 204, 209, 217,
    219, 235 f., 244
Polen 49, 49, 134, 234
Portmonee/Portmonnaie 20, 26
Possessivpronomen (besitzanzei-
    gendes Fürwort) 203
postum/posthum 241
Potter, Harry 187, 207
Präfix (Vorsilbe) 61

Präposition (Verhältniswort), präpositional 17, 49 ff., 79 f., 140,
  204, 208, 210, 212 f., 215, 227,
  229, 243
Präsens (Gegenwart) 220, 224 f.,
  244, 252
Präteritum (Vergangenheit) 220,
  224 f., 243 f., 250 f., 254
programmieren/vorprogram-
  mieren 120 f.
Pronomen (Fürwort) 79, 105 ff.,
  140 f., 203 f.
Pronominaladverbien (Umstandsfürwörter) s. a. wofür, womit,
  woran 78 f.
Rabe, Siegfried 113
Rat für Deutsche Rechtschreibung
  22
Ratekau 58
Raumangst/Platzangst 240 f.
raus, rein, runter, rüber, rauf, ran
  (Präpositionen) 242
Rechtschreibreform 19, 23 f., 37,
  135, 207, 211 f., 226
Referenz/Reverenz 242 f.
Reich-Ranicki, Marcel 21, 46, 188
Reif, Marcel 85
Relativpronomen (der, die, das)
  140 f.
retten/bergen 215
Rheinhessen, Rheinhessisch 147,
  149
Rheinland, Rheinisch 16, 50, 65,
  101, 174 f., 177 f.
Rheinland-Pfalz, pfälzisch s. a.
  *Pfalz* 174, 178
Rohde, Armin 40
Rubenbauer, Gerd 84
Ruhrgebiet 51, 177
Rüssmann, Rolf 85
Saarland, Saarländisch 160, 179
Sachs, Hans 60
Sachsen, Sächsisch 17, 147, 149,
  160, 174 f., 178 f.,
Samson 130
Santana, Carlos 46

scharen/scharren, Scharen/Schar-
  ren 35, 37 f.
Schätzing, Frank 96, 98
Schiffer, Claudia 237
Schill, Ronald 40
Schimmel, weißen 29
schleifen, schleifte, geschleift (re-
  gelmäßig) 221
schleifen, schliff, geschliffen (un-
  regelmäßig) 221
schmelzen/schmilzen 243 f.
Schneider, Wolf 47
Schnezler, August 144
schockiert/geschockt 135, 137
Schuld/schuld 244 ff.
Schwaben, Schwäbisch 101, 139,
  149, 164, 179 f.
Schweiger, Til 125
Schweiz 23, 49, 101 ff., 133,
  136 f., 147, 149, 160, 163 f.,
  180, 185, 189, 219, 231, 233 f.
sein (Hilfsverb) 102
Siegel, Ralph 45
Siegerland 174, 178
Singular (Einzahl) 107, 140, 145,
  203, 217, 236, 243 f.
Singularis materialis 145
Sisi, auch: Sissi (Elisabeth, Kaiserin
  von Österreich und Königin von
  Ungarn) 17
SMS, Simser, simsen 25, 109,
  111 f.
soweit/so weit 245 f.
Spanien, Spanisch 122 ff., 147,
  217
Speisekarte/Speisenkarte 153
Sprachrettungsclub Bautzen 90
spuken/spucken 36
Staub saugen, Staub gesaugt/
  staubsaugen, gestaubsaugt 246
sterben/gestorben 66, 252 ff.
Storys/Stories 25
Straßennamen 183
Strauß, Johann 45
Subjekt (Satzgegenstand) 143,
  224

Substantiv (Hauptwort) 20, 212
Süddeutschland, Süddeutsch 51,
    66, 100, 102, 160 f., 163, 187,
    222 ff.
Superlativ 114 f., 203
Synonym, synonym (gleichbedeu-
    tend) 44, 171, 250
Tautologie, Tautologien 30
Teil (der/das) 247
Thüringen 49, 178, 248
tun (Hilfsverb) 66 f.
Tür/Türe 248
Übereinstimmung s. a. *Kongruenz*
    104
überführen, überführt/überge-
    führt 249 f.
Umstandsfürwörter s. a. *Pronomi-
    naladverbien* 79
Unkosten 61
Unsummen 61
unterschiedlich/verschieden 250
Untiefe 61 f.
USA 72, 137 f., 235
Verb, intransitives 214, 223 ff.
Verb, regelmäßiges 207, 219 f.
Verb, transitives 214, 223
Verb, unregelmäßiges 220
Verben der Bewegung 221
Verben, zusammengesetzte 256
Verein Deutsche Sprache (VDS)
    71, 73, 89 ff.
Vergangenheit s. a. *Präteritum*
    140, 224, 250 f., 254
Verneinung 57, 59 ff., 65
verschieden/unterschiedlich 250
versterben/verstorben 252 ff.

verwenden, verwendet/verwandt
    253 f.
Vogts, Berti 85
Vokal (Selbstlaut) 20, 22, 38
Volksetymologie, volksetymolo-
    gisch 187, 241
voll (Adjektiv) 154
von (Präposition) 213, 215, 227
Vonitiv 132
vor (Präposition) 81
vor Ort/am Ort des Geschehens
    254 f.
vorprogrammieren, programmie-
    ren 120 f.
Vorsilbe s. a. *Präfix* 61
Walter jun., Fritz 85
Walz, Udo 46
wegen (Präposition) 15, 101 f.
Wem-sing-Fall 16
wenden (sich), wandte, gewandt
    (reflexiv) s. a. *verwenden* 253 f.
wenden, wendete, gewendet
    (transitiv) s. a. *verwenden* 253 f.
wieder einmal/einmal mehr 216
Willkommen 55 f.
wofür, womit, woran (Pronominal-
    adverbien) 79 f.
wohlgesinnt/wohlgesonnen 255
Wowoismus 139, 142
Zehetmair, Hans 22, 28
Zeitfenster 113 f.
zeitnah 113, 115 f.
Zier/Zierde 241
zu (Präposition) 50, 208
zurückgehen/zurück gehen 256
Zwanziger, Theo 40

# Zum Lesen, Lachen und Nachschlagen
## Folge 1 und 2
## des Sensationserfolgs

Paperback. KiWi 863          Paperback. KiWi 900

»Man spürt das Vergnügen, das der Umgang
mit gutem Deutsch bereitet.«
*FAZ*

# Nicht nur zum Verschenken ...

Folge 1 als gebundene Schmuckausgabe
mit Lesebändchen